新编应用文写作全书

张　浩◎编著

中国文史出版社

图书在版编目（CIP）数据

新编应用文写作全书 / 张浩编著. —北京：中国文史出版社，2017. 9

ISBN 978 - 7 - 5034 - 9609 - 7

Ⅰ. ①新… Ⅱ. ①张… Ⅲ. ①汉语 - 应用文 - 写作 Ⅳ. ①H152. 3

中国版本图书馆 CIP 数据核字(2017)第 246730 号

责任编辑：詹红旗　戴小璇

出版发行：**中国文史出版社**
网　　址：www. chinawenshi. net
社　　址：北京市西城区太平桥大街 23 号　邮编：100811
电　　话：010 - 66173572　66168268　66192736（发行部）
传　　真：010 - 66192703
印　　装：廊坊市海涛印刷有限公司
经　　销：全国新华书店
开　　本：1/16
印　　张：19. 75
字　　数：390 千字
版　　次：2018 年 1 月北京第 1 版
印　　次：2018 年 1 月第 1 次印刷
定　　价：45. 00 元

目　录

上　编　综合事务类应用文写作

上　编

综合事务类应用文写作

第一章　日常办公类应用文写作

第一节　表扬信、批评信

一、表扬信、批评信概述

人们在表彰好人好事、先进思想、先进事迹时都用表扬信。表扬信可以以组织的名义写，也可以以个人的名义写。一般来说，表扬信不外乎以下两种：

①以领导机关或群众团体的名义表彰其所属的单位、集体、个人。这种表扬信可以在授奖大会上由负责同志宣读，也可以登报、广播。

②群众之间的互相表扬，这种表扬信不仅赞颂对方的好品德、好风格，也有感谢的意思。

批评信是对个人或单位的错误言行提出批评的信件。二者的写作格式如下：

1. 表扬信的写作格式

（1）标题

居中写“表扬信”三个字。

（2）称谓

顶格写被表扬的单位、个人的称呼。如果是写给个人的，应在姓名之后加上“同志”“先生”等字样，后边并加冒号。

（3）正文

表扬信的正文，即交代表扬的缘由。本部分须另起一行，空两格写。

（4）结尾

如果是写给被表扬者的所在单位或领导者的，可提出建议：“在×××中加以表扬”，“×××同志的优秀品德值得大家学习，建议予以表扬”等。如果是直接写给本人的，则要适当谈些“深受感动”“值得我学习”等方面的内容。

(5) 致敬语

如“此致敬礼”“祝好”“谨表谢意”“向你学习”等。但“此致”“祝”“谨表”“向你”等字写在末尾，其余的字，要另起一行，顶格写。

(6) 署名

注明单位名称或个人姓名。如果以个人名义写的表扬信，应在后边详细写明发信人的地址，签上自己的姓名，并在下方注明年、月、日。

2. 批评信的写作格式

(1) 标题

批评信的标题一般不居中写“批评信”三个字，而是以批评事项作标题。

(2) 称谓

顶格写被批评的单位或个人名称。如果是批评个人的，应在姓名之后加上“同志”“先生”等字样，后边并加冒号。

(3) 正文

写所批评的缘由。本部分须另起一行，空两格写。

(4) 结尾

如果是批评单位或领导者的，可对被批评的错误事项提出正确建议；如果是批评个人的，则要谈些鼓励话语。

(5) 署名

签上批评者或单位的姓名或名称，并在下方注明年、月、日。

二、表扬信、批评信的写作范例

▲以个人名义表扬个人

【范例】

职业大学领导：

3月5日中午，由于孩子在家玩火，引起一场大火，当时我们尚未下班。贵校学生周××发现火情之后，不顾自己身体有病，奋不顾身冲进火海。由于火势很猛，屋里浓烟滚滚，周××冲进屋后，房门马上被紧紧地吸住，外面的人进不去，大家都为周××捏着一把汗。周××在呼吸困难的情况下，临危不惧，急中生智，打破窗户玻璃，屋里压力减轻，门可以打开了。在周××的带领下，大火终于扑灭，周××同学却被烧焦了头发，烫伤了双手，该同学的英勇表现使所有在场的人赞不绝口。

正值全国开展学雷锋运动之时，贵校学生周××不顾个人安危，临危不惧，挺身而出，抢救他人家庭财产，这一高尚行为为我们树立了良好的榜样。我们除向周

××同学学习外，特写信向贵校建议，请贵校领导把周××的英雄事迹广为宣传，予以表彰，使广大学生以周××同学为榜样，将学雷锋运动推向高潮。

此致

敬礼！

失火者：××

××××年××月××日

▲以团体名义表扬个人

【范例】

××厂负责同志：

三月二十四日晚上七时许，我们饭庄结束了营业，灶间的余火已快熄灭，从业人员都以为残火将尽，便相继离去。八时许，饭庄的灶间火红一片，邻家××冷面店的工人杨成业见状急忙出来，见大门已经锁牢，而油火仍然呼呼地往上蹿。正在他想破窗而入的时候，正在××冷面店吃饭的你厂青年工人王安和赵广智跑了出来，用凳子击破门窗，疾步跑进屋内。他俩一见是难以扑灭的油火，便招呼人们往里递沙子。人们用盆、桶各种器具把沙子递过去，仅十几分钟，一场可能酿成大灾难的火就被扑灭了。等他俩出来时，衣服、手、脸，一块黑一块红的。人们由衷地称赞说："全亏你俩啦！"他俩笑笑说："是大家的力量啊！"说完就忙着回冷面店算饭钱了。

听到火警赶来饭庄的同志们问他俩的单位和姓名，他俩怎么也不肯说，直到人们围住他俩不放时，他俩才说出单位和姓名。

王安和赵广智两位青年热爱国家财产、临危不惧、公而忘私的精神为我们树立了良好的榜样，我们除了向两位同志学习以外，并写这封信，请领导予以表彰。

此致

敬礼

××饭庄全体职工

××××年××月××日

▲批评信

【范例】

用"拉""扯"的办法招徕顾客的做法不可行

编辑同志：

前不久，去××市旅游，在一家个体饭店的服务员硬逼之下吃了顿饭。回味起来觉得不是滋味。

在该市那条街上有好多家个体饭馆，几乎每家店前都有一两个青年“女招待”。她们看见有人往饭馆张望，便连拉带扯地把你弄进去，不容分说地把面条、水饺端到你跟前，硬逼着你吃。

做生意笑脸相迎，热情待客是应该的。但买不买东西、吃不吃饭，应由顾客自愿，怎能拉客逼客吃饭呢？生意的好坏，不仅与服务态度有关，更主要的是靠经营商品的质量、品种和价格的合理，来取得顾客的信任。因此，用“拉”“扯”的办法是不能招徕更多客人的。

××大学学生：陈××

××××年××月××日

第二节　倡议书、建议书

一、倡议书、建议书概述

倡议书是首先公开提出某种建议，希望别人能够响应，以共同完成某种任务或开展某种公益活动的信件。

建议书，也叫意见书，是个人、单位和有关方面，为了开展工作、完成任务、进行某种活动而提出有见解主张的一种书面材料。二者的写作格式与要求如下：

1. 倡议书的写作格式与要求

（1）发起

倡议书有个人发起与集体发起两种，要合乎身份地写明在什么情况下、出于什么目的、发出什么倡议、希望别人怎么做、自己打算怎么做等。

（2）内容

倡议的内容应是于国于民有利而又可以做到的好事。因此，所提条件应当具有先进性与可行性，虽然很好但一时做不到的，就不要提出来，以免成为一纸空文。

（3）语言

语言要简练，条理要清楚，有一定的鼓动性。

2. 建议书的写作格式与要求

①提建议是在行使国家主人翁的权利，要严肃对待，采取认真负责的态度。

②提建议要从实际出发，考虑具体情况、实际需要和客观条件，不能空想瞎想、不着边际。只有这样，才会有利于促进生产和改进工作。

③提建议要考虑建议的合理性和可行性，即考虑在现实条件下能否用得上、行得通。不应在建议中提过高的要求，说过激的言辞，要掌握好分寸。

④要求言简意赅地进行叙述，具体、准确地写明解决问题的办法，无须过多地分析和论证，更不能讲空话、套话、过头话，防止抽象、笼统。

二、倡议书、建议书的写作范例

▲以某个活动发起的倡议

【范例】

省会“全民文明礼貌月”活动先进单位先进个人

倡 议 书

我们怀着激动的心情，出席了省会“全民文明礼貌月”活动先进集体和先进个人表彰大会。这是××第一个“全民文明礼貌月”活动总结大会，也是夺取××精神文明建设更大胜利的动员大会。三月以来，省会的干部、群众以巨大的热情投入了“文明礼貌月”活动，集中主要力量治理“脏”“乱”“差”，使××的环境面貌、社会秩序和服务质量都发生了显著的变化。实践证明，开展文明礼貌月活动，是把“五讲四美”活动进一步制度化、群众化的一项有力措施，是继续改造社会风气、倡导社会主义精神文明的一个重要步骤。为了巩固和发展文明礼貌月的活动成果，使之成为全体人民一项持之久远、功效卓著的风俗习惯，并经过较长时期的努力，把××办成“文明礼貌市”，我们向全市人民提出如下倡议：

一、要继续广泛深入地进行文明礼貌的宣传教育，造成“讲文明礼貌光荣，不讲文明礼貌可耻”的浓厚空气……

二、要在治理“脏”“乱”“差”和反对资本主义思想腐蚀的斗争中起模范作用……

三、要认真遵守、坚决维护各项文明礼貌措施和规章制度，保证文明礼貌活动的制度化、经常化……

四、要以共产主义道德准则处理好人民内部各种关系。要大力提倡团结友爱、互相尊重、互相帮助、大公无私的精神和集体主义思想，进一步搞好“为您服务”和“为民造福”的社会公益活动，使人人讲清洁、讲秩序、讲礼貌的社会主义风气蔚然成风。建设社会主义精神文明是一项长期的战略任务，省会人民应当作出更多的贡献。让我们积极行动起来，人人动手，同心协力，为把××建设成为繁荣富裕、安定文明、清洁优美的现代化城市而奋斗！

××××年××月××日

▲向有关部门提出建议

【范例】

编辑同志：

鉴于目前××市普遍存在的流动人口难以管理的问题，结合我们区街道办事处在这方面所取得的经验，特提出如下建议，以供有关部门参考借鉴。

首先，成立一个流动人口调查小组，对各建筑工地的外地民工，租私人住房居住的来京打工、当保姆等流动人员做详细调查，并对住在市内亲友家中来探亲、访友、治病、读书等人口数量也调查清楚，然后尽快为他们办理暂住证，设立管理卡片档案。

在此基础上，针对存在的和可能出现的问题，可以采取以下措施：

1. 与各施工工地签订《社会治安综合管理协议书》，加强对外地民工的管理。一般说来，外地民工占来京流动人口的数量最多。

2. 规定凡出租房屋的户主，必须在三日之内向街道综合治理办公室申报新来住户的情况，为住户办理暂住证，设立管理卡片档案。

3. 夫妇租房一定要有结婚证明，办理暂住人口计划生育证。

4. 每50户设一名流动人口户籍员，以掌握流动人口的职业状况，了解他们的去向等。

5. 对查出没有固定职业、没有证明的流动人员，责令其限期离京。

6. 对清查后补办暂住证的流动人员，街道综合治理办公室向其原籍发信调查他们在原籍的有关情况。

7. 同用工单位、个人签订计划生育书，如发现计划外生育，除规定处罚当事人外，还要追究用工单位或个人的责任。

我们使用以上办法对管理好流动人口、维护社会治安起到了积极作用，建议有关部门采纳试行，共同做好流动人口管理工作。

此致

敬礼

××区××街道办事处

××××年××月××日

▲向下属公司提出建议

【范例】

××航空公司培训部：

在教学过程中，我们发现“电脑订座”课程是一门示范性、形象性极强的课程，仅仅实行课堂讲解、参观学习的方式很难尽快彻底地掌握，而目前的条件，也不允许所有学生都用较长的时间直接上机操作。鉴于上述情况，我们经过认真考虑之后，提出拍摄“电脑订座”教学录像片的建议。

我们曾到公司售票处作过了解，发现他们也急需拍摄有关电脑订座的录像片以方便工作。他们愿意提供拍摄场所和有关操作示范人员，并派出有关专业人员与我们合作写出讲解词和拍摄脚本，然后由培训部电教中心拍摄。

此致

敬礼

××培训中心教务科

××××年××月××日

第三节　决心书、保证书

一、决心书、保证书概述

决心书和保证书是个人、单位、集体为了响应组织或上级部门的号召而提出的保证做好工作、完成任务决心的一种文体。二者的写作格式如下：

1. 标题

在第一行正中用稍大的字体写上“决心书”或“保证书”的字样。一般情况下不写明事情的主题，要写当然也可以，像“完成植树造林保证书”“参加防洪抢险决心书”等。

2. 称呼

在标题下空两行顶格写明接受决心书或保证书的领导、单位、组织、机关、团体的名称，有时可冠以“亲爱的”“敬爱的”等修饰词。称呼后加冒号。

3. 正文

称呼后下一行空两格起写正文。正文是决心书或保证书的主体。保证有几条，决心有几点，最好分行写开，以使目的清楚。

4. 结语

可以写“请予批准”“此致敬礼”等，也可以不写。

5. 署名和日期

结语之后下一行靠右写署名，如是众多的人，最好是各人都签名；如果是单位、集体，写上名称后最好盖上公章。在署名下一行的下方写上书写决心书或保证书的日期。

二、决心书、保证书的写作范例

▲个人向单位表示决心

【范例】

敬爱的校党委：

学生生活快要结束，毕业分配即将来临。我向党庄严表示：坚决听从党的召唤，祖国的需要就是我的志愿。

三年来，我感受到党对我的关怀，老师对我的教育，使我思想上有了进步，知识上有了专长，我决心把所学知识用到建设有中国特色的社会主义宏伟事业中去！

我知道，我国目前还是一个发展中国家，要改变这种面貌，光靠蹲在城市办不到，现在乡村急需有专门知识的商业人才，因此，我决心无条件地服从党的分配，到乡村去，以振兴中华为己任，努力为迅速改变乡村面貌带领农民奔小康作出自己的贡献。

考验我的时候到了，我将用行动来实践自己的诺言。

此致

敬礼！

×商校××级×班

毕业学生：×××

××××年××月××日

▲单位向上级表示决心

【范例】

厂党委：

我们三车间全体同志决心响应党委提出的“争做先进车间”的号召，决心做到：

一、坚持四项基本原则，坚定社会主义信念，两个文明一起抓。

二、到11月底完成全年生产计划，产品合格率在99%以上。

三、节约原材料10%，节约能源15%。

四、出勤率98%。

五、全年无工伤事故。

六、今年内70%的工人达到高中文化程度。

请领导和同志们严格监督执行。

第三车间全体同志

××××年××月××日

▲个人向个人表示决心

【范例】

××老师：

我上学期因学习文化课抓得不紧，致使学期考试有一门不及格。通过老师的教育帮助，特别是听了省著名企业家、全国“五一劳动奖章”获得者×××的“学习是当好企业家的保证”的报告后，使我认识到：今日努力学习文化知识，就是为了明天为社会作出实际贡献的深刻道理。为此我向××老师，并通过××老师向学校领导保证：

一、明确学习目的，端正学习态度，增强学习的自觉性，改变过去被动学习的状况。

二、认真注意听讲，记好笔记，做到不迟到不早退。

三、物理课每半月把所学内容做一次系统整理，明确重点、难点，写出重点、难点的理解笔记呈交老师批阅。

四、我保证做到课前预习，听讲后把有疑难的问题及时向老师请教。

五、我保证言行一致。

请老师督促检查。

敬礼！

保证人：高二（1）班学生×××

××××年××月××日

第四节　意向书、号召书、挑（应）战书

一、意向书、号召书、挑（应）战书概述

意向书是社会组织内部各部门之间或组织与组织之间表达和记录某种意向的公关文书。

号召书是各级党委、政府借重大会议或节日之机，紧密配合形势，号召人民群众贯彻会议精神时所使用的专用书信形式。

挑战书、应战书是发动群众，开展竞赛的一种应用文体。

挑战书是个人、集体和单位，为开展某项竞赛而发出的挑战，希望与其他个人、集体和单位共同参与竞赛而运用的一种应用文体。

应战书则是个人、集体和单位响应有关方面的挑战而予以答复的一种应用文体。三者的写作格式如下：

1. 意向书的写作格式

（1）标题

为了明确、醒目，意向书之前要加上项目名称，如“合资兴建麦秆草席加工厂意向书”“合作建立×××公司意向书”。

（2）开头语

写明合作各方单位的全称，双方接触的简要情况，磋商后达成的意向性意见，本着什么原则、兴建什么项目。

（3）正文

分条款叙写达成的意向性意见，即兴建项目所要涉及的最基本的内容要点，而且必须交代“未尽事宜，在正式签订合同或协议书时予以补充”，留有余地。

（4）结尾

写明时间和洽谈意向性单位的全体和代表姓名，签字盖章。

2. 号召书的写作格式

（1）标题

居中写项目名称，如“关于进一步开展‘迎奥运讲文明’活动号召书”。

（2）正文

分条款叙写号召事项。

（3）结尾

写明成文时间。

3. 挑（应）战书的写作格式

（1）标题

第一行正中以较大的字样写上标题。

（2）称呼

标题下空一两行，顶格写向谁请战、挑战、应战，称呼要用全称，有时可加上"敬爱的""亲爱的"等修饰词。

（3）正文

称呼下一行空两格起写正文。正文的内容大体要包括这样几个方面：

①请战者、应战者的态度，即请战者要表示主动接受任务，挑战者要提出自己能做到也要求对方能做到的条件，或对对方提出的条件做些修改。

②对竞赛的评判标准及评判人选也可提出意见，当然修改不修改评判标准，掉换不掉换评判人员，这要由上级或竞赛组织者作出最后决定，一旦作出最后决定，参加竞赛者即使有意见，也要服从。

（4）结语

一般要写结语，用简短的礼节性语言，如"此致敬礼""祝竞赛成功"等。

（5）署名和日期

最后是署名，个人写姓名，单位、集体除写名称以外，必要时要盖章。署名的下一行或署名的后面写上发出的年、月、日。

二、意向书、号召书、挑（应）战书的写作范例

▲合作意向书

【范例】

甲方：××市现代科技培训中心

乙方：××出版社

经双方商讨，拟合作举办一期编辑、校对技术短期培训班。初步意向如下：

一、培训期3个月。××××年××月××日开班，××月××日结业。

二、培训学员10名。由乙方选送25岁以下、具有高中文化程度的人员。

三、培训费2万元，由乙方在开班前支付给甲方。

四、甲方提供培训场地、师资、教材，并负责教学管理，发放结业证书。

甲方代表：（签字盖章）　　乙方代表：（签字或盖章）

××××年××月××日

▲活动号召书

【范例】

关于进一步开展“五讲四美三热爱”活动的号召书

在全市人民深入学习贯彻党的十二大和全国五届人大五次会议精神，广泛开展第二个“全民文明礼貌月”活动的热潮中，我市召开了七届人大三次会议。会议认为，开展“五讲四美三热爱”活动，是动员广大人民建设社会主义精神文明的一个创举。一年来的实践充分证明，这项活动对于提高人民群众的思想觉悟，树立良好的社会风尚，促进物质文明建设，都具有十分重要的作用。为了动员全市人民更广泛、更深入地开展这项活动，开创我市社会主义现代化建设的新局面，会议号召全市人民：

一、重视学习，做改革的促进派

改革是一场广泛而深刻的革命，是夺取现代化建设的可靠保证，要认真学习马克思列宁主义、毛泽东思想，学习党的十二大文件，还要学文化、学科技、学技术、学业务。要积极地投身改革中，破除旧的、妨碍我们前进的老框框、老套套、老作风，努力钻研新情况，解决新问题，总结新经验，创立有益于社会主义四化建设的新环境。

二、搞好优质服务

……

三、创造优美环境

……

四、建立优良秩序

要贯彻“人民城市人民建，人民城市人民管”的精神，人人争做遵纪守法的模范，勇于同各种违法犯罪分子作斗争的模范。

五、坚持“十提倡、十反对”，争当建设“十文明”的标兵

……

我们要高举共产主义的伟大旗帜，积极响应并坚决执行党中央、国务院的号召和指示，坚决执行省委和省政府的指示，认真落实市七届人大三次会议提出的各项任务，为把我市逐步建设成为繁荣富裕、安定文明、清洁优美的社会主义现代化城市而努力奋斗！

××市第×届人民代表大会第三次会议

××××年××月××日

▲向集体单位挑战

【范文】

挑 战 书

××村全体同志：

为了进一步贯彻落实党的农村政策，争取今年获得好收成，超额完成承包计划，我们村全体同志向你们提出挑战，条件是：

1. 选用优良品种，按时完成播种任务。

2. 每亩玉米、高粱施农家肥一百担、化肥五十斤，棉花、谷子各施农家肥七十担、化肥五十斤。

3. 适时中耕锄草，玉米、高粱、棉花、谷子各锄三至四遍，棉花整枝三至五次。

4. 适时灌浇，玉米、高粱、棉花浇水三至四次，谷子浇水两次。

5. 分片确定专人负责检查、督促。

我们提议每个村推举三位经验丰富的老农做评判人，你们的意见怎样？请答复。

××村全体同志

××××年××月××日

▲向集体单位应战

【范文】

应 战 书

××村全体同志：

接到你们的挑战书，我们进行了认真讨论，大家表示坚决应战。我们同意你们提出的条件，另外补充两点，希望共同实行。

1. 根据今年雨水过多的情况，要做好排涝工作。

2. 适时锄地，保证做到地里无杂草。

关于评判人，除同意你们意见外，建议增加两村的支部书记为评判人。同意与否，请告知。

××村全体同志

××××年×月×日

第五节　喜报、捷报

一、喜报、捷报概述

喜报是报告喜讯的专用书信。它有两种类型：一是某个单位在工作中取得了显著成绩或重大创造发明，向上级单位或重要会议报喜的；一种是个人或集体在学习、工作中取得优异成绩，获得某种光荣称号，上级机关向有关方面或家属报喜的。

捷报是一种下级向上级或个人向组织报告所取得的成绩、成就或战绩时使用的上行式特殊书信。“捷”包括胜利与快速两层意思。捷报，意为把胜利的消息尽快传播出去，因此又叫“快报”。其写作格式如下：

喜报、捷报主要由信件名称、受信者称谓、正文、结语、署名和日期五部分构成。

1. 信件名称

在第一行正中用较大字体写“喜报”“捷报”字样。

2. 受信者称谓

另起一行，顶格书写受信者单位名称或个人职务、姓名。在个人姓名后加上“同志”“先生”等恰当称呼。在称谓后加冒号。

3. 正文

另起一行，空两格书写喜报、捷报内容，包括成就（成绩）的情况、主要内容及取得成绩或胜利完成任务的原因、今后的设想打算等。

4. 结语

另起一行，空两格写“特此报捷”“特此报喜”，后面不用标点符号。

5. 署名和日期

在信件的右下方写上发信人的单位名称、集体总称或个人职务、姓名。在署名下写出发信的准确日期。

二、喜报、捷报的写作范例

▲向单位报喜

【范例】

商业局党委：

我厂于5月3日提前完成第二季度局里下达的生产任务，特向局党委报喜！

我厂今年一季度之所以如此快地完成了生产任务，是局党委的正确领导，全厂职工同心协力、开拓拼搏、苦干实干的结果。

现在，我们正精心安排，再接再厉，为争取保质保量提前完成第三季度生产任务而奋斗！

此致

敬礼！

××厂全体同志

××××年××月××日

▲向个人报喜

【范例】

××同志：

由于你在工作中创造了四万米无次布的优异成绩，荣获纺织工业局（部）颁发的“三八红旗手”光荣称号。

特此报喜

××省××纺织厂党委

××××年××月××日

▲反映工作成就的捷报

【范例】

××市市政建设指挥部：

为迎接新中国成立××周年，我部各级人员积极努力，克服困难，胜利完成了××××路改造工程。××路将于本月28日正式通车，比预定期限提早整整一个月。

特此报捷

××路工程指挥所

××××年××月××日

▲反映生产成绩的捷报

【范例】

厂领导：

我们车间从今年实行岗位责任制以来，大大调动了职工的生产积极性，月月创造新纪录。到五月底止，已提前一个月完成了上半年的生产任务。

特此报捷

××车间全体职工

××××年××月××日

第六节　大事记

一、大事记概述

大事记是各级党政机关、人民团体、企事业单位用来记载一定历史时期内发生的重要事件的历史资料性的特殊文体。

大事记是按时间顺序，简要、系统地记录本机关和本单位主要活动的文字资料，它有利于日后总结经验教训，了解本单位的发展历史。其写作格式如下：

1. 标题

大事记的标题应标明年（季、月）度、内容、文种类别（大事记），也可以只标明年（季、月）度和文种，或者标明机关单位、年（月、季）度和文种。

2. 正文

正文一般分条记叙，每条独立一段，先标明具体月、日，然后记下当日发生的大事。

大事记与其他文件的写作不同，它一般不是一次起草而成，而是一个积累的过程。各单位的大事记可以作为某系统或上级单位编辑整理大事记参考之用。

大事记一般主要记本机关的组织变动情况、重要会议、上级机关的领导活动、本机关组织的主要活动等，要求提纲挈领、文字简洁、真实准确。

二、大事记的写作范例

▲机关大事记

【范例】

中共××市委××××年12月大事记

12月1日，×××、×××及市政府有关部门负责同志，与部分市属大中型企业的领导人就改革中的问题进行座谈。

12月2日至8日，市委、市政府领导×××、×××、×××等带领市直有关部门负责同志，就贯彻十三大精神、分析今年经济形势、做好明年工作安排，分成南北两个组到××个县区现场办公，进行调查研究，听取工作中亟待解决问题的汇报。

12月9日，（1）上午书记办公会，研究召开市委四届五次全会有关事宜。（2）军分区、团市委联合召开“青年民兵之家”建设表彰大会，×××、×××、×××出席会议，×××同志讲了话。

12月10日至12日，常委扩大会，（1）听取房改办去京汇报情况，研究房改试行方案。（2）汇报下乡现场办公情况，研究县区所提问题的解决意见，特别是对资金短缺问题，会议责成人行牵头组织专业银行拿出具体解决办法。

12月9日至24日，省委派工作组来考评市级领导干部，其间先后同市、县、区和部分大中企业等单位70余人座谈，征求意见。

12月12日，市委书记×××同志主持市级领导干部测评投票会议。

12月25日至26日，民盟举行第五次代表大会，市委副书记×××同志到会祝贺。

12月28日，书记办公会，研究明年1月工作。

12月30日，市委宣传部发出通知，要求全市人民移风易俗，过文明健康的新年、春节。

第七节　其他办公文文体

▲方案

【范例】

水利部清产核资试点工作实施方案

（××××年××月××日）

1. 清产核资的必要性和重要意义

新中国成立以来，我国已形成水利固定资产上千亿元，这笔资产是各级水利部门完成国家赋予的兴利除害任务和发展水利事业的主要的生产资料和生产手段。多年来我们水利行业由于受重建设轻管理、重投入轻产出的思想影响，长期以来存在“家底”不清，管理薄弱，资产效益低，账外闲置浪费和被侵占流失比较严重等问题……这种情况如果不改变，水利工程作用就不能充分发挥，水利事业无法进行经济核算，国有资产效益不能提高，严重影响了水利经济的深化改革。经水利部研究决定，在“八五”期间用2～3年的时间对水利系统的国有资产进行一次全面清产核资，以摸清“家底”、界定产权、加强管理、堵塞漏洞，建立国有资产分级管理制度，提高资产效益，以巩固和发展社会主义全民所有制经济，更好地发挥水利——基础产业的作用。

2. 清产核资试点工作的内容

根据中央和国务院的指示，这次水利清产核资的主要任务是彻底清查资产，重点是固定资产（特别是水利水电工程设施）和账外资产，界定资产所有权，重估资产价值，核实国家资金，进行国家资产产权登记……具体的实施应按照国务院清产核资办公室制定的“清产核资办法”和水利部制定的“水利行业清产核资实施办法”办理。

3. 清产核资试点单位的核定

清产核资试点工作大体分为四个阶段进行。

第一阶段：准备阶段……

第二阶段：动员部署清查登记阶段……

第三阶段：认定与抽查阶段……

第四阶段：总结阶段……

4. 试点工作进度

具体安排如下：

3 月 1 日至 5 月末，做好清产核资工作，对资产进行全面清查盘点，审核汇总清产核资报表。

6 月 1 日至 7 月中旬，界定资产产权，确定与重估资产价值。

7 月中旬至 8 月中旬，核实资金，办理产权登记。

8 月中旬至 9 月末，建立健全规章制度，全面总结试点工作，做好验收准备。

5. 清产核资试点工作的标准时间点

第一期试点单位资产清查盘存时间定为 1992 年 3 月 31 日。试点单位的国有资产实物量和价值量要按上述时间进行清查登记。

6. 试点工作的总体要求

(1) 初步取得组织领导清产核资工作的具体经验。

(2) 摸清水利行业国有资产管理中的主要问题，并研究提出解决问题的政策、措施和办法。

(3) 探索清产核资工作的基本方法，检验各项基础工作制度和办法。

(4) 初步取得清产核资数据进行汇总处理统计分析工作的基本经验。

(5) 对从事清产核资工作的干部进行一次实践培训和锻炼。

7. 试点工作的基本标准

……

8. 资产清查方法和要求

(1) 对全部资产包括账内账外，库内库外，厂区内外，进行全面彻底清查……

(2) 在清查资产时，不仅核实数量，而且对其质量、使用价值作出记录，查清资产来源、去向和管理情况。

(3) 清产核资试点工作中，遇到有关政策性问题，要认真研究，并提出建议主动向上级反映。

(4) 试点单位要按规章将清产核资结果按照国家统一制定的及水利部增定的清产核资统计表格及统一资产目录编制报表上报。

(5) 水利事业单位用国有资产进行创收的，其资产及其效益管理应纳入正轨，并按照国家国有资产管理局国资综发〔1991〕13 号文的规定处理。

9. 试点工作的组织领导

水利行业清产核资试点工作是在国务院清产核资领导小组领导下有组织地进行。水利部成立清产核资领导小组，下设清产核资办公室，领导和组织水利行业的清产核资工作的试点工作。试点单位要成立……

今年的试点工作时间紧、任务重，要在国务院清产核资领导小组的统筹安排下，加强领导，周密计划，充分准备，细心组织，层层认真实施，切实做好清产核资试点工作，为全面开展清产核资积累经验。

××××年××月××日

▲按语

【范例】

中共中央书记处农村政策研究室《农村工作》（第64期）刊载《改革生产队体制的探索》所加按语：

按：现刊载江苏省的一个材料，供各地在研究中参考。材料提到有些市县同志的意见是值得重视的。农村实行联产承包责任制后，原生产队的体制必须相应改革，由于全国农村情况千差万别，采用何种具体形式，应有较大的灵活性，以便于从当地实际出发，由群众民主决定。改革要同政社分开、村民委员会的建立结合进行。要认真调查研究，先试点取得经验，而后逐步推广，不要一哄而起，一个模式。

××××年××月××日

▲证书

【范例一】

获奖证书

×××同志：

在《××××××》“银帆奖”征文、摄影、电视片竞赛中，您的作品《×××××××》荣获二等奖。特发此证，以示纪念。

×××杂志　　中央人民广播电台
×××出版社　　中央电视台
×××学会　　中国国际广播电台
××××年××月××日

【范例二】

收藏证书

×××同志的作品《×××》（油画）经中国美术家协会北京分会优秀作品收藏评审委员会评定，决定收藏。特发此证。

中国美术家协会北京分会
××××年××月××日

▲标语

【范例】

（一）方针、政策性标语

努力开创社会主义建设的新局面！

独立自主，自力更生。

只有社会主义才能救中国。

一手抓物质文明，一手抓精神文明。

（二）宗旨、任务性标语

为实现共产主义而奋斗！

救死扶伤，实行革命的人道主义。

发展经济，保障供给。

发展体育运动，增强人民体质。

（三）庆祝、纪念性标语

热烈庆祝中国共产党第十七次全国代表大会胜利召开！

隆重纪念“五四”运动八十周年！

发扬艰苦奋斗精神！

（四）道德、精神性标语

一不怕苦，二不怕死。

▲情况简介

【范例】

××教育学院人口教育专修科教学情况简介

我院于××××年××月××日招收了第一届人口教育专修科的学生，××××年暑期又招收了第二届。下面将该专业的有关教学情况简单介绍一下：

一、培养目标

人口教育专修科招收具有高中毕业文化水平或同等学力的计划生育在职干部。学制2年，经过学习达到大专人口专业水平，考试及格，发给毕业证书。专业水平要求达到：

能够比较系统地了解马克思主义的基础理论，掌握马克思主义的人口理论，懂得人口科学（包括社会科学和自然科学）的基本知识，理解党和国家的人口政策及其理论依据，掌握计划生育管理的知识，具备进行人口理论与政策的宣传教育、管理计划生育工作的能力。

第一届为山东省计划生育委员会代培，共有学员29名；第二届共招收学员60名，为山东省计划生育委员会代培45名，为宁夏回族自治区计划生育委员会代培5名，招收计划内的在职中学人口教育教师10名。

二、课程设置

根据社会科学与自然科学相结合的原则，设置基础课、专业课与选修课17门。

基础课：	课时：
1. 政治经济学	228课时
2. 哲学	120课时
3. 中国通史	120课时
4. 中共党史	124课时
5. 世界通史	120课时
6. 大学写作	54课时
7. 科学预见	40课时
8. 社会学讲座	20课时
专业课：	课时：
1. 人口学概论	72课时
2. 人口统计学	56课时
3. 人口地理学	96课时
4. 人口生态学	36课时
5. 遗传优生学	72课时
6. 生育与节育	60课时
7. 计划生育管理学	56课时
选修课：	课时：
1. 英语	188课时
2. 心理学	54课时

第四学期进行毕业实习，进行人口调查与学习计划生育工作经验，由山东省计划生育委员会协同进行。

三、教材建设

政治经济学、哲学、中共党史、大学写作等基础课采用我院与其他院校协作编写出版的材料；通史选用其他院校教材。

专业课除计划生育管理学、遗传优生学选用其他院校编写的教材外，均自编教材，参用其他院校教材。

四、教师队伍的建设

人口教育专修科的课程基本上由本院教授、讲师和教员担任。遗传优生学、生育与节育、计划生育管理聘请其他院校或单位的专业人员或教师担任。

五、教学方法

本着教育改革的精神，对教学方法在可能条件下，进行逐步改革。

1. 强调培养学生的自学能力和独立思考能力，注意调动学生学习的积极性、主动性和创造性，引导学生自己动脑动手，掌握知识。

2. 逐步实行电化教学方法，使用投影仪、收录机、幻灯机、电影机等电化教具，使用模型、挂图等直观教具，使教学生动活泼，易于接受。

3. 教师的课堂讲授要保证质量，做到科学、准确、深入浅出。同时加强辅导（包括集体辅导与个别辅导），认真批改作业，使学生学得踏实、深入。

4. 按照“面向世界、面向未来、面向现代化”的精神，努力介绍新的知识信息，使学生了解本学科的当代水平。

××省教育学院政治
教育系人口研究室
××××年××月××日

▲调查提纲

【范例】

调查提纲

市直各有关单位：

为了全面贯彻中央工作会议精神，保证价格、工资改革的顺利进行，请各有关单位立即着手进行调查研究，并根据我市实际情况提出改革措施。我市于近期将采取分片座谈汇报和工作人员直接深入单位等形式听取有关情况。

1. 我市基本建设规模的基本情况。哪些是社会需要的能源、交通、原材料重点建设项目，哪些是非生产性建设、重复建设和盲目发展的加工工业建设，并提出对非生产性建设、重复建设和盲目发展的加工工业建设压缩的具体意见。

此项由市委牵头、市建委参加，主要是针对市、区范围的基本建设情况，各县自查，市计委综合情况。

2. 几年来我市社会集团购买力增长的情况（列出主要项目）。把社会集团购买力可以压缩的部分坚决压下来，应采取哪些措施？

此项由市财政局负责。

3. 我市工资总额和奖金总额增长情况，在控制消费基金增长幅度、正确引导消费、合理调整消费结构、抑制超前消费等方面应采取哪些措施？我市在征收个人所得税方面的情况及存在问题。

此项由市劳动局牵头，市审计局、税务局参加。

4. 我市金融现状如何？开办保值储蓄和各种形式的有奖储蓄，稳定和扩大储蓄存款，积极发展债券股票市场，大力开展保险事业，加强资金融通和吸收社会游资等有哪些打算和安排。

此项由市人民银行负责。

5. 我市流通领域各种公司的现状如何？哪些是政企不分、官商性质的公司？哪些属于非法牟取暴利的公司？哪些属于破坏和搞乱金融的公司？列出主要公司及初步掌握的存在问题。对这些公司分别不同情况进行整顿以至撤销，应采取哪些具体措施？

此项由市工商局负责。

6. 我市化肥、农药、薄膜等农业生产资料专营的基本情况如何？除供销社经营以外，还有哪些部门进行中间盘剥？应如何进行整顿？

此项由市供销社负责。

7. 我市粮、油、肉、蛋、菜的需求供应情况如何？如何加强粮食市场管理，安排好城市居民的副食品供应？

此项由市政府财办负责。

8. 我市应选哪些盈利的大中型国有企业进行发行股票试点？出售一部分国营小企业有哪些设想？

此项由市体改委负责。

9. 目前我市企业经营承包现状如何？如何进一步完善？如何做到政企彻底分开？应采取哪些具体措施？分析企业内部改革的现状，研究进一步推动这项工作的措施。

此项由市经委牵头，市体改委参加。

10. 我市推行企业兼并和联合，发展企业集团现状如何？发展企业集团需要哪些配套改革政策？

此项由市经委牵头，市体改委参加。

11. 我市企业优化劳动组合现状如何？目前存在哪些问题？应采取哪些具体措施把这项工作引向深入？

此项由市劳动局牵头，市体改委参加。

12. 我市减免税现状如何？

此项由市税务局负责。

13. 我市外汇收支上缴情况如何？

此项由市计委负责。

14. 我市开展增产节约、增收节支活动如何及下步意见。

此项由市经委负责。

15. 我市今年物价上涨情况，特别是8月以来的情况；明年物价上涨指数控制在3%以内应采取哪些措施？

此项由市物价局负责。

中共××市委办公室
××市人民政府办公室
××××年××月××日

▲工作研究

【范例】

人才合理流动的障碍何在？

中国科学院干部局　×××

随着四化建设的不断前进，人才合理流动问题更加迫切地提到我们面前。一方面，我们看到一些地区和单位由于人才开始流动，出现了科技发展、经济繁荣的气象；另一方面，也由于人才不能得到合理流动，造成了人才浪费现象仍然严重存在。“人才流动”虽已喊了多年，但为什么一到“流”的时候又障碍重重？从我们的工作实践中感到，主要有以下四方面的原因。

1. 对人才合理流动的必要性认识不够

“经济发展靠科学，科学发展靠人才”这个道理现在已为多数人所认识。所谓科技发展靠人才，就是合理使用人才，做到人尽其才。但由于历史的原因，在我国存在人才的畸形分布。有的地区人才奇缺，有的地区积压过剩。加之，我们国家长期以来对人员执行包分配制，往往一次分配定终身。这种分配很难完全合理，造成了许多用非所学的问题，形成了不少“捆绑夫妻”，使得很多人不能发挥所长甚至要强迫改行。要改变这种状况，就应促使人才合理流动。

人才流动的过程，也是人才成长的过程。一个人在一个岗位一个地区工作，难免有局限性，通过流动，可以学到新的知识，增长新的才干。像生物的“边缘杂交”可以创造新的品种一样，人才合理地流动，也可以改变“近亲繁殖”的弊端，加速人才的成长。

2. 本位主义，积压人才

有些单位和部门，把人才看成部门或个人所有，只考虑本单位的某些需要或个人使用方便，却不准人才流向更急需的单位。由于知识分子在四化建设中的作用越来越明显，有些部门视科技人员为“奇货可居”，他们认为虽然目前没有用场，可来日方长，总有用武之地，这样，把许多有用之才积压起来。别的单位再急需，也卡住不放。有时还装出一副爱才、舍不得放才的样子，殊不知日复一日，年复一年，把人拖老，把知识拖旧，使许多人虚度年华，碌碌无为，这种现象并不少见，名曰爱才，实为埋没人才。因此，必须下决心改革，把大批有用之才，从积压者那里挖掘出来，很好地使用人才。

3. 缺乏人才流动应有的措施

从我国现实情况看，人才流动主要应由大城市向中小城市流，由内地向边远地区流动，由人才集中的单位向人才缺少的单位流动。但目前有些规定不利于这种流动。有宁肯少发挥作用，还是不动为好的思想。对于这些政策必须由国家统一改革才能有效。另外，缺乏明确的职责和严格的考核制度。使一些用非所长不适应现职工作的人毫无压力，和那些发挥专长的人一样过得去，就使他们失去了要求流动的紧迫感。当然，在制定了合理政策之后，必须有组织纪律的保证，否则正确的政策也难以落实。

4. 国家科技结构还不尽合理，缺乏全国规划和统一部署

人才流动的根本目的，在于充分发挥所长，而目前许多需要人才的地方，工作条件较差，难于做出成果，这是影响人才流动的一个重要原因，所以要解决人才流动问题，必须首先创造工作条件，而工作条件的创造又与整个科技结构有关。没有一个科学、教育的“部落”，不同层次的科技工作配置不合理，孤立的人才是难以生长的。过去，各部门随意设置科研机构，形成极不合理的布局，也形成科技人员不合理的分布。要改变不合理的人才分布，必须改变不合理的科技结构。这样，流动的根本目的才能达到。

××××年××月××日

▲声明

【范例】

近日据消费者投诉，有人冒用我公司名义在西安、兰州等市进行“85 折优惠销售××牌××系列化妆品”的所谓“厂家直销”活动。经确认，所销产品包装没有我公司的防伪认证标志，纯系假冒伪劣产品，且我公司并未派员或委托任何个人在社会上直销产品。为此，现郑重声明：

提醒广大消费者注意辨认我公司××牌××系列化妆品的注册商标、名优产品认证标志及防伪标志，谨防上当。凡购得伪冒产品者，本公司不负产品质量事故责任。

××市×××公司

××××年××月××日

▲经验介绍

【范例】

做好无线电台工作的几点做法

××县人民银行无线电台站

上半年，我行无线电台站认真贯彻落实了有关文件精神，通过操作员对电台精心使用和保养，电台使用率有显著提高，机器完好率一直保持在100%，从而保证了我行与分行、各县支行之间的联络畅通，节省了电话费用，提高了办事效率，较好地完成了通信联络任务。我们的具体做法是：

1. 加强组织领导工作

我们电台室由党组书记、行长××兼业务主管，由办公室主任×××直接负责。行里无线电台工作列入议事日程和目标管理，有关电台文件由办公室签发意见，主管行长直接批文。行长、主任经常深入电台了解工作情况，帮助解决电台、机房建设、电台用电等问题，并多次询问电台管理的有关事宜。多次在行务会上强调辖区内联系务必用无线电台，特殊情况用长途电话，需经主任审批。

2. 加强制度建设

为了使电台逐步走上正轨，我行电台室结合本行的实际情况于今年春天重新制定了《无线电台站值班制度》《电台人员通信保密制度》《电台工作间制度》，并将这些制度公布出来，挂在墙上，落实在行动上。重申了防火、防盗、防腐蚀、防人为破坏的具体措施，做到了不得带入火种及易燃易爆物品（防火）、操作员单身宿舍挪到机房隔壁（防盗）、严禁带硫酸等腐蚀性药品（防腐）、严禁无关人员进入工作间（防人为破坏），与此同时，进一步完善了目标管理责任制、电台工作考核程序，从而使电台管理制度化、规范化。

3. 充分发挥电台的作用

本着“精心使用，预防为主”的原则，我们配置了专柜放置机器，每天打扫、拖洗工作间，经常保持机器整洁，做到无灰尘、无碰撞、无腐蚀、无火害，从而使机器完好率保持在100%，在此基础上，行里坚持了抽查考勤制度，电台室坚持按时开关机，认真填写电台电话记录，保证迅速准确地联络。行里制定规则要求辖区内事情能用无线电台联系的，不挂长途，从而使电话费降到最低限度，减少不必要的支出。据无线电话记录本统计，通过电台与分行及各县市之间的联系，平均每天有两次。今年上半年节约电话费用上千元，从而出色地完成了通信联络任务，受到二级分行通报表扬。

××××年××月××日

▲简述

【范例】

××省首次老年学学术研讨会简述

××××年1月15日至19日，××省第一次老年学学术研讨会在××举行。参加会议共90多人，提交会议论文29篇。现将会议讨论的主要问题和建议综述如下。

1. 人口老龄化是社会人口发展过程的必然趋势

作为社会的人，总是要老的，这是不可抗拒的自然规律。随着社会经济的发展，科学技术的进步，保健事业和人民生活的改善，人口出生率和死亡率的下降，人的寿命不断延长。这是人类取得的重大科学成就，也是人类进步的标志。

在讨论中，大家认为，新中国的老年队伍，是一个智慧宝库。在漫长的革命斗争、生产斗争、科学试验中，他们不仅建立了功绩，而且积累了丰富的经验和渊博知识，是我国四化建设中不可低估的智力资源，应受到社会的重视和珍惜。那种认为老年人无用，甚至嫌弃老人、歧视老人的思想是错误的。

2. 要把老龄问题提到战略高度来认识，积极开展老年学的研究

××××年××省60岁以上老年人607万（占总人口的8.16%），65岁以上老人389万（占总人口的5.23%），××××年与××××年相比，老年人口增长速度大大超过总人口增长速度。目前，我省老年人口的比重日益增大，正处在进入老年型省份的前夕。根据预测，我省将在90年代中期进入老年型地区，比全国提前3年，其特点是：速度快、老化程度高。这种人口年龄结构变化的趋势，必将对我省政治、经济和社会发展产生重大影响。因此，应把老龄问题提到战略高度加以重视，要认真开展老化对策和老年学的研究。

老龄问题，是多学科性的问题。它是对老年人问题进行综合性研究的、新兴的边缘性科学。老年学包括的内容很多，如老年社会学、经济学、心理学、医学，等等。这就要求，专家、学者、管理人员加强协作，分工负责，进行调查研究，理论联系实际，分门别类进行探讨，撰写有关学术论文和专题调查报告，提供咨询和建议，把探讨和解决老龄问题，建立在科学的基础上。

3. 社会主义制度是老年人健康长寿的根本保证

我国是社会主义国家，实行了生产资料公有制，建立了人与人之间的团结友爱、互助合作的新型关系。有共产主义先进思想的指导，有尊敬、爱护、赡养老人的传统美德，特别是随着两个文明建设的发展，老龄问题越来越受到人们的关注。与会同志相信，在我们的国家里，可以使曾为社会主义大厦添砖加瓦，而如今失去劳动能力的人，得到国家或集体的照顾关心。这不仅符合我国传统的伦理道德，也

完全符合社会主义伦理原则和道德规范。赡养好老年人，可以显示社会主义制度的优越性和先进性，坚定人们走社会主义道路的信心，激发人们建设物质文明和精神文明的积极性。

4. 在社会经济发展长期规划中，应把人口老化对策和计划生育政策两个问题，联系起来进行综合研究

实行计划生育，控制人口增长，是国民经济发展的必然要求和先决条件。老龄化是人口低出生、低死亡、低增长的必然结果。计划生育政策对生育状况的调节作用，可以加速延缓老龄化的过程。近 15 年内，还要提倡一对夫妇只生一个孩子，严禁多胎生育。同时，要根据中央 7 号文件确定的原则，不断完善计划生育政策，有计划地扩大二胎生育面，这样，既体现了国家利益和人民利益的一致性，把计划生育政策建立在合情合理、群众拥护的基础上，又有助于使出生率稳步下降，尽可能稳定每年的出生人数，从而避免老年人口的比例上升过快，使人口老化过程缓慢一些，有利于形成较合理的人口年龄结构，也有利于国民经济的发展和老龄问题的妥善解决。

5. 要把保障老年人的合法权益和老年人的社会福利提到日程上来

会议认为，要使老年人欢度晚年，必须维护老年人的合法权益，照顾他们的生活，发挥他们的作用。尽力做到："老有所养""老有所为""老有所学""老有所医""老有所乐"。从目前看，对老工人、老知识分子、老干部宜以"老有所为"，发挥余热为工作重点。对农村的老人，应以"老有所养"为重点。我省大多数老人生活在农村，在赡养照顾老人上，是以家庭赡养为主。同时，要根据生产发展，兴办老年社会服务事业，如建立敬老院、老年公寓、老年人活动中心、老年人大学等。要加强对退休、离休职工的管理和服务工作，要注意老年人特殊需要，积极发展为老年人服务的第三产业，开设老年人用品商店、医院，广播、电视举办为老年人服务的节目等。当然，这些问题的解决，根本是经济问题，发展经济是办好老年事业的基础。

6. 为适应老年人的消费需求，适当调整生产结构和经济结构

由于生理和生活特点，老年人的许多需求不同于其他人。随着老年人在总人口占比重增加，他们的消费结构，必然要影响到产业结构，这就需要对生产结构进行适当的调整，相应增加老年人所需的特殊消费品生产。建议省、市有关部门在制订国民经济计划时，将该部门的需求纳入计划，并逐步实施。

7. 全社会都要关心老龄问题

目前，老龄问题特别是在老年人赡养方面，还存在许多问题，这些问题的存在，既和物质生产有关，也和精神文明建设有关。会议呼吁社会各个部门、各行各业都要关心老龄问题，发展老年事业。真正做到，使老年人老有所养、健康长寿；老有所为、余热生辉。为此，要提高社会、特别是各级领导同志对老龄问题重要性

的认识，加强领导，组织协调有关部门抓好这项具有战略意义的工作。要大力开展敬老、爱老、养老的宣传教育，宣传老龄问题的重要性和迫切性，动员全社会都来关心研究解决有关老年人的各种问题，推动社会力量，兴办老年人事业，为老年人服务。会议建议，建立老年学的研究机构，筹建××省老年学会，开展对老龄问题的综合研究。建议确定全国性的“老人节”或“敬老日”，以示对老年人的尊敬和关怀。

××省人口学会
××省老龄问题委员会
××××年××月××日

▲告白

【范例】

告　白

1. 办理本刊邮购的信件，请寄××市××路××号××出版社发行科。

2. 凡订阅了本刊而未能按期收到者，请向当地邮局查询，同时也欢迎向××出版社发行科反映。

3. 上述内容的信函，最好不要寄编辑部，以免延误。

本刊编者
××××年××月××日

第二章　公关交际类应用文写作

第一节　欢迎词、欢送词

一、欢迎词、欢送词概述

欢迎词是指在接待或招待客人的正式场合，主人发表的表示欢迎之意的致辞。

外宾来访、领导视察、同仁参观、新生入学、新生入校等都要表示热烈欢迎和美好祝愿。

欢送词是指向客人告别的正式场合，主人发表的表示送别客人的致辞。会议闭幕、学生毕业、客人结束访问等，都要表示热烈欢送。其写作格式如下：

1. 标题

第一行正中写标题，字体略大，可写“欢迎词”三个字或写“×××在欢迎×××会上的讲话”。

2. 称呼

第二行顶格写称呼，称呼要讲究礼仪，姓名要写全，要用尊称，可根据主客之间关系的亲密程度在姓名前面加表示亲切的修饰的词语，如“尊敬的”“敬爱的”“亲爱的”等，要因人而异。

3. 正文

正文要表达三层意思：

第一层　开头要对客人表示热烈的欢迎、诚挚的问候和致意。

第二层　阐述来访的意义，赞颂客人各方面取得的成就，也可回顾双方之间的交往与友谊，赞扬双方之间的友好合作。

第三层　最后表示良好的祝愿或希望。

4. 署名、日期

正文右下方署名，如标题有名称，可不署名，署名下一行标明日期。

欢送词的格式和写法一般同欢迎词，只是正文部分的内容有所区别，应对客人表示热烈欢送并对客人在这一阶段取得的成绩予以肯定，给予适当的评价。最后结束语要以生动感人的语言对客人表示希望和勉励，并显示出依依惜别的感情。

二、欢迎词、欢送词的写作范例

▲致国内外宾朋欢迎词

【范例】

欢　迎　词

各位来宾、各位朋友：

“春来谁做韶华主，总领群英是牡丹。”在春风送暖、百花吐艳的时节，古都洛阳迎来了第九届牡丹花会。热情好客的古都人民，诚挚地欢迎外国朋友、港澳台同胞和来自祖国各地的客人光临洛阳！

花，是社会文明的标志，也是一个地方繁荣昌盛的象征，自古以来，我国人民就有养花、种花的优良传统……

年年岁岁花相似，岁岁年年“会”不同。愿洛阳牡丹花会在中外友人的关注和全市人民的共同努力下，愈办愈好！

祝各位来宾在洛阳期间精神愉快，身体健康！

××××年××月××日

▲致外宾来访欢迎词

【范例】

周总理在欢迎尼泊尔首相比斯塔宴会上的讲话

尊敬的基尔提·尼迪·比斯塔首相阁下和夫人，
尊敬的尼泊尔贵宾们，
朋友们，同志们：

比斯塔首相阁下应我国政府的邀请，前来我国进行友好访问，带来了尼泊尔人民对中国人民的深情厚谊，我们感到非常高兴。我代表中国政府和中国人民，向首相阁下和夫人以及尼泊尔贵宾们表示热烈的欢迎。

尼泊尔是一个具有悠久历史和古老文化的国家。尼泊尔人民是勤劳、勇敢的人民，有着反抗帝国主义侵略的光荣传统。尼泊尔王国政府和人民在比兰德拉国王陛下的领导下，坚持奉行前国王马亨德拉陛下制定的独立自主和和平中立的不结盟政策，顶住了外来压力，捍卫了民族独立和国家尊严。中国政府和中国人民对于尼泊尔这种不畏强暴，敢于斗争的精神表示十分钦佩和赞赏。尼泊尔王国政府和人民在发展民族经济和建设自己国家的事业中取得了显著成就，中国政府和中国人民对此感到由衷的高兴，并祝愿尼泊尔王国在前进的道路上不断取得新的胜利。

当前国际形势发生了很大变化。

亚洲、非洲和拉丁美洲人民争取民族独立和维护国家主权的斗争取得了一系列的胜利。第三世界国家在国际事务中发挥着日益重要的作用。中国和尼泊尔都是发展中的国家，都是属于第三世界的。中国政府一贯主张，国家不分大小，应该平等相待，决不允许以任何借口对别国进行侵略、控制、干涉和颠覆。我们坚决反对以大欺小、以强凌弱的大国强权政治和霸权主义，坚决支持尼泊尔和各国人民反对外来干涉，捍卫民族独立和国家主权的正义斗争。

朋友们，同志们：

中尼两国山水相连，自古以来就是亲密的友好邻邦。中尼两国人民之间有着深厚的传统友谊。自中尼建交以来，两国的友谊有了新发展。我们两国之间圆满地解决了边界问题，签订了和平友好条约，经济技术合作和文化交流也在不断加强。中尼两国这种日益发展的友好关系，为在和平共处五项原则基础上建立国与国之间的关系树立了良好的范例。首相阁下多次讲话高度赞扬中尼两国的友好关系。不久前又表示，相信存在于我们两国之间的可喜的友好关系在未来的岁月将更加巩固。中国政府和中国人民同样十分珍视同尼泊尔人民的友谊，并将为巩固和发展这一友谊而不断努力。首相阁下曾两次来我国访问，给我们留下了深刻的印象。我们相信，阁下这次对我国的访问，必将进一步增进两国人民的友谊和两国的友好合作关系。

祝比斯塔首相阁下访问圆满成功。

现在我提议，

为中尼两国人民的友谊和两国友好合作关系的不断巩固和发展，

为尼泊尔王国的繁荣昌盛和人民幸福，

为比兰德拉国王陛下的健康，

为比斯塔首相阁下和夫人的健康，

为尼泊尔贵宾们的健康，

为在座的各国使节和夫人们的健康，

为朋友们和同志们的健康，

干杯！

××××年××月××日

▲欢送讲学博士回国

【范例】

欢 送 词

尊敬的××博士，尊敬的朋友们、同志们：

××博士结束了在我校为期三年的执教生活，近日就要回国了。今天我们备此薄餐，为××博士送行。

三年来，××博士以出众的才智和辛勤的工作，赢得了全校师生的信赖与尊敬。他所做的几次学术报告，开阔了我们的视野，推动了学校的教学改革。对此，请允许我代表全体师生对××博士再次表示感谢！

在三年的教学工作和日常交往中，××博士与油脂专业的师生诚挚交流，以友相待，结下了深厚的友谊，我们为此而感到高兴。

中国有句古话："海内存知己，天涯若比邻。"千山万水无阻于我们友谊的发展，隔不断彼此之间的联系。我们期望××博士在适当的时候再回来做客、讲学。

××博士将踏上回程的时候，请带上我们全体师生的深情厚谊，也请给我们留下宝贵的意见和建议。

××学院院长×××

××××年××月××日

▲欢送驻香港部队官兵

【范例】

刘华清在欢送驻香港部队大会上的讲话

驻香港部队全体官兵同志们：

遵照中央军委主席命令，你们就要雄赳赳、气昂昂地进驻香港，担负起香港防务的神圣使命。在这庄严的时刻，我代表党中央、中央军委，代表全军官兵，向同志们表示热烈的欢送和亲切的慰问！

香港回到祖国的怀抱，五星红旗和香港特别行政区区旗在这块土地上庄严升起，百年民族耻辱终于洗雪，香港将从此开辟历史的新纪元。这是中国人民一百多年前仆后继、英勇斗争的结果，是中华民族振兴的历史丰碑，是本世纪具有深远影响的重大事件。此时此刻，全党全军全国各族人民，包括广大的港澳台同胞、海外侨胞，无不欢欣鼓舞、扬眉吐气。

香港顺利回归祖国，是邓小平同志“一国两制”方针，成功推进香港回归的胜利。这一伟大胜利，生动体现了中华民族强大的凝聚力和创造力，象征着我国的综合国力正日益强盛，中国人民正以崭新的面貌自立于世界民族之林。

香港顺利回归祖国，实行“一国两制”“港人治港”、高度自治，保持长期繁荣稳定，将有力地促进祖国统一大业和社会主义现代化建设，将为国际社会解决类似历史遗留问题提供一个成功范例，将对维护亚太地区以及世界的和平与稳定发挥重要作用。

中国人民解放军进驻香港，是中国政府对香港恢复行使主权的重要标志，是维护国家主权和安全，保持香港繁荣稳定的重要保证。驻香港部队是具有光荣传统的部队组建起来的，曾经屡建战功，英雄辈出。组建以来，坚持高标准，严要求，艰苦创业，团结奋斗，精心做好进驻的各项准备工作，取得了出色的成绩。现在，驻香港部队即将开赴香港，祖国和人民对你们寄予厚望。

希望你们坚定不移地贯彻邓小平同志“一国两制”的伟大构想，增强维护香港繁荣稳定的使命感和责任感。深入学习邓小平建设有中国特色社会主义理论，结合实际深刻理解“一国两制”构想的重大意义，把官兵的思想真正统一到“一国两制”的方针上来。认真执行中央关于处理香港问题的一系列方针政策，坚决服从命令，听从指挥，忠实履行防务职责，为香港的繁荣稳定贡献力量。

希望你们牢记全心全意为人民服务的宗旨，忠于党，忠于祖国，忠于人民，忠于社会主义。深入地开展爱国主义教育，增强民族自尊心和自豪感，激发广大官兵献身国防事业的政治热忱。继续保持谦虚谨慎、不骄不躁的作风，尊重香港特别行政区政府，尊重香港的社会制度和生活方式，热爱香港人民，时时处处维护香港人民的利益，以实际行动赢得香港人民的拥护和爱戴。

希望你们坚持从严治军，依法履行职责，严守纪律，秋毫无犯。严格遵守香港特别行政区基本法和驻军法，严格遵守香港特别行政区的法律法规，处处依法办事。认真落实我军条令条例和规章制度，加强部队管理，保持高度稳定和集中统一。自觉执行三大纪律八项注意，做到军容严整，文明礼貌，充分展示我军优良的作风和奋发向上的精神面貌。

希望你们切实加强精神文明建设，引导官兵树立高尚的道德情操。发挥我军政治工作的优良作风，保持部队官兵政治上的坚定和思想道德上的纯洁。教育官兵树立正确的世界观、人生观和价值观，艰苦奋斗，淡泊名利，无私奉献，大力弘扬正气，抵制歪风邪气，确保部队能够经受住特殊环境和复杂情况的考验，永葆人民军队的政治本色。

希望你们大力加强军事训练，强化官兵全面素质，深入贯彻新时期军事战略方针，居安思危，常备不懈。认真学习高科技知识，熟练掌握手中武器装备，打牢技术战术基础。根据香港防务和驻军特色，增强训练的针对性，提高部队合成作战能力和在各种复杂情况下执行任务的能力。

我相信，驻香港部队一定能够继承和发扬人民军队的优良传统，始终保持我军威武之师、文明之师的良好形象，不负重托，不辱使命，圆满完成各项任务，让党中央、中央军委放心，让全国人民放心。

祝同志们顺利进驻香港，为祖国和人民再立新功！

××××年××月××日

第二节 答谢词、祝酒词

一、答谢词、祝酒词概述

答谢词是指在公众场合对别人的帮助或招待表示感谢时所说的话。

古人常言“来而不往非礼也”。单位之间、朋友之间有喜事前来祝贺，有困难解囊帮忙，有不幸探问安慰，这些都应及时致谢，此乃人之常情。

祝酒词，是在重大庆典、友好往来的宴会上发表的讲话。宴会上祝酒，是招待宾客的礼仪。一般来说，主宾均要致祝酒词。主方的祝酒词主要是表示对来宾的欢迎；客方的祝酒词主要是表示对主方的谢忱。如果出于某种需要，也可在祝酒词中作出符合宴会氛围的深沉、委婉或幽默的表达。请参看贺电和贺信部分。

祝酒词因以酒为媒介，加之以热烈的语言，会为酒会平添友好的气氛。二者的写作格式如下：答谢词首先是对对方致以衷心的感谢，然后对对方的成就和双方的友谊表示赞颂，结尾提出自己的希望和良好的祝愿。祝酒词开头部分或表示欢迎、问候，或表示感谢。主体部分根据宴请的对象、宴会的性质，简略地表述主人必要的想法、观点、立场和意见，既可以追述已经获得的成绩，也可以畅叙友情发展的历史，还可以展望未来。结尾部分以“让我们为……干杯”或以“为了……让我们干杯”表达礼节性的祝愿。写作上的要求也大致与欢迎词、欢送词相同。

二、答谢词、祝酒词的写作范例

▲致救灾人员的答谢词

【范例】

在接受救灾粮仪式上的答谢词

亲爱的××领导，远道而来的客人们：

今天，我们怀着无比感激、无比振奋的心情，在这里迎接××红十字会给我们县师生捐赠救灾粮的亲人。

今年7月以来，我国遭受了百年未遇的大旱灾。七、八、九三个月，艳阳连天，滴雨不下，池塘干涸，溪河断流，田地龟裂，禾苗枯死，真是赤地千里！虽经我们奋力抗灾，但自然灾害的肆虐，使十多万人饮水困难，30多万亩田颗粒无收。我们县的中小学生，就有一万多名因受灾辍学，还有几万名靠同学、教师、亲属的接济度日。然而，党和政府没有忘记我们，兄弟县市的乡亲没有忘记我们。省市领导多次亲临，视察灾情，组织救援，市县国家干部职工争相解囊，捐粮捐钱。今天，我们又接到了你们无私捐助的大批救灾粮食。“一方有难，八方支援”，团结互助，无私奉献，只有在今天优越的社会主义制度下，只有在我们伟大的社会主义中国才能办到！

谢谢你们，远方的亲人。我们全县中小学生、全县人民，一定从你们的援助中吸取力量，奋发图强，重建家园；努力学习，奋勇登攀，以崭新的成绩，来报答党和人民的关怀，报答你们的深情厚谊！

××县××中学校长　×××

××××年××月××日

▲在答谢宴会上的祝酒词

【范例】

周总理在尼克松总统答谢宴会上的祝酒词

总统先生，尼克松夫人，

女士们，先生们，

同志们，朋友们：

首先，我愿以所有在座的中国同事和我本人的名义，感谢尼克松总统和夫人邀请我们参加今晚的宴会。

总统先生一行明天就要离开北京，前往中国南方参观访问。在过去几天里，总统先生会见了毛泽东主席，我们双方举行了多次会谈，就中美两国关系正常化和共同关心的问题交换了意见。我们双方之间有着巨大的原则分歧，经过认真、坦率的讨论，使彼此的立场和主张有了更清楚的了解，这对双方都是有益的。

时代在前进，世界在变化。我们深信，人民的力量是强大的，不管历史的发展会有什么曲折反复，世界的总的趋势肯定是走向光明，而不是走向黑暗。

增进中美两国人民之间的了解和友谊，促进中美两国关系的正常化，这是中美两国人民的共同愿望。中国政府和中国人民将坚持不懈地为实现这一目标而努力。现在，我提议：

为伟大的美国人民，

为伟大的中国人民，

为中美两国人民的友谊，

为尼克松总统和夫人的健康，

为在座的其他美国客人的健康，

干杯！

××××年××月××日

第三节　祝词

一、祝词概述

祝词，是对人或事表示良好祝愿的言辞、文章的讲话稿。

祝词，是国际、国内人际交往活动中必不可少的交际工具和手段。其写作格式如下：

1. 要了解祝词对象

好的祝词除了语言慎重、注重感情以外，还要了解祝词对象。“没有调查，没有发言权”，同样，没有对祝词对象的充分了解，也就没有祝词的依据，也就不可能写出非常理想的祝词。可见，了解祝词对象不但是重要的，而且是必要的，甚至是写祝词时的首要准备，只有这样，才能避免在写祝词时张冠李戴，漏洞百出，闹出笑话。

2. 语言要慎重

作为一种社交礼仪，祝词语言一定要达到以下几个标准：准确、简练、通俗、优美。准确是最基本的要求。对人、对事都要客观公正，实事求是，不能因为是祝词，就过分地夸张；当然，必要的、恰如其分的溢美之词是无可厚非的。简练是在准确上的又一高层次要求。祝词常常是很简短的，有时甚至少到几个字，言简意赅，既能给人以回味，又能节约时间，这样的祝词是普遍受人欢迎的。通俗，即深入浅出，雅俗共赏，而非流于庸俗，落入俗套。要达到这一标准并非易事，它需要祝词人具有更高的驾驭语言能力。优美是对祝词的最高要求：不仅要求祝词能传情达意，而且要同时给人以美的艺术享受，这种优美有时并不在于其华丽的辞藻，而主要在于其构思的巧妙，能够给人耳目一新之感。

3. 要流露真情实感

祝词，表达的是美好的祝愿，是令人高兴和愉快的事。但能否达到这样的效果，还要看祝词者的感情流露。如果祝词的内容是发自祝词者内心的，是有感而发的，那么就是真情，否则，就是虚情假意。人都是有感情的，对于是否是真情实意，人们是很敏感，并能很容易识别的。所以，写作祝词一定要发自肺腑地祝愿，要流露出真情实感，不然的话，就会引起别人的反感，倒不如不说祝词为好。

二、祝词的写作范例

▲预先祝词

【范例】

时代赋予文艺的崇高历史使命

——祝贺中国文联第六次全国代表大会、中国作协第五次全国代表大会隆重召开（人民日报社论）

今天，中国文学艺术界联合会第六次全国代表大会和中国作家协会第五次全国代表大会在北京隆重开幕。我们对此表示热烈祝贺！

这次大会是在我国经济发展、政治稳定、文化繁荣、民族团结、社会进步的大好形势下召开的。这是一次回顾总结工作、共商文艺发展大计的盛会，是一次民主、团结、鼓劲、繁荣的盛会，是我国文艺界承前启后、继往开来、迎接新世纪的盛会。会议适逢党的十四届六中全会之后、全党全国人民进一步开创精神文明建设新局面之时，无疑有着十分重要而深远的意义。

我们所处的时代是一个深刻变革、奋发有为的伟大的时代。伟大时代赋予文艺崇高的历史使命。从历史上看，无论是在战争年代还是在和平建设时期，文艺都是整个革命和建设事业不可或缺的一部分，对于人民的精神文化生活和社会的进步与发展，起着不可替代的作用。今天在党中央的正确领导下，在建设有中国特色社会主义宏伟事业中，特别是在社会主义精神文明建设中，文艺应该更加发挥其特有的功能和独具的魅力，以优秀的作品鼓舞人，培育一代又一代有理想、有道德、有文化、有纪律的社会主义新人，为改革开放和社会主义现代化建设提供强大的精神动力。能够与建设有中国特色社会主义宏伟事业联系在一起，能够为实现中华民族全面振兴的共同理想作出独特的贡献，能够通过自己的创造性劳动与人民群众永远保持血肉联系，共同推动历史前进，成为名副其实的人类灵魂工程师，这是文艺工作者的无上光荣。

历史的经验告诉我们，每个时代都有自己的文艺，每个时代的文艺都面临新的时代课题。只有正确认识和妥善解决这些课题，文艺才能跟随时代不断前进。在今天，我们的文艺面临的时代课题是：在深化改革、建立社会主义市场经济体制的条件下，如何在社会主义精神文明建设中发挥更大的作用；在扩大开放、对外文化交流日益增多的情况下，如何保持我们文艺的社会主义性质和民族特色；在世界范围综合国力激烈竞争、高新科技迅猛发展的形势下，如何抓住时机，发展社会主义的文艺生产力，立足本国，面向世界。

面对新的时代课题和崇高的历史使命，文艺工作者要进一步提高贯彻执行党的文艺方针政策的自觉性，保证文艺的社会主义方向：一是坚持马克思主义的指导地位，运用正确的立场、观点和方法把握时代，认识生活，指导作品；二是坚持为人民服务、为社会主义服务，树立精品意识，多出优秀作品，培养“四有”新人，促进社会进步；三是坚持“百花齐放、百家争鸣”，开展健康的文艺评论，提倡探索创新和不同风格流派的相互竞争、相互学习，营造生动活泼、团结向上的文化氛围；四是坚持弘扬主旋律，提倡多样化，努力塑造时代典型，满足人民群众多方面的文化需求；五是坚持古为今用、洋为中用、推陈出新，处理好继承、借鉴和创新的关系；六是坚持把社会效益放在首位，努力做到社会效益与经济效益的统一。这几个方面坚持好了，我们社会主义文艺的繁荣和发展，就有了可靠的保障。

繁荣和发展社会主义文艺，事关精神文明建设的大局，事关全党全国的工作大局。要完成这一历史重任，关键在党。必须加强和改善各级党委对文艺工作的领导，要和作家艺术家广交朋友，引导他们认真学习马列主义、毛泽东思想，特别是邓小平建设有中国特色社会主义理论，引导他们深入群众、深入生活、学习社会、学习业务、学习各种知识，不断提高思想素质和业务素质，帮助他们解决生活、工作、学习上遇到的困难，使他们能够相互尊重、紧密团结、心情舒畅、专心致志地投身于崇高而又艰巨的社会主义文艺事业，鼓励他们努力创作出反映时代精神的精品力作，为开创文艺工作的新局面，作出新贡献。

中国文学艺术界联合会和中国作家协会是党中央领导的人民团体，是党和政府联系广大文艺家的桥梁与纽带。几十年来，在党和政府的关怀下，许多老一辈文艺家和文艺工作的组织领导者在文联和作协的岗位上，辛勤耕耘，无私奉献，做了大量卓有成效的工作。特别是近几年来，文联、作协的工作，坚持以邓小平建设有中国特色社会主义理论为指导，努力贯彻党中央关于繁荣文艺的指示，服从服务于全党、全国工作大局，在繁荣文艺、强化服务等方面做了大量工作，取得了明显成绩。这次大会即将产生的中国文联和中国作协新的领导机构更要进一步开拓进取、扎实工作，充分发挥其“联络、协调、服务”的职能，团结和联系广大文学艺术工作者，把这支群英荟萃、人才济济的文艺大军组织好，建设好，带领好，推动文艺事业更加繁荣昌盛，取得更大进步。

伟大的时代孕育着伟大的文学家、艺术家、评论家和理论家。回首“五四”以来，文艺战线已经产生了鲁迅、郭沫若、茅盾等一批文学巨匠。瞩目未来，我们更期待着无愧于伟大时代的文艺大家的出现。让我们的文艺家们携起手来，满怀豪情地迎接新世纪的太阳，共铸21世纪中国文学艺术的辉煌！

我们预祝大会圆满成功。

××××年××月××日

▲事后祝贺

【范例】

“港人治港”的重要体现

——祝贺香港特别行政区第一任行政长官产生

（人民日报社论）

经国务院任命，香港特别行政区第一任行政长官业已产生。这是香港历史上的一件大事，是全国和国际社会关注的一件大事。它标志着香港新时代即将到来。我们向600多万港人和第一任行政长官董建华先生表示热烈的祝贺！

从香港特别行政区筹委会的成立到全部是香港永久性居民组成的400人的推选委员会的组建，从第一任行政长官产生办法的制定到行政长官参选人的报名、候选人的提名，到推选委员会委员以无记名投票选出行政长官人选，直至中央人民政府的任命，香港特别行政区第一任行政长官产生的整个过程，正是广大港人开始民主参政，登上“港人治港”的历史舞台的过程。它再一次向世人表明，中国政府在香港实行“港人治港”“高度自治”的决心是坚定不移的。令人欣喜的是，第一任行政长官产生的过程中，广大港人以各种方式积极参与，表现出很高的热情。这种热情及其蕴含的“筹建特区，匹夫有责”的精神，乃是明天香港稳定繁荣的广泛而深厚的基础。

第一任行政长官产生过程之公正、公平和公开性，有目共睹，有口皆碑。提名、选举、投票、唱票、计票，无不集思广益，坚持民主程序，且实施公正的监督，对中外记者开放，从而确保了每一位筹委会委员都能够按照自己的意愿，投下神圣的一票。事实表明，只有在香港即将回归祖国的今天，港人才得以在民主的道路上迈出具有历史意义的一步。广大港人在民主参政的同时，也创造了一些切合香港实际、独具特色的民主形式。筹委会委员与候选人之间的问答，不仅是对候选人的一种考察，也是围绕治港蓝图而展开的建设性意见的大融会、大交流，它所营造出的同心同德、共建香港的良好气氛，赢得了香港社会的普遍赞誉。

现在，筹建香港特别行政区的工作进入了新的阶段。第一任行政长官将根据基本法的规定和全国人大的有关决定，负责筹组香港特别行政区第一届政府，工作繁重而紧迫。作为第一任行政长官，还要为将来在香港特别行政区成功地实践“一国两制”的方针、为全面贯彻基本法，做好开创性的工作，任重道远。

我们相信，有祖国人民的支持，有包括18万公务员在内的广大港人的共同努力，有筹委会卓有成效的工作基础，第一任行政长官一定能不负众望，带领600多万港人，保持香港的长期繁荣稳定，共创更美好的明天。

××××年××月××日

第四节 致歉信、拒绝信

一、致歉信、拒绝信概述

致歉信，也称婉拒信，它是婉言谢绝别人的请求，说明自己不愿为或不能为，即无法答应对方要求或无法完成对方嘱托之事的理由，力求对方谅解的信件。有时也可以提供一些积极的建议供对方参考。它与一般书信的格式相同。其内容主要是陈述与邀请和托付者意愿相反的理由。内容的本质是谢绝，但道理鲜明，语气委婉。

拒绝信，即以鲜明的观点和充分的论据论证自己拒绝对方邀请或从事某项工作的信件。其主旨是阐明自己拒绝的理由。言辞是委婉还是刚直，应视不同的对象和所参与事情的性质而定。其中有着坚定的立场和鲜明的态度。

二、致歉信、拒绝信的写作范例

▲道歉信

△向友道歉信

【范例】

张先生：

我昨天没有参加全体股东大会，现在去信表示歉意。昨天的倾盆大雨是我非出于自愿缺席的原因。你知道我的家是在郊区，离市中心很远。我昨日整天留在家中，办公室也没能够去，因为那些低洼地带的路，实际上都被水淹了。假如你能将昨天开会的纪要给我一份，我将感激不已。如有任何通过的决议，需要我出力时，我将乐于承担责任。

谨致问候。

×××
××××年××月××日

△借物损坏道歉信

【范例】

董先生：

在我妻生日之际，您慨然应允我们将你的磁带录音机借到游园会上使用，谢谢。在静安公园里用上它，使得乐声悠扬，这对我们来说，是一种莫大的精神享受。

当天很忙，从各方面来说，都是非常快乐的一天。你因孩子得病未能参加，真是遗憾。我们回家之后，感到很累，吃了些点心，就睡觉了。第二天早上，二儿宏宏起床特别早，就去拨弄录音机，使它出了毛病，损坏了一个录音带。

我详细地把机件检查了一遍，并把损坏的录音带修好，现将录音机和录音带连同这封信一起送上。深表歉意，并致衷心感谢。

×××
××××年××月××日

▲致歉信

【范例】

鲁迅致张冰醒

冰醒先生：

来信收到，奖誉我太过，不敢当的。我本没有什么根据知识，只因偶弄笔墨，遂为一部分人所注意，实在惭愧得很。现在行上颇不自由，也不很会做文章，即做，也很难发表，所以对于先生的希望，真是无法奉酬，尚希谅察为幸。

迅　启上
十二月二十六日

▲拒绝信

【范例】

张艺谋致函戛纳电影节

尊敬的雅哥布主席阁下：

我决定将《一个都不能少》和《我的父亲母亲》这两部影片从您那里撤回，不参加今年的戛纳电影节。因为觉得您对这两部电影有很严重的误解，这种误解是我所不能接受的。

我的这两部片子都是关于爱的主题。《一个都不能少》表达了我们对孩子的爱心和对我们这个民族整体文化素质现状和未来的忧虑。《我的父亲母亲》讴歌爱情的至真至纯。这是人类共同拥有、颂赞的情感，然而令人不解的是阁下竟以“政治”的理由对影片加以指责，这不能不说是一种政治或文化的偏见。

长期以来，我一直非常热心和积极地参加戛纳电影节。戛纳在我心目中有着重要的位置，像世界上许多其他导演一样，能入围戛纳常常被我们视为荣誉。但今天，我决定退出是因为我对贵节珍视艺术的宗旨产生了动摇。我很遗憾是这样的结果。

一部电影的好与坏，每个人可以有不同的看法，这是很正常的。但我不能接受的是，对于中国电影，西方长期以来似乎只有一种“政治化”的解读方式：不列入“反政府”一类，就列入“替政府宣传”一类，以这种简单的概念去判断一部电影，其幼稚和片面是显而易见的。我不知道对于美国、法国、意大利等国导演的作品您是否也持这种观点。

我希望这种歧视中国电影的情况以后会慢慢改变，否则它不仅仅是对我，而且对于所有的中国导演，包括后继的年轻导演的作品都是不公平的。

您的朋友
张艺谋
一九九九年四月十八日

▲聘辞信

△聘教员

【范例】

聘教员

××兄：

师大毕业，匆匆已过三年，不知你近况如何？时在想念中。弟现在甲市三中任教，教语文兼任高三班主任。因自己阅历不深，加之才疏学浅，面对思维敏锐的学生，常愧有误人子弟之感。本校英语教员，为照顾夫妻关系，已于上月调离，遗缺尚无适合人选继任。校长嘱代为物色。弟思之再三，只有你合乎条件。你是师大同学中的佼佼者，是外语系的高才生，且教学经验丰富。我向校长推荐后，校长立即深表欢迎，嘱弟速与兄联系，取得兄的同意后，马上报请上级主管部门调聘，待遇依照规定，食住可由学校解决。特先专函奉商，愿否屈就，敬请赐示。祝

教安！

弟××上

××××年××月××日

复 信

××弟：

来信收阅。十分欣慰。承你厚爱，不嫌我能力浅薄，向贵校推荐，我深以为谢。你我同窗挚友，如能同在一校任教，当然求之不得，但我已接受本校下学期的续聘，故而难以如愿。这是不能由己的事情，还请你多多原谅。特此敬复。并祝

双安！

兄××上

××××年××月××日

△聘请友人任秘书

【范例】

文峰先生：

前月返归故里，见兄满面红光，神采奕奕，身体非常康健，甚觉安慰。弟就任此间新职以来，不觉一月，一切事务，略经整顿，稍有头绪，但是秘书一职，介绍的人虽然很多，而合意者似乎没有。同时，这个职务很重要，不能随意派人，不相识的我也不愿用，想来想去只有你老兄精于此道，各科通达，文学根基深，做事有条理，而知弟也最深。如能前来屈就，同甘共苦，是所至盼。情长纸短，欲言不尽，专此奉邀。敬请

大安！

弟　大江上

××××年××月××日

△辞去出纳职务

【范例】

玉华兄：

与你在北京一别，随即南下，在佛山市逗留数天，恰巧遇见同行数人。近因出口加工区工厂增多，需人甚多。连日来相邀者，接踵而至。前承厚惠，有约在先，本不敢他就，无奈此处坚留不放，弟百般拒却，竟不获同情，实在是身不由己，唯有暂时工作，等待机会解脱。

贵公司出纳，不可一日无人，不如另请高明，延定开幕，俾责在专司。弟深恐你劳神盼望，故以此信说明。此事绝非我有意推却，真出自万不得已。如果将来话旧，请勿以“得陇望蜀”见笑。体恤之情，感激万分。

此请

台祉

弟　志仁上

××××年××月××日

第五节　推荐信、求职信

一、推荐信、求职信概述

推荐信是向单位或个人介绍某人担任某项职务或工作的信件。推荐信的收信者可以是单位或单位负责人，也可以是个人。

求职信是无业、待业或停薪留职者写给用人单位的信，目的是让对方了解自己、相信自己、录用自己。它是一种私对公并有求于公的信函。二者的写作格式如下：

1. 推荐信的写作格式

①格式同一般书信，也有的以“推荐信”为题。

②推荐信主要是写明被推荐者的身份及基本状况。

③表明推荐者的推荐目的和愿望。

④被推荐者一旦被任用将会产生的作用或好处。此项内容用语可模糊些。

2. 求职信的写作格式

①居中写“求职信”字样。

②写明求职者的身份及基本情况。

③求职者要表明求职的目的和决心。

④最后写“此致敬礼”的致敬语，并署求职者姓名及成文日期。

二、推荐信、求职信的写作范例

▲推荐信

【范例】

×国××航空公司航务部××先生：

近闻贵公司拟在中国招聘一批属员驻北京办事处，现推荐王明远先生赴你处待聘，望予采纳任用为幸。

推荐人，刘海树，男，现任中国××航空公司××部副部长。××××年毕业于××航空学院，最后学历硕士。发表专著四种、论文数十篇，计80余万字。通信地址：中国××航空公司××部，邮政编码：××××××。

被推荐人，王明远，男，现年29岁。王明远先生于××××年毕业于××民航学院运输专业，获学士学位。王先生毕业后分配到我售票处工作，对航务知识较为熟悉，有一定的工作经验，有较高的英语水平，我相信他是可以胜任贵公司工作的。

切盼尽快以答复！

祝

一切顺利

×××

××××年××月××日

▲求职信

【范例】

××人事处负责同志：

我是一个渴望得到用武之地的在职人员，女，24岁。一年前我从××大学教育系学校管理专业毕业，由国家分来本市，后由市教委分配到市直机关幼儿园当了幼儿教师。一年来，在用非所学（所长）的岗位上已耽误了许多宝贵时光，这对国家对个人无疑都是损失，故本人渴望要寻找一个能发挥自己专长的地方。

现将本人情况略作介绍：本人能力方面长于语文学科，高中时以108分单科为高校录取，在校期间曾在省报发表过小说两篇，在《光明日报》发表大学生暑假调查报告一篇，曾获学校硬笔书法赛二等奖（正楷）。以前曾被市直×机关借用做文字工作，写过多种计划、总结、报告，为×副市长的电视讲话写过讲稿。另外，我的英语学科一直是中学大学期间的强项，成绩名列前茅。大学三年级时在省级刊物上发表过翻译作品两篇。大学四年级时通过了国家英语六级考试。由以上情况，本人适合担任秘书工作或外语公共课教学工作。

负责同志，我完全有把握地说，如果你们能让我担任以上两个方面的工作，定会让你们满意。我也定将珍惜这来之不易的工作，奋力作出自己的贡献。

此致

敬礼！

求职者：×××

××××年××月××日

第六节　介绍信、证明信

一、介绍信、证明信概述

介绍信是机关、单位的人员外出办事所持有的介绍性的书信。介绍信一般采用现成的印制好的表格样式，使用时须填上外出人员的姓名（有时需要填写职务）、联系事由、日期并加盖公章。它是一种专用书信，具有公开的性质。

此外，还有一种用于非正式场合的私人介绍信。私人介绍信同于一般书信，写作目的也是联系或办理具体事宜。它只在熟悉的人中间使用，随意性较强，内容也可写得更为具体详细。

证明信是以机关、团体、单位或个人证明一个人的身份或一件事情，供接受单位作为处理和解决某人某事根据的书信。它是一种专用书信。二者的写作格式如下：

1. 介绍信的写作格式

（1）标题

可在首行印（或写）明“介绍信”三字。

（2）称呼

可在信件开端处，顶格书写受文单位或受文人的名称，也可将受文单位名称写于信件的最后一行（顶格），但需在其上一行写“此致”二字。

(3) 正文

空两格起写被介绍人的姓名、身份，以及前往接洽的事项和向接洽单位提出的希望和要求。正文写完，另起一行，空两格写“此致”，下一行顶格写“敬礼”，表示对对方的感谢。如使用受文单位在文尾的格式，则“此致”的下一行顶格要写受文单位的名称。

(4) 落款

另起一行，写出介绍信的单位名称、加盖公章。署名下面写清年、月、日。

2. 证明信的写作格式

(1) 标题

“证明信”，写在第一行正中位置。字体要大一些，以区别于下文。

(2) 称谓

和一般书信一样，包括单位（或姓名）。称谓要顶格写，以示尊重。

(3) 正文

一般按其固定格式填写所证明人的姓名及所联系或办理的事项。此项内容要根据实际情况填写清楚。

(4) 结束语

一般用“特此证明”。有的开头没写送达机关名称的，可用“此致××单位”。

(5) 落款

证明制发机关，日期，加盖公章（注：有存根的证明信须在两联中间加盖公章）。

二、介绍信、证明信的写作范例

▲介绍信

【范例】

××公司负责同志：

今介绍我所副研究员、高级工程师××、××两位同志前往贵公司洽谈有关合作的具体事宜，请予接待。

此致

敬礼！

××技术研究所

（盖公章）

××××年××月××日

▲证明信

【范例】

××大学党支部：

××××年×月×日来信收到。根据信中要求，现将你校××同志的爱人，××同志的情况介绍如下：

××同志，现年××岁，中共党员，是我校中文系教师。该同志对教学工作认真负责，近年来多次被评为市级模范教师。

特此证明。

××省××市××大学党支部（公章）

××××年××月××日

第七节 邀请书、聘书

一、邀请书、聘书概述

邀请书，是党、政、军和各种学术团体在召开重大会议时所常用的一种应用文样式。邀请书实际上就是一种比较复杂的请柬，它除了起请柬的作用外，还有向被邀请者交代有关需要做的事情的作用。一般邀请书多用于集体，很少用于个人，个人一般是用请柬。

聘书是聘请书的简称。它是用于聘请某些有专业特长或有名望、有权威的人完成某项任务或担任某种职务时的书信体文书。二者的写作格式如下：

1. 邀请书的写作格式

（1）标题

在纸的上方中间用大于正文的字体标出“邀请书”三个字。也可在“邀请书”三字前用小字标出发邀请书的单位名称。为示喜庆，标题可作适当装饰，如饰以花边、字体用美术字。

（2）称呼

在正文的上一行顶格写被邀请者（个人或单位）名称。姓名之后可加“书记”“校长”等职称或“先生”“女士”等尊称。单位名称要用全称，以示尊敬。称呼之后加冒号。

（3）正文

在称呼下一行空两格写正文内容。正文一般包括前言和事项两部分。前言只简单地说明何时何地有什么活动和邀请语就可以了，这一部分相当于一张请柬的内容。事项部分要分条列出这次活动的有关事项。

（4）落款

在正文右下方注明邀请单位的名称和发出邀请的时间。如果单位名称在标题中已标出，这里可以从略，但为了表示郑重、礼貌，一般都要再次注明。

2. 聘书的写作格式

（1）标题

一般是印刷好的，在封面上印上“聘书”二字，字号要求较大，制作美观、大方，有的套红、烫金。书写的聘书在用纸的第一行中间书写“聘书”或“聘请书”字样。

（2）正文

第一行顶格写，写聘请人姓名，称呼，如“××先生”“××同志”等。也可第一行空两格写“兹聘请×××先生”，接着写聘请他担任什么职务，或做什么工作，期限多久，待遇多少等。

（3）结尾

有的结尾另起一行，用“此聘”，有的不写什么。

（4）署名

一般在正文后边，另起一行，偏右，署上聘请单位名称，并盖上公章。

（5）日期

紧接聘请单位名称后，另起一行写上年月日。

二、邀请书、聘书的写作范例

▲邀请参加讨论会

【范例】

××同志：

为纪念××诞辰一百周年，定于××××年×月×日至×日在×市举行“××诞辰一百周年学术讨论会”，敬请您届时光临。现将有关事项通知如下：

一、会议以十四大精神作指导，内容为：

（一）宣读学术论文；

（二）交流教学、科学研究经验。

二、出席会议的代表原则上应向大会提交学术论文。

三、会议的住宿费、伙食补助费由大会负责，往返交通费由代表所在单位负担。

四、接到通知后，请即向大会筹备组寄回代表登记表（在会前三天不见寄回登记表，即视为不出席会议，不再安排食宿）。

五、报到时间：××××年××月××日

六、报到地点：×市××宾馆（××路××号）

七、代表登记表请寄×市××大学××研究所××同志

××大学（公章）
××××年××月××日

▲邀请参加鉴定会

【范例】

××先生：

定于××××年××月××日（星期一）上午9时在北京师范大学英东教学楼召开笔画编码查字法鉴定会。本课题由国家语言文字工作委员会立项，由北京师范大学×××课题组完成。

国家语言文字工作委员会邀请您届时出席会议。

国家语言文字工作委员会办公室（公章）
××××年××月××日
北京师范大学联系人：中文系副主任×××
电话：×××××××××（系办公室）
×××××××××（家）

▲聘请书

【范例】

因工作需要，特聘××为电力工程技术顾问。现将商定的有关事项简述如下：

一、我单位不干涉××同志的正常工作，不增加除技术以外的业务工作。

二、我单位给××同志每月酬金1000元，不另付其他补贴。如因工作需要除××地区外的差旅费、出差补贴等实报实销。如对本单位作出重大贡献，另行酌情发给奖金。

三、聘期自××××年××月至××××年××月，暂为1年。到期后，如需

聘请，另发聘书。

四、聘期内，未经双方同意，一方不得中断聘约。

五、本聘书一式三份。受聘人、聘请单位、监证单位各执一份。

受聘人　　　　　　　　聘请单位

××（盖章）　　　　　××市××劳动服务公司（盖章）

监证单位

××电力局

××××年××月××日

▲聘任制聘书

【范例】

为了提高教学质量，本校总部成立了刊授教学研究会。特聘请×××老师为指导教师，参加教学研究，并关心、指导本校的教学工作。

此致

敬礼

×××刊授大学（盖章）

××××年××月××日

▲合同制聘书

【范例】

×××先生：

我厂为增加产品品种，提高设计质量，特聘请你为总设计师，聘期暂定两年，月薪暂定1000元，奖金按效益情况发给。

此聘

××制衣厂

××××年××月××日

第八节 感谢信、慰问信

一、感谢信、慰问信概述

感谢信是为了感谢某个单位或个人对自己曾给过的某种关怀、支援、祝贺或勉励，表示回谢的一种信件。

慰问信是以组织或个人名义向某一集体或个人表示关怀和问候的信件。它多在节日或遇有重大事件或特殊情况时使用。慰问信可寄给本人及本人所在的单位，也可以登报或广播。二者的写作格式如下：

1. 感谢信

（1）标题

第一行正中写“感谢信”或“致×××的感谢信”等字样，字体应大些。

（2）称谓

第二行顶格写被感谢方的单位名称或个人姓名。个人姓名应加上“同志”“先生”或职务等，称谓后加冒号。

（3）正文

第三行空两格起，写感谢的内容，一般有以下两个方面。

①简述事迹，说明效果。应交代清楚人物、事件、时间、地点、原因和结果，并扼要叙述在关键时刻得到对方帮助所产生的客观影响和社会效果。

②颂扬品德，表示决心。既表感激之情，也谈今后如何用实际行动向对方学习。

（4）致敬语

最后写上诸如“此致——敬礼”“致以——最诚挚的敬礼”等表示感激和敬意的话。致敬语前半截一般连接正文，或另起一行空两格写；后半截另起一行顶格写，以表尊敬。

（5）署名、日期

在右下方写上单位名称或个人姓名，后一行写发信年月日。

2. 慰问信

慰问信一般由标题、称谓、正文、署名和日期构成。

（1）标题

第一行正中写“慰问信”或“×××致×××的慰问信”等字样。

（2）称谓

第二行顶格写单位、个人名称。

（3）正文

第三行空两格起，写慰问的主要内容，包括以下几个方面：

①原因背景。用一般简要文字陈述目前形势，写明慰问的背景和原因，以提起下文。

②叙述事实。应比较全面、具体地叙述对方的模范事迹或遇到的困难，要实事求是肯定其功绩，然后向对方表示慰问和学习。

③结语部分。先结合形势与任务提出殷切的希望，接着表示共同的愿望和决心，最后用一句慰勉与祝愿的话作结。

（4）署名、日期

署名下一行写年月日。

二、感谢信、慰问信的写作范例

▲简述事迹的感谢信

【范例】

××公安派出所：

我母亲××多岁，今年×月×日从××老家送我的小儿子到××××，在××换车时，她去厕所迷了路，找不到孙子了。贵所所长刘××同志了解这一情况后，立即发动所有同志去找，据我母亲说，你们找了一个多小时，在离火车开车前几分钟终于找到了我的小儿子，并将他们祖孙二人送上火车。我母亲要给大家买汽水，也被你们谢绝了。你们这种精神真值得我学习。在此，我代表我全家向贵所及全体同志表示衷心的感谢！

我是一名售货员，我一定要像你们那样兢兢业业、热情周到地做好我的服务工作。

此致

敬礼！

××市××商店售货员×××

××××年××月××日

▲颂扬品德的感谢信

【范例】

××部队全体指战员：

我县今年遇到了特大洪水灾害，在万分紧急的情况下，你部全体干部、战士发扬无私无畏的战斗精神，同我县全体人民并肩战斗，赢得了抗洪斗争的胜利。你们这种心系人民无私忘我的精神值得我们崇敬和学习。为此，特向你们表示衷心的感谢！

我们决心在党中央的领导下，努力搞好工农业生产，以实际行动报答你们的关怀，为早日实现祖国的四个现代化而努力。

此致

敬礼

××省××县人民政府

××××年××月××日

▲表彰慰问信

【范例】

给春节期间坚守工作岗位的全体职工及其家属的慰问信

全体职工及其家属同志们：

值此新春佳节之际，向你们致以节日的问候和崇高的敬礼！春节是中华民族的传统节日，历来受到人们的高度重视。在此期间，千家万户欢聚一堂辞旧迎新，亲朋好友举杯开怀，叙情联谊。大家都陶醉在节日的欢乐气氛之中。可是你们——全体职工同志，为了抢时间，争速度，为我国一项重点建设工程赶制成套优质设备，主动提出春节期间不休息，仍然紧张战斗在生产第一线；还有你们——我厂职工家属同志们，放弃节日欢聚，不仅没有怨言，有人还把饺子亲自送到车间，并帮助工厂做些力所能及的劳动……所有这些，都充分显示了中国工人阶级的伟大胸怀和崇高的精神境界！你们这种大公无私的精神，值得称赞，值得学习，值得嘉奖！

同志们，春节期间你们虽然没能休息，没能同家人很好地团聚，但你们的春节是过得最有意义的。厂领导感激你们，全国人民感激你们！让我们再次向你们表示亲切的慰问和衷心感谢！

敬祝

春节好

中共×××厂委员会

×××厂厂部

××××年××月××日

▲安慰慰问信

【范例】

给灾区某中学同学们的慰问信

××县××中学全体同学：

你们好！听说你们那里遭受水灾，部分教室被洪水冲倒，教学设备受到很大损失，我们全体同学对你们表示深切的同情并致以亲切的慰问。

你们现在的生活和学习，一定会有一些困难，但我们相信，在党和政府有关部门的关怀下，生活一定能得到适当的安排，学习也能很快恢复。灾区人民在抗洪抢险的战斗中所表现出来的公而忘私、团结友爱的高尚品质，使我们深受感动。你们也一定会以父兄们为榜样，发扬战胜困难的精神，在老师们的带领下，很快恢复学校的正常教学秩序。

随信寄去图书300册以及5000元，钱物虽然微薄，但这是我们1200名同学友爱的心意。愿我们携起手来，共同前进。

最后，祝你们在抗灾建校斗争中早日取得胜利！

××中学全体同学

××××年××月××日

▲节日慰问信

【范例】

慰问信

尊敬的优抚对象：

在全党、全军和全国各族人民满怀豪情，认真贯彻落实科学发展观，大力推进社会主义和谐社会建设的热潮中，迎来了中国人民解放军建军82周年。值此之际，朝阳区民政局谨向你们致以节日的祝贺和亲节的慰问！

82年前的8月1日，中国共产党在南昌城打响独立领导武装斗争、创建革命军队的第一枪。82年来，在党的领导下，八一军旗猎猎，激励着人民子弟兵冲锋陷阵、所向披靡，从一个胜利走向另一个胜利。从艰苦卓绝的井冈山游击战，到前仆后继的二万五千里长征；从浴血奋战的抗日战争，到气吞山河的解放战争；从抗美援朝到抵御外来敌对势力威胁；从做好军事斗争准备到抗洪抗震抢险救灾，人民军队听党指挥，英勇善战、所向披靡，千锤百炼、日益强大，为共和国的创建和社会主义建设立下了不朽的功勋。历史充分证明：中国人民解放军不愧为人民民主专政的坚强柱石，保卫国家安全的钢铁长城，是党和人民安全信赖的不可战胜的力量。

伤残军人、复员、退伍军人曾为加强军队建设和国防事业作出了积极的贡献，他们是党和国家的宝贵财富。在党和政府领导下，我区广大伤残军人、复员、退伍军人继承和发扬我党我军的光荣传统和优良作风，保持军人本色，在改革发展中，与广大人民一道，爱岗敬业，自强不息，勇于拼搏，努力工作，无私奉献；在完成急、难、重任务中发挥突击队作用，出色地守成了各项任务，为振兴朝阳作出了贡献。广大烈属、因公牺牲军人家属和病故军人家属为国家的独立与解放，为新中国的建设与发展，为社会主义国家的繁荣与富强，同样作出了贡献。对此，谨向同志们表示衷心的慰问，并致以崇高的敬意！

扬时代风帆，创民政伟业。站在新起点，发展大民政，实现新突破，做好大民生，目标宏伟，催人奋进。让我们在党中央领导下，乘纪念建军82周年之东风，牢固树立和落实科学发展观，围绕工作方针，弘扬革命精神，保持军人本色，做构建和谐社会的排头兵；振奋精神，与时俱进，扎实工作，为改革发展贡献聪明才智，为建设社会主义祖国而努力奋斗！

祝同志们节日快乐，身体健康，工作顺利，家庭幸福！

××市××区民政局

××××年××月××日

第九节　贺信、贺电、请柬、唁电、唁函

一、贺信、贺电、请柬、唁电、唁函概述

贺信，是表示庆贺的书信总称。当有关单位、个人有喜事时，都可以使用贺信的形式表示祝贺。

贺信的内容十分广泛，可以贺家庭、个人婚嫁、祝寿一类的喜事；可以贺重大的会议或重要的纪念活动；可以贺对方取得的优异成绩；可以贺国家领导人任职等。重要的贺信往往对广大群众有很大的鼓舞和教育作用。

贺电，是表示祝贺、赞颂的专用电报。当个人或集体取得巨大成绩或作出突出贡献时可以发贺电表示祝贺，当个人或集体有喜事时也可以发贺电，如贺寿诞、结婚、毕业、乔迁、任职等。

请柬是邀请客人时发出的专用信件，又叫请帖。

请柬应用广泛，召开庆祝会、纪念会、联欢会、招待会、宴会、订货会等许多

会议和许多活动都可以发请柬；单位、团体、个人均可以发请柬。

1. 贺信的写作格式

（1）开头

正中写“贺信”两个字，另起一行顶格写被祝贺单位或个人的称呼。若是写给个人的，要加“先生”或相应的职务或职称。称呼之后加冒号。

（2）正文

另起一行，空两格起写贺信的内容。可分若干段落：

①简略叙述当前形势，说明对方所取得成绩的社会背景，或重要会议召开的历史条件。

②简要说明对方在哪些方面取得了成绩，并要分析对方取得成绩的主观原因和客观原因。如果是寿辰贺信，应概括地说明对方的贡献和品德。如果是重要会议的贺信，应说明会议的内容及其重要性。

③表示热烈的祝贺、称赞。还要写出祝贺者的决心和准备怎么办。

④热情的鼓励，殷切的希望和双方的共同理想。

（3）结尾

写上表示祝愿的话，如“祝大会圆满成功”“祝您健康长寿”等。

（4）署名

另起一行，在右下方写发信单位或个人姓名。署名下边写年月日。

2. 贺电的写作格式

（1）开头

居中写“贺电”两个字，另起一行写贺电单位或个人的称呼。如果收电者是个人，应在姓名之后加“先生”“同志”或职务、职称等相应的称呼。顶格，称呼后加冒号。

（2）正文

直接叙述祝贺内容、成就、意义。

（3）结尾

表示热烈的祝贺和希望。

（4）署名

发电单位或个人姓名，写在右下方。署名下边写年月日。

3. 请柬的写作格式

（1）标题

即写“请柬”“邀请书”。如果请柬是折页纸，封面写“请柬”二字，封面还要做些艺术加工，如图案装饰，文字用美术体，并可套红或烫金。如果请柬是单页纸，第一行正中写“请柬”二字。

(2) 称谓

写被邀请者（单位和个人）的名称。如“××研究所”“××先生”“××教授”等。称谓有时写在正文之上抬头顶格处，有时将请柬再放入信封，称谓写在信封上，请柬上就不再写称谓。

(3) 正文

要写清被邀请人何时、何地、参加什么活动或会议等。

(4) 致敬语

可写“敬请光临指导”“敬请届时出席”或“此致、敬礼”等。

(5) 落款

注明发请柬的单位或个人，并写明发请柬的日期（年、月、日），若单位所发请柬有时还需加盖公章。

4. 唁电、唁函的写作格式

唁电是以电报的方式向死者的组织或家属表示慰问、对死者表示哀悼的文电。唁函是以信函形式发出的向死者所在组织或家属表示慰问，向死者表示哀悼的信件。其写作要求如下：

写清接收唁电或唁函的单位或个人全称、简称或尊称。正文一般以“获悉”“惊悉”“痛悉”逝世（去世、牺牲）开头，然后简述死者生前的品德和功绩，接着表达悼念之情，向死者家属致以亲切的慰问。正文写完后，署名、注明成文时间。

二、贺信、贺电、请柬、唁电、唁函的写作范例

▲上级给下级的贺信

【范例】

中国体育代表团：

在刚刚胜利闭幕的第11届亚洲运动会上，中国体育代表团高举“团结、友谊、进步”的旗帜，弘扬“更快、更高、更强”的奥林匹克精神，以优异的运动成绩和良好的精神风貌，出色地完成了祖国和人民的重托。党中央、国务院向你们致以热烈的祝贺和亲切的慰问！

在这次规模空前的亚洲体育盛会上，你们以顽强的意志和精湛的技艺，奋勇拼搏，力争上游，刷新了一大批亚洲纪录，在一些项目中创造了世界纪录和今年世界最好成绩。你们为祖国赢得了荣誉，为亚洲体育的发展作出了贡献。你们的成绩特别是赛场上表现出来的不甘落后、锐意进取的精神，对奋战在改革开放和社会主义现代化建设各条战线上的全国人民，是巨大鼓舞。

体育战线肩负着增强人民体质、提高运动技术水平、建设社会主义精神文明的光荣使命。党中央、国务院希望我国体育健儿，把这届亚运会作为新的起点，戒骄戒躁，再接再厉，力争更好的成绩，努力攀登世界体育高峰。体育战线的同志们在取得巨大的成绩的同时要看到我们的差距，要进一步振奋精神，深化改革，大力开展群众体育，把我国体育运动推向新的广度和高度，为建设四化、振兴中华作出贡献。

中共中央
国务院
××××年××月××日

▲下级给上级的贺信

【范例】

××市学生联合会第一次代表大会：

在祖国改革开放深入进行、四化建设蓬勃发展的大好形势下，在市委的直接领导下，我市学生联合会第一次代表大会胜利召开了。我们××学院全体学生谨向大会表示热烈的祝贺！

这次大会的召开是我市全体学生的一件大事。它将激励我们为推进改革开放、促进四化建设而努力学习。

我们全体同学决不辜负党和人民的殷切期望，一定要努力学习，奋发进取，勇攀科学高峰，争做四有新人，以实际行动庆祝这次大会的召开。

预祝大会圆满成功。

××学院学生会
××××年××月××日

▲国务院致中国女排的贺电

【范例】

中国女子排球队：

在第三届世界杯女子排球赛中，你们刻苦锻炼、顽强战斗，获得了冠军，为祖国争了光，为人民立了功。国务院向你们表示热烈的祝贺。

你们的胜利，鼓舞了全国人民奋发图强、振兴中华的爱国主义热忱。我们希望全国人民都来学习你们的团结战斗、艰苦创业的精神，为把我国建设成为具有高度物质文明和精神文明的伟大社会主义国家而努力奋斗！

国务院
××××年××月××日

▲请柬

【范例】

请 柬

×××先生（女士）：

为庆祝《××》创刊一周年，谨定于××××年×月×日上午11时，于××饭店××厅举行午宴。折柬相邀，洗盏以待。

（凭柬入座）

《××》编辑部
××××年××月××日

▲吊唁信

【范例】

个人给死者单位的吊唁信

××大学：

惊悉师长杨老逝世，无限悲痛。他的逝世是我国教育界、理论界的重大损失。杨老的学问、道德和功绩将永垂青史，是后人学习的榜样。

×××
××××年××月××日

第三章　会议类应用文写作

第一节　开幕词、闭幕词

一、开幕词、闭幕词概述

开幕词是各级党政机关、社会团体、企事业单位在会议开始时，由会议主持人或主要领导人向大会所作的重要讲话。这种讲话，说明开会宗旨，简介大会情况。

闭幕词是党政机关、群众团体、企事业单位举行隆重会议闭幕时，由有关领导向会议所作的总结性讲话。其写作格式如下：

1. 标题

一种是会议全称加上开幕词，如“×××××第××次全国代表大会开幕词”。

一种是领导人姓名加会议全称再加上开幕词，如“×××同志在×××××会议上的开幕词”。

一种是采用正、副标题结合的形式，如：

贴近人民生活，标举时代精神

——××××协会第××次代表大会开幕词

2. 称谓

一般写作“各位代表”“先生们，女士们”，如有特邀嘉宾，可写作“尊敬的××先生，各位代表，朋友们”等。

3. 正文

①向大会介绍参加的领导同志和各方面的来宾；通报到会代表人数和团体名称。

②回顾过去的工作、成绩、经验及不足。

③提出本次会议的议题和议程。

④阐明会议的意义并作出预示性的评价。

⑤提出对与会代表的希望和要求。

结语部分，一般以“祝愿大会获得圆满成功”作结，也可以提出带有鼓动性的口号。

闭幕词的结构基本与开幕词相同，只是内容的侧重点不一样。

二、开幕词、闭幕词的写作范例

▲开幕词

【范例】

在“中国国际××展览会”开幕式上的讲话

（××××年××月××日）

女士们、先生们、同志们：

早上好！由新加坡××有限公司主办，中国××协会与我分会所属的上海市××公司承办的“中国国际××展览会”今天在这里开幕了。我谨代表中国国际贸易促进委员会上海市分会、中国国际商会上海分会表示热烈祝贺！向前来上海参展的西班牙、比利时、中国台湾省和香港地区以及我国各省的中外厂商表示热烈的欢迎！

本届展览会将集中展示具有国际水准的各类××产品及生产设备，为来自全国各地的科技人员提供一次不出国的学习机会；同时，也为海内外同行共同切磋技艺创造了条件。

朋友们、同志们，上海是中国最重要的工业基地之一，也是经济、金融、科技和信息中心。上海作为长江流域乃至全国对外开放的重要窗口，将实行全方位的开放。我国政府已将浦东的开发开放列为中国今后十年发展的重点，上海南浦大桥的正式通车，将标志着浦东新区的开发已经进入实质性的启动阶段。上海将进一步改善投资环境，扩大与各国各地区的合作领域。我真诚地欢迎各位展商到上海的开发区和浦东新区参观，寻求贸易和投资机会，寻找合作伙伴。作为上海市的对外商会——中国国际贸易促进会上海市分会将为各位朋友提供卓有成效的服务。

最后，预祝“中国国际××展览会”圆满成功！感谢大家！

▲闭幕词

【范例】

吴邦国在第十一届全国人民代表大会
第一次会议闭幕会上的讲话

各位代表：

我完全赞成胡锦涛主席的重要讲话。

第十一届全国人民代表大会第一次会议，在全体代表的共同努力下，圆满完成了各项预定任务。会议充分发扬民主，严格依法办事，开得很成功，是一次高举中国特色社会主义伟大旗帜、全面贯彻落实党的十七大精神的大会，是一次与时俱进、民主团结、求实鼓劲的大会！

会议期间，代表们肩负全国各族人民的重托，以主人翁的高度责任感，认真履行宪法和法律赋予的职责，使会议通过的各项决议和决定，充分体现了党的主张和人民意志的统一。会议审议批准的政府工作报告和其他报告，总结了在以胡锦涛同志为总书记的党中央领导下，五年来我国各方面工作取得的重大成就和有益经验，明确提出了今年乃至今后五年的主要任务和工作部署。会议依法选举和决定任命了新一届国家机构领导人员，为推动党和国家事业发展、实现党的十七大确定的目标任务提供了坚强的组织保证。这次大会必将进一步激励和动员全国各族人民，万众一心、奋发图强，为夺取全面建设小康社会新胜利、开创中国特色社会主义事业新局面而团结奋斗。

各位代表，十届全国人大及其常委会坚持党的领导、人民当家做主、依法治国有机统一，始终从最广大人民的根本利益出发，紧紧围绕党和国家工作大局开展工作，坚持依法按程序办事，在前几届工作的基础上与时俱进，形成了一套行之有效的工作机制和工作方法，立法工作成绩显著，监督实效明显增强，代表工作积极推进，对外交往更加活跃，自身建设不断加强，为坚持和完善人民代表大会制度、推进全面建设小康社会作出了重要贡献。在这里，请允许我代表十一届全国人大及其常委会，向十届全国人大代表，向十届全国人大常委会和各专门委员会组成人员，致以崇高的敬意和诚挚的感谢！

这次大会选举产生了十一届全国人大常委会，并选举我继续担任委员长。这是各位代表和全国各族人民对我们的信任，我代表十一届全国人大常委会组成人员表示衷心的感谢！我们深感使命崇高，责任重大。我们将同全体代表一起，忠诚履行宪法和法律赋予的职权，恪尽职守，勤勉工作，竭诚为国家和人民服务，不辜负全国各族人民的重托。

各位代表！

今后五年，是我国全面建设小康社会的关键时期。党的十七大分析了国内国际形势的新变化，回顾了党的十六大以来各项事业的新进展，总结了改革开放以来的新经验，提出了实现全面建设小康社会奋斗目标的新要求，为我们继续推动党和国家事业发展指明了前进方向。党的十七大明确提出，要坚定不移发展社会主义民主政治。强调人民民主是社会主义的生命，发展社会主义民主政治是我们党始终不渝的奋斗目标。强调要坚持中国特色社会主义政治发展道路，坚持党的领导、人民当家做主、依法治国有机统一，不断推进社会主义政治制度自我完善和发展。强调深化政治体制改革，必须坚持正确政治方向，以保证人民当家做主为根本，以增强党和国家活力、调动人民积极性为目标，扩大社会主义民主，建设社会主义法治国家，发展社会主义政治文明。强调支持人民代表大会依法履行职能，善于使党的主张通过法定程序成为国家意志，保障人大代表依法行使职权，密切人大代表同人民群众的联系，加强人大常委会制度建设。这些都对做好新形势下人大工作提出了新的更高的要求。十一届全国人大及其常委会要全面贯彻党的十七大精神，高举中国特色社会主义伟大旗帜，坚定不移地走中国特色社会主义道路，坚定不移地以中国特色社会主义理论体系为指导，坚持党的领导、人民当家做主、依法治国有机统一，围绕中心，突出重点，扎实工作，把人民代表大会制度坚持好、完善好，把依法治国基本方略贯彻好、实施好，把最广大人民的根本利益实现好、维护好。

我们要以完善中国特色社会主义法律体系为目标，继续加强和改进立法工作，抓紧制定在法律体系中起支架作用的法律，及时修改与经济社会发展不相适应的法律规定，督促有关方面尽快制定和修改与法律相配套的法规，坚持科学立法、民主立法，不断提高立法质量，更好地发挥法律在国家政治和社会生活中的规范、引导和保障作用。

我们要以增强监督实效为核心，继续加强和改进监督工作，全面贯彻落实监督法，加强宪法和法律实施，坚持公民在法律面前一律平等，维护社会公平正义，维护社会主义法制的统一、尊严、权威，更好地发挥人大监督对促进依法行政、公正司法和维护人民利益的作用。

我们要以深入贯彻中央9号文件为主线，加强和改进代表工作，努力提升服务保障水平，更好地发挥代表参与管理国家事务的作用。

我们要以制度建设为重点，继续加强常委会自身建设，严格依法按程序办事，自觉接受监督，更好地发挥最高国家权力机关、依法履行职责的工作机关、密切联系人民群众的代表机关的作用。

各位代表！

祖国的发展前景无限美好，改革开放的伟大事业催人奋进。让我们紧密团结在党中央周围，高举中国特色社会主义伟大旗帜，深入贯彻落实科学发展观，坚持改革创新、求真务实、团结奋进，为夺取全面建设小康社会新胜利、谱写人民美好生活新篇章而努力奋斗！

××××年××月××日

第二节　主持词

一、主持词概述

主持词适合于各种大型纪念活动、庆祝活动、大型集会、各种较为隆重的活动仪式。它的作用是便于主持人工作，使仪式（活动）程序顺利进行。其写作格式如下：

1. 标题

“主持词”或“议程”或“仪式程序”等。

2. 正文

首先介绍参加活动的出席人员情况，介绍的顺序，在一般情况下，先上级后下级，先介绍来宾，后介绍当地参加活动的主要领导人。在一些特殊情况下，参加活动的人员虽然职务不太高，但他（她）是当年事件的主要参与者，也应先予介绍。

参加活动的人员介绍之后，主持者以东道主的身份对上级机关的关怀、对来宾的支持表示敬意。

最后全面介绍整个活动的主要程序。

二、主持词的写作范例

▲会议开始时的主持词

【范例】

某领导在全县农村工作会议开始时的主持词

同志们：

这次农村工作会议的主要任务是学习领会中央领导的重要讲话精神，传达贯彻全省农村工作会议精神，结合我县实际，研究部署我县农村工作。出席这次会议的有各乡（镇）书记、乡（镇）长、各村党支部书记和县直有关部门的领导。会期一天。上午是传达中央领导的重要讲话和全省农村工作会议精神以及部署我县农村工作；下午上半节学习讨论，下半节总结。下面首先请县委副书记×××同志传达中央领导的重要讲话精神。

……

（县委副书记×××同志传达毕）

▲报告、讲座的主持词

【范例】

××市领导在《入世后政府职能转变》讲座上的主持词

同志们：

加入世贸组织，是党中央在全面分析国内外形势的基础上，为加快我国改革开放和社会主义现代化建设作出的重大战略决策。××××年××月××日，我国正式成为世界贸易组织的成员，这是我国对外开放进入一个新阶段的重要标志，对于促进我国经济持续快速健康发展，进一步完善我国社会主义市场经济体制，具有重要意义。加入世贸组织后，我们必须加快转变政府职能，以适应新形势的需要。为了帮助大家更好地了解世贸组织相关规则，推动政府职能转变，促进我市经济社会发展，今天，我们荣幸地邀请到参加过我国加入世贸组织谈判成员之一、×××大学经济学教授×××先生给我们作题为《入世后政府职能转变》的报告。

×××教授先后就读于×××大学和×××大学。毕业后，他先后就职于×××、×××和×××等，撰写有《×××》等许多论著，是我国著名专家、教授。近年来，×××教授对世界经济特别是世贸组织进行了全面、深入的研究，在这方面有很高的造诣。去年以来，他先后到全国几十个省、市作专题报告，受到广泛好评。

下面，让我们以热烈掌声欢迎×××教授作报告。

……

（×××教授报告后）

刚才，×××教授给我们作了一场十分生动、精彩的报告，全面介绍了世贸组织的相关规则、对成员政府的要求、约束成员政府的机制与原则、入世后政府职能转变的必然性以及如何转变政府职能等。报告思路清晰，深入浅出，知识面广，重点突出，针对性强，理论联系实际，具有很强的说服力和感染力。这对于帮助我们更好地了解和掌握世贸组织相关规则，进一步解放思想，转变观念，开拓创新，加快我市政府职能转变，适应入世的需要，具有重要的作用。我建议，让我们再一次以热烈的掌声对×××教授表示衷心的感谢。

目前，世界经济已进入了全球化的新时代，多数国家经济已纳入世界经济的运行体系中，世界经济在空间范围上空前扩展。我们要充分利用入世这一契机，提高认识，统一思想，转变政府职能，结合我市实际，创造条件，积极参与经济全球化，充分利用资本、技术和产业世界性大转移的有利时机，进一步扩大对外开放，实施“走出去”战略，为加快我市经济社会发展，努力实现省委提出的富民强省的宏伟目标而奋斗。

××××年××月××日

▲解决工作问题会议的主持词

【范例】

某市领导在研究解决社会治安工作问题会议上的主持讲话（摘要）

（一）

各位同志：

这次常委会的主要议题是讨论如何进一步贯彻落实全国、全省社会治安工作会议精神，研究解决我市开展“严打”集中整治社会治安工作问题，对进一步加强我市社会治安综合治理工作进行部署。参加会议除了市委常委外，市人大、市政府、市政协的分管领导和政法委、检察院、法院、公安局、司法局、财政局等市直有关部门的负责同志也参加会议。

会议开半天。主要内容有：1. 请大家讨论发言，就如何贯彻落实全省社会治安工作会议精神、加强我市社会治安工作提意见，献良策。2. 研究解决我市开展“严打”集中整治社会治安工作的问题。3. 修改完善《关于××市开展“严打”整治社会治安工作方案》（草案）。

前不久，中央和省委召开全国、全省社会治安工作会议，就在新形势下如何加强社会治安工作作出了重大部署。市委常委会对贯彻全国、全省社会治安工作会议精神非常重视。在这次会议之前，专门传达学习了会议精神，听取了市政法委的汇报，并提出要在全市范围内集中时间、集中力量开展声势浩大的“严打”集中整治社会治安工作，要求市政法委迅速拟出工作方案。根据常委会意见，市政法委组织力量对我市社会治安工作的一些问题进行调查研究，草拟出《关于××市开展“严打”整治社会治安工作方案》（草案）。在这次会议上，需要对《方案》中提出的一些问题或贯彻落实《方案》遇到的问题和其他一些社会治安问题进行研究解决。主要是：如何加强我市社会治安工作，如何确定“严打”整治的重点、目标，如何安排“严打”整治的时间，如何落实措施，如何保障经费，如何抽调人员，如何加强领导，还有是否对××县党政领导追究社会治安责任等问题。希望与会同志以高度的政治责任感和认真负责的态度，积极反映情况，认真研究问题，热烈探讨对策，献计献策，共同努力把会议开好，把问题解决好，使我们的会议富有成效。

下面请同志们讨论发言。

……

(二)

今天的会议开得很好，大家畅所欲言，气氛活跃，富有成效。会上先后有10位同志发言。在发言中，大家充分肯定了近年来我市社会治安综合治理工作取得的巨大成绩，同时分析了当前我市社会治安工作的现状和存在的问题，并就如何进一步加强与改进社会治安工作、解决开展“严打”集中整治社会治安工作的一些问题、完善《关于××市开展社会治安综合治理工作方案》（草案）进行了热烈讨论，提出了许多很好的意见和建议。这些意见和建议，反映了社情民意，体现了大家的智慧和对社会治安工作的关心。这些意见和建议，针对性和操作性很强，符合上级精神，也符合我市实际。希望会后有关部门要认真研究，把它吸收到《方案》中去，不断完善《方案》。

在研究讨论的发言中，大家一致认为，开展声势浩大的“严打”集中整治社会治安工作，是我市改革开放和现代化建设的客观需要，是人民群众安居乐业的保证。我们必须从讲政治、讲大局的高度，振奋精神，提高认识，认真开展“严打”集中整治斗争，全面落实社会治安综合治理各项措施，切实加强政法队伍建设，努力开创我市社会治安工作的新局面。

大家还认为，《方案》提出的“严打”集中整治斗争的重点和工作目标、工作步骤和时间安排、工作措施和要求，是切实可行的。大家同意，财政拨款××万元，确保这次集中整治社会治安工作的经费；抽调××名干部，充实到这次集中整治社会治安工作队伍；明确领导责任，成立集中整治社会治安工作领导小组和办公室；决定追究××县党政主要领导社会治安责任，给予行政记过处分。

开展“严打”整治斗争，加强社会治安工作是全党、全社会的共同责任。我们党政领导要切实担负起开展“严打”整治斗争、加强社会治安工作的领导职责，把开展“严打”整治斗争、加强社会治安工作的各项工作任务真正落到实处。宣传部门要加大宣传力度，形成强大的“严打”声威，以震慑罪犯，鼓舞群众的斗志。政法部门要密切配合，协同作战，充分发挥在“严打”整治斗争中主力军作用。各部门、单位也要结合自己实际，组织和发动群众积极参与，开展群防群治，加强社会治安综合治理基层基础工作，健全和完善打防控一体化的社会治安长效工作机制。

××××年××月××日

▲大型文体活动的主持词

【范例一】

在××××年××国际民歌艺术节开幕式上的主持词

××市市长　×××

××××年××国际民歌艺术节开幕仪式现在开始，全体起立，升国旗，唱国歌。(完毕)

升××国际民歌艺术节节旗，奏主题曲。(完毕)

坐下，请自治区党委常委、中共××市委书记×××致辞。(完毕)

现在，请中共××自治区党委副书记宣布××××年××国际民歌艺术节开幕。

……

××××年××月××日

【范例二】

某县领导在全县运动会开幕式上的主持词

××县第×届运动会开幕式就要开始，请各位领导、各位嘉宾、同志们就座，请大家安静。出席今晚××县第×届运动会开幕式的有上级领导和嘉宾，还有兄弟县市和我县四大班子的领导。他们是：地委书记×××同志、地区专员×××同志、地委副书记×××同志；××县委书记×××同志……对各位领导和嘉宾的到来，我们表示热烈欢迎。

下面，请县委书记×××同志宣布××县第×届运动会开幕……

请全体起立，奏国歌和××县第×届运动会会歌……

请各乡镇、各部门运动员和裁判员按次序入场……

请县委副书记、县长×××同志致开幕词……

请地委书记×××同志讲话……

请运动员代表×××同志和裁判员代表×××同志宣誓……

请运动员和裁判员按顺序退场……

下面请大家观赏大型歌舞《×××》……

××县第×届运动会开幕式现在结束，请大家有秩序地安全退场，祝各位晚安。

××××年××月××日

第三节　会议方案、会议记录

一、会议方案、会议记录概述

方案是一种计划性公文，主要用于对比较复杂的工作作出全面部署，因而也可以说是较为繁复的计划之一。

方案根据其内容和性质，可以分为不同种类，如用于工作的“工作方案”，用于会议的“会议方案”；带有综合性的“总体方案”和专就某项工作而订的“单项方案”。不论属哪种方案，结构和写法基本相同。

会议方案是一种为大型或重要会议所做的预设方案。会议方案要在会议召开前，对会议预期效果、整个日程作出安排，使会议能顺利进行，取得圆满的结果。

会议方案有时还需要送达上级机关请示核准，带有某种请示或请示附件的性质。

会议记录是一种配合会议召开而使用的文书，是记录会议的组织情况、议程、内容等基本情况而形成的书面材料。会议记录是反映会务活动的重要材料，是传达、贯彻、执行会议精神的依据。会议所形成的会议纪要等文件，一般都要依会议记录为蓝本。会议记录一般可分为摘要式记录和详细记录两种，但这种分法只具有相对意义。二者的写作格式如下：

1. 会议方案的写作格式

（1）标题

规范的写法应由召开单位、事由（会议名称）和文种类别（方案）“三要素”组成。个别情况有省略会议召开机关（发文机关）的。

（2）正文

通常由开头、主体和结尾三部分构成。在开头之前，有的要写明方案的送达机关。属于要送上级机关批示的，就写送达上级机关名称；属于要下级知晓并发给与会机关或个人的，则写下级机关名称。开头部分应写明制文（开会）的缘由、单位、会议名称、会议时间、地点、会期等，大致相当于一般专题方案中“指导方针”“总体设想”部分。会议方案的主体部分，要写出会议的宗旨、规模、议程、做法和准备情况，相当于一般方案中“主要目标”“实施步骤”和“政策措施”三项。结尾语部分的写作，要根据会议方案的性质而定，属下级机关请示上级机关的，可写上类似请示报告结尾的用语。如“以上方案，当否，请批示”。

（3）签署发文机关、日期

属上级机关的“指导性”方案，多将日期标示在标题下，发文机关在标题中标明，不另外落款。

2. 会议记录的写作格式

（1）会议的基本情况

记录的第一部分一般要包括会议名称、时间、地点、出席人数（人数较少时可直接记下出席人的姓名）、缺席人、列席人、主持人及记录人。

（2）会议内容

包括会议的议题、讨论过程、会议发言或讲话的内容、传达的问题或作出的决议等；会议发言应按发言先后顺序记录发言人姓名或发言人姓氏，发言内容尽可能记录详细、准确；记录时，可用先记录后整理的方法，尽量减少遗漏、误记。会议记录结束时，一般无特殊规定，习惯上另起一行写“散会”“完”“结束”字样，以为标示。

会议记录的基本要求是真实、准确，会后及时整理。

二、会议方案、会议记录的写作范例

▲关于召开职工教育工作会议的方案

【范例】

××机械厂关于召开职工教育工作会议的方案

××市机械局：

为了贯彻落实中共中央、国务院《关于加强职工教育的决定》，我厂定于5月10日至15日，在厂招待所召开职工教育工作会议，特制定会议方案如下：

一、会议目的。认真学习中共中央、国务院《关于加强职工教育工作的决定》，传达省市教育工作会议精神，结合我厂实际情况，制订加强职工教育的规划，研究落实中青年职工的“双补”教育工作。

二、会议规模。主管教育工作的厂党委书记、厂长；厂部有关科室负责人、工作人员；各分厂主管教育工作的负责人；各车间主管教育工作的主任；工会、共青团各级主管教育工作的负责人，共58人。

三、会议日程。5月10日，传达省市教育工作会议精神，学习中共中央、国务院《关于加强职工教育工作的决定》。大会传达后，分组讨论，吃透上级精神，提高认识，端正态度。5月11日至15日，结合我厂实际情况制订加强职工教育规划，研究落实“双补”教育任务，解决“双补”教育中的各种实际问题。

四、会议采取大小会相结合的方法进行。10日上午举行开幕式，大会传达上级会议精神及中央文件，由党委书记×××作动员报告。15日下午举行闭幕式，宣读我厂加强职工教育规划，部署开展“双补”教育任务和措施。

五、会议准备工作。厂里准备抽调10名熟悉教育工作的同志，用半个月时间通过调查研究，上下结合，写出一份加强我厂职工教育工作特别是开展“双补”教育工作的实施方案，并制订出加强职工教育工作五年规划（草案），拿到会议上讨论修改。

六、会议经费。为了集中精力开好会，所有参加会议人员一律在招待所住宿。其各项开支见附表。

七、请局领导参加我们的会议，并请分管教育工作的×××局长在开幕式上讲话。关于讲话稿的撰写，将派专人面谈。

以上方案，当否，请批示。

××机械厂（公章）

××××年××月××日

▲摘要式记录

【范例】

会议记录

会议名称：中共××市委常委会议

时间：××××年××月××日

地点：市委主楼××会议室

出席：×××、×××、×××……

缺席：×××（因病）、××（去省开会）

列席：××（主管教育工作的副市长）、×××（市教委副主任）、××（市财政局长）

主持人：×××

记录：×××

议题：传达省教育工作会议精神，研究我市如何加强、改进教育工作。

发言内容、决定事项：（略）

▲座谈会纪要

【范例】

××县脱贫致富座谈会纪要

×月×日，县委、县政府召开脱贫致富座谈会，参加会议的有××个乡的乡长，××个收入较低大队的党支部书记，以及有关的局、公司、厂的负责同志。

县委书记××同志作了题为《振奋精神，发挥优势，努力工作，尽快脱贫致富》的报告。××、×××、××××、××、×××五个村队介绍了脱贫致富的经验。与会者参观了××、××××两个大队，观看了反映我县乡镇企业发展的录像，进行了热烈的讨论和大会发言。会上，帮助村队致富的有关单位负责同志都同挂钩大队的党支部书记见了面，进行了初步研究。县长×××同志作了会议总结，县委副书记×××同志讲了话。

这次会议的目的，是更好地落实中央一号文件精神，交流经验、分析问题、制定措施、克服困难，充分发挥内部潜力，利用本地资源优势，艰苦奋斗，发展生产，千方百计搞活经济，同时动员各方力量以必要的扶持，达到尽快脱贫致富的目的。

会议指出，××××年×月县召开脱穷致富会以来，通过广大干部和群众的积极努力，我县经济有了较大发展。但是，有些队的人均收入水平仍然是偏低的，需要继续努力。

与会同志一致认为，为了尽快地实现脱贫致富，首先要树立脱贫志气。既要看到不利条件，又要看到自己的潜力和优势，规划出远景。要自力更生，艰苦奋斗，发挥优势，挖掘潜力，改变生产条件，搞活经济，打开致富大门。

其次要落实具体措施：

1. ……

2. ……

3. ……

4. ……

各部门要通力协作，共同扶贫致富。

民政部门要……

水利部门要……

××××年××月××日

▲会议日程

【范例】

中国写作研究会成立大会暨第一届年会会议日程

12月24日：上午——开幕式，首长讲话、会务报告
下午——分组讨论
晚上——招待晚会
12月25日：上午——介绍候选人、选举成立机构
下午——酝酿成立分会
晚上——招待晚会
12月26日：上午——大会交流、闭幕式
下午——参观游览××市名胜古迹

中国写作研究会成立大会暨第一届年会会务组
××××年××月××日

▲大会主席团名单

【范例】

中国写作研究会成立大会暨第一届年会主席团名单

经中国写作研究会筹备委员会讨论，并同有关方面协商，一致提名下列同志为大会主席团成员：

中国社会科学院文学研究所副所长吴伯萧（以下按照姓氏笔画排列）

于成鲲（复旦大学）	王文显（陕西师大）
王兆衡（南京大学）	尹均生（华中师范）
叶春生（中山大学）	邓国强（武汉大学）
李景隆（东北师大）	陈为良（杭州大学）
陈显耀（南充师院）	吴耿振（河北大学）
周大璞（武汉大学）	周姬昌（武汉大学）
罗德祁（江西师院）	胡志霄（内蒙古大学）
涂怀章（武汉师院）	郭同文（山东大学）
傅德岷（西南师院）	董味甘（重庆师院）
路德庆（河南师大）	雷国维（暨南大学）

××××年××月××日

▲会议提案

【范例】

××厂第×届职工代表大会代表提案

第××号

案由：宿舍家具折价卖给职工，今后国家不再配备私人生活用具。

理由：国家每增加一批职工，即需添置一批家具，这就增加了国家的经济负担；职工按月交家具费，不少老职工所交的家具费总数，实际上早已超过所使用家具当初购买的价格，这就无形中增加了这批老职工的经济负担；家具质量不等，不易做到合理分配；家具不易管理，丢失损坏严重。为此，建议将现有宿舍家具折价卖给职工，今后国家不再配发私人生活用具。

办法：

1. 自即日起实行家具冻结，不再发给或更换新家具。

2. 由总务处组织力量对职工宿舍使用家具的数量及新旧程度进行清查、评定、登记。

3. 由财务处计算出每个职工所使用家具的折合价格，按折价将家具卖给使用者。钱款可由财务科分期从使用者工资中扣还，或由使用者一次交清。不愿购买者可将家具交还。

以上提议，当否，请会议研究决定。

提议人：×××　×××

××××年××月××日

▲会议通知

【范例】

召开市局计划科长会议通知

各地、市纺织局：

兹定于××××年××月××日至××日在××市第一招待所召开各地市局计划科长会议，研究××××年生产计划。××月××日在招待所一层会议厅报到。住宿费自理，由所在单位报销。望与会同志携带以下文件材料：

一、省厅下达的××××年生产计划和××××年各地生产建设计划数及生产能力表。

二、原料库存情况表。

三、有新建投产企业的地市，要携带投产时间进度表。

××省纺织厅

××××年××月××日

▲会议须知

【范例】

××工业系统××××年计划协调会议须知

一、为加强会议的组织领导，特成立5人领导小组（名单略）。

二、会议成立秘书组（202房间）、协调组（221～223房间）、会务组（224房间）。

三、本次会议中心议题是落实××××年度科研、生产项目，签订横向协作合同。其他问题，一律不在此次会上讨论。

四、大会代表按单位所在地区分组，即东北组、华北组、西北组、西南组、华东组和中南组。各组分别推选正、副组长各1人，并报秘书组汇总公布。

五、本次会议定为秘密级。会议所发文件每晚必须送会议保密室（225房间）清点和存放。会议其他内容和代表自带的文件，均须注意保密。

六、会议期间代表如有缺席，需向本组组长请假。晚间外出，不得超过23：00。

七、本次会议代表食宿费用自理，请代表自行到会务组办理手续。

八、会议作息时间：早饭7：00；上午开会8：00—11：00；午饭12：00；下午开会2：00—5：00；晚饭6：00。会议期间如有其他安排，临时通知。

××××年××月××日

第四节　会议工作报告

一、会议工作报告概述

会议工作报告是一种会议文件，通常是各级机关的主要领导，代表各级党的组织、人民团体、党政机关向全局性大型代表会议所作的正式的、郑重的讲话。

会议工作报告是代表整个组织或机关回顾总结工作、分析研究形势、部署任务时使用的文体，有的会议工作报告需要提请大会审议批准。

会议工作报告根据其性质和内容，又有“筹备工作报告”和“届时工作报告”等区分，但“筹备工作报告”多是报告大型会议的组织和准备情况，不是对全局工作的总结和部署，不能与“会议工作报告”相提并论。其写作格式如下：

1. 标题

通常由会议名称与文种类别（工作报告）组成，有的则直接写工作范围加上文种类别（报告），如《政府工作报告》。也可以用概括报告主要内容的词句作标题，或者用概括报告主要内容与号召性词句作正标题，另用一个由会议名称与文种类别组成的副标题与之配合。

2. 题下签署

标题下要标明报告时间和报告人姓名，但这只是表示报告人是报告的法定作者。

3. 正文

一般包括三部分内容：开头、主体和结尾。开头之前要顶格写称呼，开头要简要地说明会议的性质、任务、意义或者缘由等。主体部分通常要先总结前段工作，包括成绩与存在的问题；其次根据党和政府的总任务或者是上级的要求，分析形势、提出今后的方针与任务；再接着提出完成任务所应采取的措施、办法等。结尾部分一般为强调意义、表明决心、发出号召等；如果属于提请会议审议的报告，要以“以上报告，请各位代表（或委员）审议”之类的话作结语。

由于会议工作报告的容量较大，正文的写作一般分成若干小标题或子目来写，使之条理清楚。

会议工作报告的写作要求是：中心思想明确，重点突出，论点和论据要有机统一，力求内容充实，切忌空洞。

二、会议工作报告的写作范例

▲道路交通安全管理工作报告

【范例】

关于我县道路交通安全管理工作情况的报告

——××××年××月××日在宜黄县第十五届人民代表大会常务委员会第十三次会议上的报告

（副县长　×××）

尊敬的黄主任、各位副主任、各位委员：

根据会议安排，现将我县道路交通安全管理工作情况报告如下，请予审议。

一、我县贯彻实施道路交通安全法工作情况

我县道路总长度为1007.7公里，其中省道127.81公里，县道228.58公里，乡道651.31公里；全县共有机动车10062余辆；持有机动车驾驶证20520余人。近年来，我县贯彻实施道路交通安全法的主要作法有以下方面：

（一）以警务体制改革为契机，建立适应道路交通安全法实施的工作机制。结合道路交通安全法贯彻实施，我们在警务改革中，确定了“机构设置基层以路面勤务为主，机关以职能分工为主”的交警警务改革思路，县交警大队设立了2个基层中队，3个直属所队，机关内设4个机关科室。目前，大队有民警27人，其中基层实战单位有民警23人，基层一线警力占总警力的85%。××××年以来，在全县连续开展了以交警为主，多警种参战的打击违法车辆攻坚战行动，取得战果，促进平安宜黄建设。三年来，全县共查扣各种违法车辆1980台，其中：违法车辆1780台，三轮车200台；先后6次共销毁报废机动车240台，销毁载客三轮摩托车220台，净化交通和治安环境，深受广大市民的拥护。

（二）建立道路交通安全管理工作机制，畅通工程和平安畅通县区创建活动取得成效。我县于××××年成立了有30个成员单位组成的道路交通安全领导小组，定期召开会议和开展活动，围绕落实畅通工程和平安畅通县区创建活动，构建了政府统一领导、有关部门各司其职、齐抓共管、综合治理、标本兼治的工作格局。为预防重特大交通事故，我们一直把运输企业及参加营运的驾乘人员作为重点管理对象，做到“四抓”：一是抓源头。通过举办学习班加强对客运车辆驾驶人的培训，对全县20座以上的20辆营运客车安装GPS车载终端，实行全程监控；对违法驾驶人及事故情况坚持定期通报制度。二是抓检测。督促从业人员按规定进行车辆日趟检、二级维护和综合性能检测，同时加强了对车辆维修市场的管理，对全县55家三类以上维修企业进行了质量信誉考核，考核不合格的企业实行整改，整改后仍不合格的给予退出维修市场。三是抓重点。对危险化学品运输车辆安装GPS车载终端，由市运管处和运输企业两个监控平台对振达公司、康泰公司120余辆危货运输车辆进行监控；对校车的管理，实行审批、检验、教育三项制度，严格审核，建立台账，定期教育，定期检验。四是抓排查。开展事故隐患点段的排查整改工作，××××年以来，先后争取安保危桥资金600余万元对省道林崇线、临宁线部分临涯、临水路段设置防撞墙及警示墩，设置道路标志牌400余块，标线78公里，同时争取上级大中修计划任务86万元，对林崇线、临宁线部分超龄油路进行整修；在农村公路方面，我们在圳新线（圳口至新丰）圳口段、棠南线南源段修建挡土墙6处1000余立方米，在草新线东陂段修建防护墩20个，在棠南线（棠阴至南源段）设立广角镜20面，在草新线、圳新线、棠南线、曹山寺设立警示牌450余块。在××××年开展的平安畅通县区创建工作中，我县在全省评定中达四级。

（三）大力推进道路交通安全宣传社会化，形成多部门联动的宣传机制。近年来，我们围绕“关爱生命、平安出行”交通安全宣传教育为主线，发动社会各方面力量广泛参与。一是狠抓基层宣传活动建设。通过道路交通安全领导小组的领导和协调，制订了《全县关于开展“关爱生命、平安出行”宣传教育方案》，深入开展创建交通安全学校、安全村、安全企业、安全社区、安全单位活动。二是狠抓宣传载体阵地建设。紧紧依托县内各主要新闻媒体，设立专题栏目和专刊，同时在省道沿线制作并埋设永久性宣传牌36块和设置6处醒目宣传标语，在县城路灯杆上设置交通安全宣传牌220多块，使全县形成了声、屏、报、网等新闻媒体的立体化宣传网络格局。三是狠抓宣传基地建设。组织民警深入全县各中小学校开展上交通安全课、散发宣传材料、举办图片展览等活动，起到较好宣传教育效果。仅去年，就散发交通安全宣传资料5万多份，上交通安全课180多场次。四是狠抓专业化宣传工作。定期组织民警深入企事业单位和公共场所，通过悬挂横幅、出动宣传车、播发交通安全公益广告等多种形式，广泛开展全民交通安全宣传教育活动。××××年以来，悬挂宣传横幅270多条，播放交通安全宣传光盘380多场次。五是狠抓集中宣传日活动。在每年春运、国庆假日、全国交通安全宣传主题日、全国中小学生交通安全宣传日期间，都举办了大型义务宣传咨询活动。特别是去年奥运攻坚战宣传活动中，我们举办了10次大型交通安全教育主题日宣传活动。

（四）加强交通科技设施建设，全面提升道路交通管理的科技含量。在政府的重视下，实现了道路交通管理科技设施建设的跨越式发展。××××年以来，县政府累计投资150余万元，建设了智能化的交通组织和控制系统，配备了两台移动测速仪、5台酒精测试仪等执法装备，初步实现了科技执法。××××年，我县新建了交通信号灯22套，新建了一个交通指挥岗亭，使路口的灯控率提高了50%；购置了26套电子执法设备，实行非现场执法。据统计：××××年，非现场执法占全年交通执法总数的50%，使机动车因超速发生的重大道路交通亡人事故急剧下降。同时我们还加大了交通安全基础设施建设力度，逐步建立完善了道路交通标志体系。××××年以来，增设各类交通标志120块，施画交通标线4100平方米，增加隔离护栏530米，在县城主干道上还设置了180个临时停车泊位和50多块限速、禁停等交通安全标志牌，同时在省道和县乡道路上安装了12个仿真警察，13盏太阳能警示灯，120多条平交路口木质减速带。

（五）以解决道路交通主要矛盾为突破口，不断改善道路交通安全环境。近年来，以“降事故、降亡人、保安全、保畅通”为中心，围绕创建畅通工程和平安畅通县区建设先后组织开展交通专项集中整治行动20次。在静态秩序的治理上，采取集中整治与日常管理相结合，加大了乱停乱放、占道经营等违法行为治理力度，取得明显效果。在抓市民反映的难点治理上，我们采取定点检查与流动巡逻相结合的方法，开展了大规模的规范县城区三轮摩托车载客活动，效果显著。全县道路交通事故得到有效控制，事故亡人逐年持续下降。××××年我县事故亡人比×

×××年下降17%；××××年比××××年下降25%；××××年比××××年下降39%，今年1月至5月比上年同期下降60%。

（六）坚持以人为本，加大执法为民的服务力度。几年来，我们坚持“立警为公、执法为民”的理念，多措并举，不断改进和完善警务公开体系，全面提升交通管理服务水平。一是深化警务公开内容，严格依法行政。在公开内容上，围绕涉及权力运行的关键部位、关键环节，突出了群众关心，社会关注，与群众利益最为密切的重要事项进行公开。一方面公开了行政执法项目、行政执法程序、行政执法责任。另一方面公开办事结果。主要是公开交通违法行为的处罚结果、交通事故的处理结果、车辆及驾驶证办理结果等内容。二是畅通服务渠道，最大限度便民利民。在全县范围开办了预约服务热线，同时，在违法处理大厅里不仅公开了各种交通违法行为处罚标准，还在县政府网站和政务公开长廊上，公开了所有道路交通安全法律法规和交通违法行为处罚标准和处理程序。为有效杜绝乱收费，从××××年开始，我县就实行了全省联网开票和在县行政服务中心处理交通违法行为。三是完善服务设施环境，提供优质的人性化服务。××××年我们结合“三基”工程，对车管办事大厅进行了改造，降低了工作台面，拆除了玻璃栅栏，在大厅内墙上公开了机动车挂牌、年检、过户、驾驶证申领、年审等工作流程、办事程序和收费项目及收费标准。为畅通监督渠道，还增设了警务公开栏、警务监督台、举报箱和投诉电话。在执法服务上，三年来，广大民警坚持执法为民的理念，赢得了企事业单位和群众好评，收到锦旗5面和感谢信10封。

二、当前我县道路交通形势及存在的主要问题（略）

三、与时俱进，多措并举，全面开创我县道路交通安全管理工作新局面（略）

▲检察院工作报告

【范例】

最高人民检察院工作报告

——最高人民检察院检察长×××

各位代表：

现在，我代表最高人民检察院向大会报告工作，请予审议，并请全国政协各位委员提出意见。

十届全国人大一次会议以来，最高人民检察院领导地方各级人民检察院和专门人民检察院，深入贯彻落实科学发展观，各项检察工作取得新进展，为落实依法治国基本方略、全面建设小康社会作出了积极贡献。

一、认真履行检察职责，为经济社会发展提供司法保障

××××年，最高人民检察院根据党的十六大关于“社会主义司法制度必须

保障在全社会实现公平和正义”的要求和宪法、法律的规定，确立了“强化法律监督，维护公平正义”的工作主题，提出了“加大工作力度，提高执法水平和办案质量”的总体要求，以此统一思想、凝聚力量、推动工作。五年来，全国检察机关紧紧围绕党和国家工作大局，忠实履行宪法和法律赋予的职责，着力服务经济发展、促进社会和谐。

（一）依法打击刑事犯罪，维护社会和谐稳定。(略)

（二）依法查办和积极预防职务犯罪，促进反腐倡廉建设。(略)

（三）强化对诉讼活动的法律监督，维护司法公正。(略)

（四）加强控告申诉检察工作，化解矛盾纠纷。(略)

二、积极推进检察改革，完善检察体制和工作机制

贯彻党的十六大关于司法体制改革的部署，认真抓好中央确定由最高人民检察院牵头的改革任务，制定《关于进一步深化检察改革的三年实施意见》，以解决制约司法公正和人民群众反映突出的问题为重点，以强化法律监督职能和加强对自身执法活动的监督制约为主线，积极稳妥地推进检察体制和工作机制改革。

改革和完善对诉讼活动的法律监督制度。针对近年来发现的冤错案件暴露出的问题，完善批捕、起诉环节讯问犯罪嫌疑人和证据审查、非法证据排除制度，健全对刑讯逼供等违法行为的监督机制。根据死刑核准权统一收归最高人民法院行使和死刑第二审案件依法实行开庭审理的情况，规范死刑第二审案件审查和出庭工作，探索死刑复核监督机制，加强了对办理死刑案件的法律监督。健全对减刑、假释、暂予监外执行的同步监督机制，建立罪犯监外执行工作监督机制，完善对刑罚执行和监管活动的监督制度。

规范和完善执法办案工作机制。开展“规范执法行为，促进执法公正”专项整改活动，有针对性地完善制度规范。最高人民检察院制定和修改审查逮捕、审查起诉案件质量标准，渎职侵权犯罪案件立案标准，扣押、冻结款物工作规定等50多项规范性文件。制定查办职务犯罪案件等主要业务工作考评办法，形成了全国统一的考评机制。推进业务、队伍和信息化“三位一体”机制建设，运用信息技术对执法办案活动进行管理和监督，促进了执法水平和办案质量的提高。

改革和完善检察机关内部制约机制。加强办理职务犯罪案件的内部制约，规定案件受理、立案侦查、审查逮捕、审查起诉必须由不同内设机构承办，由不同院领导分管。建立并推行讯问职务犯罪嫌疑人全程同步录音录像制度，促进侦查讯问活动规范化，加强了人权保障。建立查办职务犯罪工作备案、审批制度，规定职务犯罪案件立案、逮捕必须报上一级检察院备案审查，撤案、不起诉必须报上一级检察院批准。制定执法过错责任追究条例，完善执法责任制和责任追究机制。最高人民检察院和一些地方检察院建立检务督察制度，重点对检察人员执法办案中履行职责、遵守纪律等情况进行监督。

改革和完善检察机关接受监督的机制。为加强对查办职务犯罪工作的外部监督，最高人民检察院经中央同意并报告全国人大常委会，从××××年××月起开展了人民监督员制度试点工作。规定职务犯罪案件中拟作撤案、不起诉处理和犯罪嫌疑人不服逮捕决定的“三类案件”，全部纳入人民监督员监督程序。截至去年年底，全国已有86%的检察院开展试点。人民监督员共对21270件“三类案件”进行了监督，其中不同意办案部门意见的930件，检察机关采纳543件。深化检务公开，对检察机关工作制度、办案规程等规定，依法能够公开的全部向社会公开。完善诉讼参与人权利义务告知、检察人员违纪违法行为投诉制度，推行不起诉案件公开审查、多次上访案件听证制度，健全特约检察员、专家咨询委员会制度，建立保障律师在刑事诉讼中依法执业的工作机制，增强了执法透明度，促进了司法公正。

三、全面加强检察队伍建设，提高整体素质和执法水平

坚持把队伍建设作为战略任务常抓不懈，以公正执法为核心，以专业化为方向，努力建设政治坚定、业务精通、作风优良、执法公正的检察队伍。

加强思想政治建设和纪律作风建设。先后组织开展“强化法律监督，维护公平正义”主题教育、社会主义法治理念教育等活动，通过警示教育等形式，引导检察人员深入查找宗旨意识、执法理念等方面存在的问题，增强为民执法、公正执法意识。建立执法档案制度，修订纪律处分条例，集中进行扣押冻结款物专项清理和纠正违法插手经济纠纷等工作，对检察人员违纪违法案件发现一件严肃查处一件，解决了业务工作与队伍建设相关联的一些突出问题，促进了执法作风的改善。全国检察机关共有6539个集体和11819名个人受到省级以上表彰，涌现出×××、×××、×××等一批清廉为民、秉公执法的先进典型。对检察人员的控告、举报从××××年的5651人次下降到××××年的3524人次，下降37.6%。因违纪违法被查处的检察人员从××××年的424人下降到××××年的207人，下降51.2%。其中检察官利用检察权贪赃枉法、徇私舞弊的，从××××年的277人下降到××××年的92人，下降66.8%。

狠抓领导班子建设。把领导班子建设作为重中之重，开展政治轮训和素能培训，举办社会主义法治理念培训班和加强作风建设专题研讨班，培训领导干部39562人次。加强上级检察院对下级检察院领导班子的管理和监督，推行巡视和领导干部述职述廉、个人有关事项报告、任前廉政谈话、任期经济责任审计等制度，对领导干部提出“六个严禁”的要求。加大干部协管力度，配合党委、人大对1140名检察长进行了异地或岗位交流任职。

加强队伍专业化建设。认真执行检察官法，严格实行新进人员统一招考、检察官从通过司法考试的人员中选任，推行上级检察院检察官从下级检察院检察官中择优遴选。最高人民检察院和省级检察院公开遴选了796名检察官。加强检察人员学历教育，组织全员轮训，开展评选优秀公诉人等岗位练兵和业务竞赛活动，培训检

察人员520117人次。实施高层次人才培养工程，评选了一批检察业务专家。具有本科以上文化程度的检察人员比例从××××年年初的39.2%上升为目前的70.3%，队伍专业化水平明显提高。

推进基层检察院建设。制定实施基层检察院建设指导意见和规范化建设考核办法，实行上级检察院领导联系基层、基层检察院结对帮扶制度，深入开展争创先进检察院活动。在全国人大和有关部门的支持下，补充一批编制重点用于充实基层办案力量，选派大学生志愿者到西部地区基层检察院工作，各省、自治区、直辖市制定了县级检察院公用经费保障标准，缓解了基层工作中的一些突出困难，促进了基层队伍素质和执法水平的提高。

军事检察和铁路运输检察工作取得新的成绩，在保障军队现代化建设和铁路改革发展中发挥了积极作用。检察国际交流和司法协助进一步加强。最高人民检察院发起成立国际反贪局联合会，主办亚欧总检察长会议，推动建立健全中国与东盟总检察长会议机制、上海合作组织成员国检察机关合作机制，促进了反贪污、贿赂和打击恐怖犯罪等方面的国际司法合作。为保证准确执行法律，最高人民检察院加强宏观指导，制定司法解释27件。

五年来，检察机关不断增强接受人大监督和政协民主监督的意识。贯彻监督法和《关于进一步发挥全国人大代表作用、加强全国人大常委会制度建设的若干意见》，认真向人大及其常委会报告工作。最高人民检察院就加强基层检察院建设、开展法律监督工作、开展规范执法行为专项整改、完善检察机关监督机制的情况向全国人大常委会作了专项工作报告，并按照全国人大常委会审议意见进行了认真整改。规范办理人大交办事项、工作，积极配合对检察官法等法律的执法检查，落实人大的决议和要求。加强与人大代表、政协委员的联系，邀请人大代表、政协委员视察和评议检察工作，向人大代表、政协委员定期通报检察工作情况，听取建议、批评和意见。对全国人大代表、全国政协委员提出的274件建议和提案，最高人民检察院均在规定期限内办结。

各位代表，五年来检察工作的成绩，是以胡锦涛同志为总书记的党中央正确领导的结果，是在各级党委领导、人大监督和政府、政协以及社会各界的关心支持下取得的。党中央作出《关于进一步加强人民法院、人民检察院工作的决定》，提出了一系列加强检察工作的政策和措施。全国人大、全国政协和地方各级人大、政协对检察工作给予了有力监督和支持。各级党委和政府帮助检察机关解决了许多困难。在此，我代表最高人民检察院表示衷心的感谢！

（略）

××××年××月××日

第五节　发言稿、讲话稿、讲演稿

一、发言稿、讲话稿、讲演稿概述

发言稿是各级党政机关、人民团体、企事业单位广泛使用的一种会议文体，通俗地讲，就是会议上发言的稿子。它是发言人代表本单位、组织或本人发表的与会议有关的意见、看法或经验与情况的公文稿。

发言稿与讲话稿是同样性质的公文，但有的地方也有些区别：习惯上称本机关或上级机关领导人会上发表的言辞为讲话，而一般与会人员发表的书面或口头言辞为发言。

发言稿可以是谈心得体会、介绍经验教训，也可以是汇报情况、陈述建议等。

讲话稿一般是本部门领导人或上级领导人对本单位所属人员所作的问题分析、工作指导、任务布置、提出希望要求等方面的讲话公文稿。

讲演稿是对别人进行鼓动宣传或与别人交流思想的一种重要文体。讲演的文稿就叫讲演稿。

发言稿、讲话稿、讲演稿的写作格式与要求如下：

1. 发言稿

（1）标题

应由发言者、发言会议名称、发言内容和文种类别（发言）“四要素”组成，也有时仅标明发言者、会议名称和文种类别，不在标题中标出具体内容，还有的用括号注明发言时间。

（2）正文

发言稿的正文写作可分为三大部分。

第一部分，相当于“前言”或“序”，俗称“开场白”。一般写发言的缘由，引入正题，也有的开头有“各位领导、各位代表”之类的称呼；或者在“序”中以东道主身份对来宾表示欢迎，这要看具体情况而定。

第二部分是发言稿的主体部分，写发言的具体内容。

第三部分是结尾，可适当概括、申述一下自己的主要观点，也可写一些要求或者省略这一部分。

（3）落款作者、日期

很多时候这项内容标在标题之下、正文之前。

发言稿的内容很丰富，很难有统一的要求。一般来讲，做到有的放矢、中心突出、层次分明、语言通俗易懂、少陈词滥调，即是好的发言稿。

2. 讲话稿、讲演稿

①讲话稿、讲演稿要做到结构清晰完整，开头部分提出主题；主体部分列举事实，分析论证；结尾部分强调结论，提出号召。

②讲话稿、讲演稿可采取开门见山提出论点的方法，也可以用发问方式吸引听众的思考兴趣。

③讲话、讲演进行中，可以用“首先”“然后”等提示，区分演讲的层次。

④讲话、演讲结束时，可用含蓄的话语引人思考。

二、发言稿、讲话稿、讲演稿的写作范例

▲工作研讨会发言稿

【范例】

实现改革与发展的良性互动

——××经济发展暨“三大战略、六大突破”研讨会发言（摘要）

××社会科学院研究员　×××

××提出的“三大战略、六大突破”不但符合十五大的精神，而且完全符合广西的实际，是一个很有创意的发展战略，我想谈一下对××实施这个发展战略的建议。

第一点，如何把改革和发展很好地结合起来。“六大突破”，里面有非常重要的两条，一条是产业结构要转换，还有一条是经营机制要转换，这两条一个体现发展问题、一个体现改革问题，其他的也与这两条有关系。整体来讲××经济应该是二元经济，传统的农业和现代工业并存。从二元经济到现代经济的转换，这是市场化的一个层面，这个层面是改革问题；从计划经济到市场经济转换是另外一个层面，这个层面是发展问题。而从某种意义上讲，改革问题是比较自然的过程，怎样和发展问题结合是一个难题，下一步不管××也好、全国也好，都有一个改革和发展怎么进一步良性互动的问题。

第二点，如何把发展高科技产业与发展劳动密集型产业结合起来。我们国家技术密集型和劳动密集型产业并存是非常明显的，××则更不例外。我觉得发展高科技产业的时候不要忘记发展劳动密集型产业，这方面我们的优势不能丢。

第三点，如何把内部的发展和外部的发展很好地结合起来。最近我们到北海、钦州、防城港进行了考察，这三个是海港城市，应该说发展海港经济很有潜力。根据××的发展规划，要将北部湾地区发展成城市带，这个构想我认为很好，但是需要长期的努力。要把这些海港城市带跟内地的地区连起来，不光要跟××以及云贵

川连起来，甚至也要和湖南、河南等中南地区以及西部的经济发展联系起来。同时××搞区域经济发展的时候，怎样从亚太经济角度来看待经济区域合作，并和经济全球化连在一起，我认为也是一个非常值得考虑的问题。

××××年××月××日

▲工作座谈会发言稿

【范例】

在加强非公经济组织党建工作座谈会上的发言

×××

全市组织工作会议已明确加强非公经济组织党的建设是今年党的基层组织建设的一项重点工作，××同志在总结讲话中对这项工作提出了要求。希望各区县结合各自实际，围绕加强非公经济组织党建工作的目标和任务，认真做好贯彻落实工作。

为进一步做好非公经济组织党的建设工作，我讲几点意见。

第一，一定要从巩固党的执政地位的高度来充分认识加强非公经济组织党的建设工作的重要性。

党的十五大明确提出，公有制为主体，多种所有制经济共同发展，是我国社会主义初级阶段的一项基本经济制度。九届全国人大第二次会议通过并公布实施的《中华人民共和国宪法修正案》规定："在法律规定范围内的个体经济、私营经济等非公有制经济，是社会主义市场经济的重要组成部分。"加强非公经济组织党的建设工作，是加强党对非公经济领导，全面巩固党在非公经济组织中的执政基础，强化执政地位，确保社会主义市场经济体制顺利推进的必然要求。

从社会发展的角度看，党的十一届三中全会以来，北京市非公经济迅速发展。目前，全市已有个体工商户、私营企业34万多户，从业人员100多万，涉及多种行业，在促进社会生产力的发展，推动市场机制的形成，提供就业机会，方便人民群众生活，实现共同富裕等方面发挥着重要作用。党的十五大以来，随着我市调整国民经济结构力度的加大，积极探索和实践多种经济成分共同发展的新路子，非公经济组织的形式不断增多，数量不断加大。今年，《个人独资企业法》实施后，个人独资企业又会有一个明显的增长，社会中介等其他组织也在不断增加。在社会主义市场经济条件下，这些新的经济组织和社会组织已经成为社会经济生活和政治生活的重要方面。我们必须坚持党对这些经济和社会组织的领导，强化党作为领导核心的群众基础、思想基础和社会基础，不断巩固和加强党的执政地位。

从党自身建设的需要看，在新的历史条件下，党的基层组织作为党的全部工作和战斗力的基础，党的基层组织建设作为党的建设新的伟大工程的基础工程，必须得到全面加强和巩固，这是我们党自身建设的现实需要。加强非公经济组织党的建设，是党的基层组织建设中的一个比较新的领域。没有党员的地方要发展党员，有党员的地方要有党的组织；有党组织就要有正常的党组织活动和党内的民主生活，发挥党员的先锋模范作用及党组织的政治核心和战斗堡垒作用。因此，凡是符合条件的非公经济组织都必须建立党的组织，凡是在非公经济组织中工作的党员都必须接受党组织的管理、教育和监督，并在非公经济组织中发挥先锋模范作用。

从当前政治斗争的形势看，国际上一些反动势力，连同国内的邪教组织、非法组织，与我们党争夺群众、争夺阵地，对此，各级领导干部一定要保持高度警惕，要尽快在各个领域、各条战线上建立健全党的基层组织，充分发挥党的思想政治优势、组织优势和密切联系群众的优势，进一步扩大党的工作的覆盖面，增强党组织的影响力和渗透力。非公经济是社会主义市场经济的重要组成部分，因此我们必须把在非公经济组织中建立健全党组织的工作作为一项紧迫任务抓紧抓好。要从政治的高度来看待加强非公经济组织中建立健全党组织工作的重要性，要通过加强党的思想政治工作、宣传工作、组织工作和群众工作，为建立社会主义市场经济体制，为发展经济，提高我国经济实力和综合国力，提高人民生活水平，发挥重要的基础性作用。

第二，加强非公经济组织党的建设工作要努力促进非公经济的健康发展。

非公经济作为社会主义市场经济的重要组成部分，在发展过程中必须坚持社会主义的发展方向，坚持党的领导。在保证和促进非公经济组织的健康发展上，除必要的法律、行政和经济方面的保障措施外，一个重要的方面，就是要通过加强非公经济组织中党的建设，保证党的路线、方针、政策在非公经济组织中的贯彻落实。使作为发展首都经济、维护首都稳定、促进首都繁荣的一支重要力量的非公经济有一个长期、稳定、健康发展的外部环境。

加强非公经济组织党的建设，要着力发挥党组织在员工中的政治核心作用。坚持围绕生产经营和道德文化思想建设开展活动，以共产党员的先锋模范作用，带动和激发广大员工的工作热情和政治热情，培养和造就一支符合社会主义职业道德要求，充满生机的“四有”员工队伍，增强非公经济组织内部的发展动力。

加强非公经济组织党的建设，要做好宣传教育工作。把非公经济党建工作搞好，需要有一个良好的氛围，需要各级党组织、广大党员，包括非公经济组织中的企业主、经营者和从业员工在内的广泛认同和共识。要通过宣传教育，使广大党员特别是党员领导干部进一步提高认识，统一思想，增强责任心和紧迫感；要通过宣传教育，使社会各方面对非公经济在发展社会主义市场经济中的重要作用，以及加强党的建设对非公经济的促进作用，能够有正确的认识和理解；在非公经济组织中，要充分调动企业主、经营者和广大员工的积极性，使他们认识到在非公经济组织中建立党的组织，开展党的工作不仅能有利于强化内部管理，增强企业凝聚力，而且是企业沿着正确方向发展的坚强的组织保证。加强非公经济组织党的建设工作，要与工会建设结合起来，相互促进。

第三，加强领导，落实责任，把加强非公经济组织党建工作作为一项长期任务紧抓不放。

加强非公经济组织党的建设工作要增强紧迫感。要充分认识到，尽管近几年我市在加强非公经济组织党的建设上取得了一定成效，积累了一些工作经验。但总的看，非公经济组织党的建设工作还没有完全适应形势发展的需要，与非公经济的快速发展相比，党的建设工作明显滞后、工作底数不清、工作效果不明显、工作机制不健全等问题仍然明显存在。

随着非公经济的不断发展，加强非公经济组织党的建设的任务会越来越重。为此，各区县委及有关部门必须提高认识、统一思想，高度重视，真正把非公经济组织党的建设纳入党的基层组织建设工作的大局，切实加强领导。要从讲政治和全局的战略高度出发，按照中央有关精神和市委确定的目标要求，与街道、社区党的建设工作紧密结合，认真研究制定本地区加强非公有制经济组织党的建设工作的实际措施，及时解决难点问题，努力提高整体水平。

各区县的工商管理部门要按照今天会议确定的目标要求，进一步明确责任，在市工商局和区县委的领导和指导下，积极配合，主动开展工作。

各区县委、各级工商管理部门要充分发挥街道、乡镇、个体私营协会和工商联等有关方面的作用，围绕加强非公经济组织党的建设工作，形成合力，抓住重点，在实际工作中，不断探索、大胆创新，研究新情况，解决新问题，努力实现加强非公经济组织党的建设工作的目标。

××××年××月××日

▲经验交流会讲话稿

【范例】

努力做到“四坚持”“五牢记”

用邓小平理论指导企业改革和发展

——在广东省国有大中型企业党委学习中心组理论汇报会上的讲话

同志们：

中共××石油化工公司是创建于1955年的“老字号”国有特大型企业，公司党委一班人十分重视政治理论的学习与运用，带头讲学习、讲政治，带头用科学理论教育干部职工，并能结合企业实际，为企业的改革、发展提供思想武器和精神动力。我们的主要做法和体会是做到“四坚持”“五牢记”。

一、坚持严格的学习制度

我们认为：作为领导干部，是否重视政治理论学习，善不善于运用正确的立场、观点、方法分析和解决问题，它本身就是检验政治上是否合格、思想水平高低的试金石。因此，党委把抓好中心组理论学习作为一件大事来抓，坚持严格的学习制度。党委每年制订了详细的学习计划，提出具体要求，规定每个星期四下午为中心组理论学习的时间，没有特殊情况不准中断、不准请假。为了使学习不受冲击，公司还把这天定为无会天。我们在搞好自身学习的同时，还抓好企业中层干部的政治理论学习，要求各二级单位和公司中心组一样，建立起学习日制度、学习考勤制度、检查考核制以及学习组长责任制、学习秘书责任制。此外，我们还每年坚持分期分批举办处级干部学习班，请省委党校等单位的专家教授来授课，每年的精神文明建设大检查以及对领导班子的考核，都将理论学习情况作为考核、检查的主要内容。

二、坚持以邓小平理论为学习的主线

我们在安排学习内容上：既学马列主义、毛泽东思想和邓小平理论，也安排学习中央和上级文件；既学习社会主义市场经济理论，也学习法制知识。尽管内容比较多，但始终以邓小平理论为主线，把其他有关内容结合起来学，以便加深对邓小平理论的理解。1986 年，我们中心组主要安排学习邓小平同志《建设有中国特色社会主义》，并将学习心得整理成提纲，编写了《建设有中国特色社会主义职工通俗读本》，作为轮训全职工的教材，使邓小平理论在公司各级领导和广大职工中留下了深刻的印象。十四大以来，我们中心组重点学习了《邓小平文选》。党的十五大以后，我们着重领会了中央关于加快推进国有企业改革的论述，联系企业实际，勾画了企业今后发展的蓝图。在此基础上，我们举办了三期处级干部学习班，加深了大家对十五大精神的理解。

三、坚持求真务实的学习态度

在学习态度上，我们反对浮光掠影、不求甚解的学习态度，要求中心组成员一定要认真读书，舍得下功夫，做到学有所得、学有体会。为此，公司和二级单位中心组每年举办学习汇报会，交流学习经验和体会，其中许多优秀成果还在各级报刊发表。我们还反对“以干代学”和做表面文章的错误做法，要求中心组成员学习要结合实际，务求实效。1997 年元旦，我们下属的乙烯工业公司正式挂牌运作，中国石化总公司便下达了“××乙烯投产后第一年生产乙烯 30 万吨”的要求，这在中国乙烯工业史上是无前例的。当时乙烯公司面临许多困难，第一季度已欠产近 3 万吨。在这困难时刻，尽管工作千头万绪，我们还是首先抓了乙烯党委中心组的理论学习，要求他们一定要坚持学习制度，把学习邓小平理论与实现乙烯达标紧密结合起来。通过学习，乙烯公司“一班人”用邓小平理论统一了思想，认清了形势，增强了信心。他们深入现场，团结广大员工奋力拼搏，使生产逐步走出困境，终于创出第一年便生产乙烯30.1万吨的奇迹，成为我国乙烯工业史上装置达标用时最短的典型范例。

四、坚持发扬理论联系实际的学风

邓小平理论是我们搞好社会主义现代化建设的重要保证。改革开放以来特别是实行社会主义市场经济以来，我们××石油化工公司与全国很多国有企业一样，面临许多困难。由于坚持用邓小平理论武装各级领导班子和职工的头脑，自觉运用邓小平理论的基本观点指导企业的生产经营和改革发展，因而不断克服了前进中的各种困难，促进了企业的发展和两个文明建设的进步。回顾这些年来的学习和实践，我们感到效果最明显的是牢记和运用了邓小平理论的五个基本观点：

1. 牢记实事求是的思想路线，促进思想观念和生产经营的转变

解放思想，实事求是，是邓小平理论的精髓和核心，是推动企业改革发展的强大思想武器。××石化公司曾有三十多年的时间不折不扣地实行计划经济，不知市场为何物。在国有企业实行两个根本性转变过程中，我们把解放思想、转变领导班子的思想观念摆在首位，通过反复学习邓小平理论，把思想观念从计划经济转向社会主义市场经济，逐步树立起改革意识、市场意识、效益意识、发展意识和对外开放意识，等等。1990年，公司党委用邓小平理论统一领导班子的思想，转变观念，决心自筹资金，“建港口、上单点”，经过几年努力，建成了具有3000吨级和5万吨级成品油码头、3000吨级化工码头和2万吨级杂货重件码头的水东港，建成国内首座25万吨级单点系泊原油接卸输油系统，使××石化公司实现了具有深远意义的重大转变，不但结束了单纯依靠陆路接卸原油、输送成品油的历史，而且为充分利用国内外两种资源，拓展国内外两个市场，实现内向与外向共同发展打下良好的基础。

2. 牢记“发展才是硬道理”，抓住机遇加快企业发展

邓小平同志讲过：“发展是硬道理”，“社会主义的本质是解放生产力，发展生产力”。我们通过认真学习邓小平同志的有关论述认识到：只有加快发展，综合国力才能迅速增强，只有加快发展，企业才能兴旺发达，只有加快发展，职工收入才能较快提高。而要加快发展，就必须善于认识机遇、把握机遇、用好机遇。1992年邓小平同志南方谈话之后，全国迎来了一次思想大解放、大发展，我们抓住这个千载难逢的机遇，争取到了30万吨乙烯工程立项，并于1993年11月8日正式破土动工，经过32个月的建设，在1996年10月建成投产。30万吨乙烯的建成投产，使××石化公司打破了炼油单一发展的格局，走上了原油深加工、石油化工一体化发展的道路，极大地增强了公司的经济实力，每年可增加销售收入50亿元、利税10亿元以上。我们还在中石化总公司的支持下，对炼油厂进行改扩建，使公司的炼油能力由每年850万吨扩大到1350万吨，成为我国第一个超千万吨的炼油基地。

3. 牢记市场经济规律，积极推进企业各项改革

通过学习邓小平经济理论和市场经济知识，认识到企业要适应从计划经济到市场经济转变，从粗放型向集约型转变，从生产型向生产经营型转变，就必须坚持以经济效益为中心组织生产经营，向市场要效益，向科技要效益，向改革要效益，向效率要效益。为此，我们积极推进企业的各项改革，搞好“三改一加强”，加快产业结构调整的步伐。1992 年，公司属下的油页岩矿有近5000 名职工，由于生产成本高，年亏损7000 多万元，我们便毅然停止油页岩生产，转产开发高岭土。1996 年，我们对10 个非主营生产单位实行分流，使之成为××市预算外的全民所有制企业，同年11 月，所属××股份有限公司还实现了股票上市。去年我们又决定将两座水泥厂向外租赁，以盘活国有资产。与此同时，我们还大力开展学邯钢、学上海石化、赶镇海炼化活动，采取强化内部管理，大力推进技术进步，积极开拓和扩大市场等措施。我们终于闯过了一个又一个难关，使企业生产经营取得了比较好的效果。1994 年以来，公司共消化减利因素50.24 亿元，实现利税44.25 亿元，为国家作出了应有的贡献。

4. 牢记“科学技术是第一生产力”，采取措施向科技进步要效益

邓小平同志说，“科学技术是第一生产力”。在学习中，我们深深体会到这个论断的正确性和在企业发展进步中的重要性。因此，我们十分重视科学技术工作，除了在经费上给予保证外，更注重人的科技素质的提高和积极性的充分发挥。为调动广大职工及科研人员开发新产品，开展技术革新的积极性，我们采取了五条措施：一是抓好科技人员待遇落实；二是对重大科技成果和有突出贡献的科技工作者实施重奖；三是大胆提拔重用有突出贡献的科技人才；四是狠抓岗位培训，把职工大学作为培训中心，建设了炼油化工仿真培训基地，完善了各种专业培训手段；五是狠抓人才培养，提高职工文化科技素质。目前大中专以上文化程度人员已占职工总数三分之一，比1990 年增长41%。由于广大职工不断提合理化建议，投身科技开发、科技攻关，使企业的技术进步和经济效益得到明显提高。1990 年至1997 年，职工提合理化建议创造的直接经济效益达7.47 亿元，使生产成本明显下降，炼油技术水平进一步提高，企业抗风险能力不断增强。1998 年虽然减利因素还较多，困难较大，但我们仍然实现纳税10 亿元，这与我们抓好科技进步，有着密切关系。

5. 牢记“两手抓，两手都要硬”的方针，促进两个文明同步发展

坚持社会主义企业具有十分重要的指导作用。近几年来，我们中心组反复学习邓小平这一思想，采取措施，不断加大精神文明建设的力度。1997 年年初，×××经理提出全年四大奋斗目标，其中就有创建××省文明单位这样一条，体现了公司领导两个文明一定要同步发展的治厂方略，使创文明单位的活动进车间、到班组、到岗位，深入住宅区，落实到家庭。我们舍得花本钱，不断加大精神文明建设的投入，在企业资金非常

紧张的情况下，投资7000多万元建成职工文化中心、体育馆、文化室等，为丰富职工精神文化生活创造良好的条件。由于加强了社会主义精神文明建设，加强了企业党的建设和思想政治工作，加强了职工队伍的思想作风建设，虽然这几年企业遇到了很大的困难，但我们的各项工作仍然取得了较好的成绩。公司党委两次被评为全国先进基层党组织，公司先后获得全国企业管理优秀企业、思想政治工作优秀企业的殊荣和五一劳动奖状，以及××省模范集体、文明单位、思想政治工作优秀企业、职业道德优秀单位等一批荣誉称号。

实践使我们体会到，只有坚持制度，联系实际，认真学习邓小平理论，才能解放思想，转变观念，拓宽工作思路，促进企业改革的深入和经营机制的转换，增强企业活力，提高经济效益，促进企业的全面进步。今后，我们决心继续高举邓小平理论的伟大旗帜，加快企业的发展，为改革开放和现代化建设事业作出更大贡献。

××石油化工公司党委书记　×××

××××年××月××日

▲叙事型讲演稿

【范例】

闪光的无字丰碑

邓莉琛

朋友，您到过国家重点工程五强溪电站吗？您见过那电弧闪烁、人声鼎沸的施工场面吗？

春夏秋冬物回地转奉献我青春年华

雨雪冰霜寒来暑往铸就这无字丰碑

这，是五强溪电站大坝上的一副巨型对联；这，是水电建设者为开发祖国的水力资源，扎根于深山幽谷，艰苦奋斗、顽强拼搏的真实写照。就在这群开拓者的行列中，有一位被誉为“老黄牛”的工程师，他那默默奉献、执着追求的精神和与病魔抗争的顽强毅力，能使高山俯首江河动容。他，就是全国优秀科技工作者和“五一劳动奖章”获得者、中共十四大代表、水电八局副总工程师邓章华同志。

有人说，电站工地最耀眼的是闪烁的电弧光，但比弧光更耀眼的是建设者的智慧和力量。1989年，五强溪电站即将进入全面施工阶段，急需投产两台缆机以解燃眉之急。可邓总实地考察后却发现，原定的缆机基础方案施工量大、工期长，将直接影响整个工程的进展。为此，邓总伏案几个昼夜，潜心研制出一个全新方案，不但将工期一下缩短3个月，还可节约投资98万元，可方案论证会上，气氛却异常地沉闷，缭绕的烟雾掩不住大家忧虑的神情。邓总明白，大家的忧虑和对他的关心不是没有道理的，新方案先进高效，但同时伴随着极大的风险。施工中稍有差错，就可能导致机毁人亡的重大事故。这个责任谁担当得起？坐牢、上法庭都不是没有可能的呀，可邓总更明白，干事业就不能怕冒风险。而且，他坚信自己对方案的论证是无懈可击的。良久，邓总站起来激动而严肃地说："执行方案吧。出了问题，我全权负责！"说完，他咬咬牙在新方案上签了字。这，是一次方案的论证；这，更是一场意志的较量，邓总非凡的智慧、勇气和胆略，使犹豫不决的同事们心悦诚服。5 年来，邓章华先后为五强溪工程设计了 9 项施工技术改造方案，节省投资近 2300 万元。是啊，一名优秀的科技工作者，既要有渊博的知识、严谨务实的态度，更要有对科技事业无限热爱和顽强进取的精神。在邓总的笔记里，我们看到了这样的一段话："在祖国的大地上，各行各业对科学技术的需求无所不在。无声的科学，需要我们科技工作者用心灵去感受，用智慧去洞悉，用不懈的努力和执着的追求去发现。"是的，35 年来，邓总就是这样用心灵感受用智慧洞悉，用技术攻难关，用科技创效益。在参加柘溪、乌江渡等 10 多个大中型水利电力项目的建设中，他完成了一次又一次不平凡的设计，为国家创造了巨大的社会效益。然而，就在他不懈的努力和执着追求的背后，得克服多少常人难以克服的困苦，得忍受多少常人无法忍受的挫折，得承担多少常人望而生畏的艰难啊！

历史翻到 24 年前那沉重的一页，35 岁，正是人生的黄金时节，可他却被赶出了设计室。然而，他没有消沉。他坚信知识是无罪的。手中的设计工具可以被夺走，人身自由可以被剥夺，但他的意志和信念谁也无法摧毁。就在那污浊不堪的囚室里，邓章华用写反省材料的纸笔，继续着他的研究和设计。仿佛黑暗的天际亮起一点星光，他辗转送出去的技改方案，居然为乌江渡电站节约资金 700 万元。多么不容易啊，700 万元，但这组天文数字带给他的是更残酷的政治审判和人身摧残……

他像千百万水电建设者一样，在事业的执着追求中，献了青春献终身，献了终身献儿孙。由于工作的流动性，邓章华与妻子自结婚起就常常是天各一方。妻子患病多年，又长期得不到丈夫的关心和爱护，1988 年精神失常。领导让邓总留在长沙照顾，可他始终没有离开工地一步。邓总知道，他欠妻子的太多了。可他更明白，五强溪工程是国家"八五"重点建设项目，是使湖南经济腾飞、是全省人民急切盼望的"天字号"工程！他说，他宁可负于自己的亲人，也不能辜负全省的父老乡亲。

由于妻子患病造成的精神压力和折磨，加之长期露天野外不分昼夜的劳作，邓总自己也积劳成疾。正当五强溪电站大江截流工程紧张筹备之际，邓总倒下了，他倒在了施工现场，倒在了工人的怀中。病房里，领导和同志们纷纷前来探望，一双双泪眼，一句句叮咛，抑制不住情感的流露，可他预感到，留给他的时间已经不多了。

寒夜里，邓总独自来到沅水河畔，伫立在沉沉的夜色中。抬头远望，工地上亮如白昼，灯光弧光交相辉映，机械的轰鸣声此起彼伏；脚下，沅水翻卷咆哮着，仿佛在向人类挑战示威。波涛席卷着两岸泥沙，拍打着悠悠岁月，也叩击着邓总的心扉。他低头沉吟：我不能就这样走啊，还有多少工作在等着我！这一夜，他想得很多很多，也想得很深很远……

有的人，从生命的诞生到衰竭，只能画一个简单的句号；而有的人却在生命与事业的轴线间，描绘出人生辉煌的坐标。我们的邓总凭着他对事业的热忱和顽强的毅力，与病魔抗争，与死神搏斗。他把病房当成办公室，忍着剧痛，在病床上完成了大坝截流前的最后一项设计，使死神望而却步。昨天，邓总竟然提着自制的装着干粮的土布袋，进京参加了十四大；今天，他那颤抖的步履，又从十四大会场迈到了五强溪工地，迈到了大坝，迈向了八局人战斗的行列之中！

朋友们，当看到提着土布干粮袋跨上火车进京参加十四大的邓总和电视中那唯一穿着工作服坐在人民大会堂的邓总时，我不禁热泪盈眶，肃然起敬。这，就是一名普通的共产党员；这，就是一名用毛泽东思想哺育成长起来的平凡的水电建设者。然而，正是这普通，更加耀眼；正是这平凡，才更显伟大。也正是邓总这普通和平凡，才铸就了五强溪工地上那永远不褪色的闪光的无字丰碑！

××××年××月××日

▲说理型讲演稿

【范例】

平安就是幸福

郑成富

朋友们：

在这个人海如潮、滚滚红尘的现实社会中，请问你最需要什么？是金钱美女，做官掌权，还是荣誉财富，功名利禄？如果让我来回答，我就说：我最需要的是平安！

人的一生，总要经历或多或少的曲折、坎坷甚至磨难。自然界的风霜雨雪严寒酷暑考验着人们；地震、火山、崩塌、滑坡、泥石流、台风等自然灾害严重威胁着人们。不仅如此，生活中还有各种各样的悲剧始终在不断地上演着，战争、饥饿、疾病、犯罪、毒品、交通事故，人为的祸患层出不穷，无时无刻不在夺走我们永远不愿失去的安宁！何况天灾人祸又是不择富贵贫贱的，不是吗？

平安，平安，作为平民阶层，一个小小的平民老百姓，最大的幸福莫过于平平安安过一生，最大的愿望也许就是一生平安。平安无疑是我们最普遍的基本要求。

君不见，一首《祝你平安》的歌曲，电视剧《渴望》中的一句“好人一生平安”的祝福，为什么会唤起亿万老百姓的共鸣？就是因为它反映了老百姓的心声！

然而要想一生平安，又是多么地不容易！远的不说，就在我工作和生活的这个不足万人的小城镇上，不幸的事总是接二连三。在我曾任教过的那所中学里有一个14岁的学生，浓眉大眼、品学兼优、人见人爱，不幸在一个夏日的黄昏，金沙江的漩涡无情地将他卷走。那长眠在镇上公墓里的，有不少人年仅20多岁，或因车祸，或因“不治之症”而不幸死去。我们活着的人，随时可能失去健康或生命。8年前，被列为几大传染病之一的乙肝光顾了我，使我有生以来第一次成为一名住院病人。短短的8年时间，曾与我同病相怜的病友们一个个都相继命赴黄泉，永远告别了乙肝。于是我便成为那间病室5个同病患者中的唯一幸存者。近两年，小镇上还不断地有三十来岁的酗酒者身亡的事发生，这实际上是给那些“男子汉不喝酒，枉自世上走”的豪饮君子敲响了警钟：人们啊，生命是脆弱的，请珍惜时光，珍惜生命！

我们生活的这个时代，发财几乎成为举国一梦。随着一部分人先富起来的呼声逐高，人们年复一年地互祝升官、发财、好运。真正如愿以偿的，虽然有，却不是你我，就像买彩票一样，只见一个又一个幸运者霎时大富大贵，而绝大多数人，却从来得不到一丝安慰同情。于是，莫名的焦灼、失落，驱不走的郁郁寡欢，悲悲切切，就在难以承受者中间蔓延。如果你是一位贤惠能干的妻子，下了班还要买菜做饭干家务带孩子，照顾丈夫的饮食起居，而脾气暴躁的丈夫与三朋四友一番“感情深，一口闷”后回到家给你的却是无端的谩骂和羞辱。也许你是一个随遇而安恪守本分的丈夫，她却经常抱怨指责你不思进取不能天天向上，对你没完没了地数落，使你不知所措。也许人人都有自己的难处，家家都有一本难念的经。人生实难，大道多歧。人们工作之后不再是享受天伦之乐的良辰美景，而是继续为更优越的生活奔波，总想在一天的时间里干更多的事情，产生更多的效益。农民没有了上下工之分，工人在上班以外算计着生财之道；知识分子或夜以继日著书立说，或外出兼课；中小学生一面抵御着电视节目的诱惑，一面为升学竞争而寒窗苦读……总之，似乎人人都在忙，人人心里都缺乏宁静。为名累，为利牵，许多人都在经历大悲大喜。

其实世界很简单，复杂的是人；其实生活很轻松，沉重的是感情。为许许多多重要的和不重要的得与失，为形形色色愿意和不愿意的喜与忧，许多人寝食不安、坐卧不宁、疲惫不堪。何必呢？人应该活得简单些，活得简朴些，平平淡淡方为真，安安乐乐才是福。普通的收入，普通的衣着，普通的两室一厅或一室一厅，普通的和睦家庭，这都是幸福，因为生活平静安定；勤恳劳作、辛勤耕耘、不存侥幸，只求一分付出一分收获也是幸福，因为事业执着潜心。唯有那成天都是忙碌，时刻都在操心，总想更多地进钱，更快地升迁，更大地扬名；总想制服对手、称霸一方、红极一时的人，才会不仅奋斗时尝尽“患得”之苦，占有后也会品尝“患失”之痛。置身于现实生活中，要正确对待工作和劳动，对待社会和事业，善待他人、善待自己，善待人生，得意淡然，失意泰然，居逆境而能超脱，遇忧愁而能自解。

一切的大富贵、大红大紫、纸醉金迷、灯红酒绿、昭著声名，都是一时的“辉煌”，只有平平安安、愉快祥和，才是生活的本质、特色和本位。当世上许多东西被纳入钱的范围，当权位的拥有者颐指气使不可一世，独有平安瞪着白眼，不以为然！我要说：平平安安是生活赐给每一个懂得它意义的人的最好礼物，平安就是幸福！

谢谢大家！

××××年××月××日

▲抒情型讲演稿

【范例】

我爱家乡——湖南

浩瀚的洞庭湖，巍巍的南岳山，秀美的武陵源，滔滔的湘江水，装点着中华大地一颗璀璨的明珠——湖南。这，就是我美丽的家乡；这，就是我可爱的家乡；这，就是我伟大的家乡。

我爱美丽的家乡，这是因为湖南山明水秀，有“森林宝库”张家界的千奇百怪，五岳之首衡山的多姿多彩；“衔远山、吞长江”八百里洞庭湖的烟波浩渺；“萦山渡壑，穿林越野”三湘四水的丰美琼浆玉乳，特别是南岳七十二峰之一的岳麓山，风光旖旎，揽尽“岳麓之胜，甲于楚湘”的美誉。春意盎然的早晨，我常常散步于“池畔芙蓉映月，夹岸细柳摇风”的岳麓曲径，衔一片竹叶，吹响音哨，逗小鸟声声鸣啾；香风热雨的夏日，我常常戏水在浮于湘江之上、俨如一艘墨绿色巨舰的橘子洲头，感受那“中流击水，浪遏飞舟”的情趣；酡颜如醉的深秋，我也常常沉醉于碧瓦飞檐、翘角凌云的“爱晚亭”旁，体味“停车坐爱枫林晚，霜叶红于二月花”的诗情画意；飞雪迎春的严冬，我常常独自在黄兴、蔡锷等名人的墓碑前，缅怀那长眠九泉的前辈伟绩……

我爱可爱的家乡，这是因为湖南物华天宝。“鱼米之乡”“森林宝库”“有色金属之乡”……山川名胜，资源丰富，美不胜收。江南三大名楼中的岳阳楼、沅江之滨的桃花源，为湖南的美名更增添了光彩和自豪。我看到芙蓉国那灿烂的昨天，也看到了三湘大地上今天的欢乐和腾飞势头。“放开南北两口，建设五区一廊，拓宽三条通道，加速西线开发”的战略构想鼓舞人心。

特别是省会长沙，我更是听到了它改革开放那跳动的脉搏，前进的鼓点。拔地而起的群楼，宛若竹笋破土；湘江南北大桥，似彩虹横卧湘江；火车站的雄姿，立交桥的胸怀，展现的是三湘儿女开拓时代的精神。我喜爱上海南京路的繁华，赞美北京长安街的宽广，而横贯省会的芙蓉路、五一大道，在我心中更富有魅力。披着曙光，我在芙蓉路上晨跑，神农大厦、飞达大厦等高大建筑接受我的检阅；沐浴晚霞，我在接五一大道的车站广场漫步，自鸣钟优美的旋律，亚洲第一电视墙的阵阵乐曲，镁光四射的华灯，争奇斗艳的喷泉，抚慰着我学习一天后疲惫的身躯；我穿着驰名中外的湘绣丝绸，去观看震惊中外的马王堆汉墓，两千多年的前长沙丞相之妻的衣装饰品，仿佛要与现代时髦媲美；我嚼着被国际社会誉为第二次绿色革命的长沙杂交水稻专家袁隆平培育的优质稻米，周身升华的热量，促使我熬夜寒窗。可惜我不会品尝白沙液，也不能喝一口湘泉酒，就连中华猕猴桃酒，也只能闻上一闻。因为，我怕醉。否则，我也会像杜甫当年浪迹江河那样，开怀畅饮，作赋抒怀。然而，在获得银质奖的韶峰彩电荧屏前，在获得金质奖的中意冰箱冷柜中，在这世界知名的“远大”空调里，我享受到杜甫无法享受的温馨和甜蜜……

我爱伟大的家乡，这是因为湖南人灵地杰。“问苍茫大地，谁主沉浮？唯楚有材，于斯为盛。”在妙高峰下的湖南第一师范里，走来了一个伟岸的身躯，一个宣布中华民族从此站立起来的身躯——他，就是韶山冲的石三伢子；他，就是韶山学社的毛润之先生；他，就是中国人民的伟大领袖毛泽东。在绚丽的天边，在鲜红的朝霞里，走来了一位光彩夺目的“仙姑”——她，就是19岁的霞姑；她，就是年轻而伟大的母亲杨开慧；在湘江水滋润的望城坡上，走来了一个笑容满面的战士，世人崇敬的偶像——他，就是望城坡上的放牛娃；他，就是伟大的共产主义战士雷锋。来了，来了！宁乡的山村，走来了刘少奇；清水塘的小屋里，走来了夏明翰；铜官的窑洞里，走来了彭德怀、贺龙、罗荣桓；走来了萧劲光、陈赓、徐海东。他们的足迹，走遍了三湘四水，走遍了中华大地。他们从无限的永恒中走来，又走向永恒的无限。这些伟大而光辉的名字，横亘在无垠的空间，绵延在滔滔的历史海洋里，鼓荡在湖南人民的心胸中。

一方山水养一方人。就是这山，这水，这人，使我的家乡湖南变得如此娇美，如此辉煌。我爱这片热土，我爱镶嵌在中华大地上的这颗璀璨的明珠，我爱我可爱的家乡——湖南。

××××年××月××日

第四章　新闻宣传类应用文写作

第一节　墙报与板报

一、墙报与板报概述

板报与墙报是党政机关、群众团体、学校工厂等企事业单位将国内外大事、本地消息摘抄编写成短小精悍的新闻刊登在黑板上或张贴在墙壁上的一种宣传形式。其写作格式如下：

墙报与板报的文章结构主要由标题和正文组成。标题，一要吸引读者，二要有导语的效果，所以应采取新闻报道的写法。即用简要的文字说明全文的目的或结论，引起读者的悬念与注意。

墙报上的内容，用散文、顺口溜、快板书等活泼健康易于接受与传诵的形式来表现。

墙报与板报版面安排应活跃多样化，可以图文并茂，用一些辅助形式，如图画、表格等以增强读者的形象感受，加深读者的印象。

二、墙报与板报的写作范例

【范例】

去冬退还六棵树　今春新植五百棵

社员李××，1993年春在自己门前栽了六棵杨树，曾无偿收归集体。从此李××很少栽树。

去年，大队认真落实“谁种谁收”的林业政策，给他退还了错收的那六棵树。李××非常激动。今年春天，他在自己新盖的住房前，一下子就植了500棵“北京杨”。

【范例】

义务植树三百棵

在植树节到来之际，一车间老工人刘林同志利用星期天时间在绿化林里植树300棵，为大家作出了榜样。

第二节　题词、解说词

一、题词、解说词概述

题词，是为留作纪念、勉励而书写的一种充满了希望和祝愿，并带有评价性的简短话语。

解说词是对事物、人物进行说明的一种文体。例如产品展销、文物陈列、书画展览、标本说明、园林介绍、影剧解说、人物介绍等，都要运用解说词。

题词的使用范围和对象有以下三类：

1. 题人类

这一类又可分为三种：

(1) 长辈对晚辈

表示对晚辈的关怀、奖掖、勉励。

(2) 同辈之间

如同窗好友互赠题词，共勉互励。这类题词往往称为“赠某某”，而不说为谁题。

(3) 给英雄人物

这一类被题词对象没有年龄身份的区别，一般除勉励之外，还有表示纪念和号召的作用。

2. 题事类

一般指某单位、某项事业的题词。题词者往往是社会中较有名望的人，如领导、学者和专家等。

3. 题物类

(1) 自然物

我国幅员辽阔，无论是山川草木，还是名胜古迹，都可以题词。这类题词又可分为两种：

①单纯地留下游乐纪念，只题自己（或他人）的名字并注明日期。

②借景抒情。

（2）非自然物

这一类包括极广。大致有以下多种：

①建筑物。除题额外，还有题匾、题碑、题门、题墙等。此外，水库、水坝、商店、展览馆、纪念堂、公园等也都是题的对象。

②生活用品。扇子是题词最多的对象。此外，还有茶具、笔筒、笔、墨、砚等。

③书籍。书前除了序言，还设有题词。

解说词是解说客观事物的，而客观事物是复杂的，只有仔细观察，深刻研究，才能把它如实地反映出来，介绍给读者。因此，要写好解说词，就要认真观察、研究被解说的事物，准确地把握它们之间的关系。在物与物之间，有并列关系、先后关系、总分关系、主次关系等。这些关系有分有合，分则相对独立，合则相互联系，在一定范围组成一个有机统一体。

解说词写作的形式多样，方法灵活，可用平实的语言，也可用文学的语言；可用散文形式，也可用韵文形式。

二、题词、解说词的写作范例

▲题词

【范例】

1. 1984 年 7 月，邓颖超同志接见天津天虹服装厂青年工人，挥毫题词：

当代青年在建设有中国特色的社会主义中，要有所为，有所好为，有所大为。

2. 两位大学毕业生临别前题词相赠：

前路尽知己　　　谁人不识君

矢志不渝雄心在　　金子何处不放光

3. 郭沫若同志为峨眉山题词：

天下名山

4. 柯云路同志在他的长篇小说《新星》一书的扉页上的题词：

说他是新星，因为他刚刚升起，因为他正在闪烁。

5. 何香凝同志 1935 年 10 月在红军开始长征时画了一幅梅花图，并题诗于其上：

一树梅花伴水仙，北风强烈态依然。

冰霜雪压心犹壮，战胜寒冬骨更坚。

▲牌匾

【范例】

1. 楼堂殿阁名称（多为富有诗意文采的名称）。如“滕王阁”“长生殿”“望月亭”“望江楼”等。

2. 歌功颂德的题词。如“桃李满园”“爱民如子”等。

3. 绘景抒情的题词。如“山清水秀”“春和景明”等。

4. 述志兴怀的题词。如“壮志凌云”“鞠躬尽瘁”等。

▲解说词

【范例】

武 侯 祠

这里叫武侯祠，因诸葛亮生前封为“武乡侯”，死后谥为“忠武侯”，所以凡纪念诸葛亮的地方皆称“武侯祠”。

武侯祠全国有多少个？最大的武侯祠在成都，最小的武侯祠呢？有人说在白帝城。但用我们奉节人的话说呢，白帝城的武侯祠小虽小，但资格老。因它是400年以前就建在这里的。中间是明朝嘉靖年间塑的诸葛亮，两旁站立的是琴童和书童，东边塑的是诸葛亮的儿子诸葛瞻，西边塑的是诸葛亮的孙子诸葛尚，祭祀他们祖孙三代的像。在中国古代史上，诸葛亮是一位鞠躬尽瘁、忠心王室的典范人物，深受一代又一代人民的热爱。唐代诗人杜甫在《咏怀古迹五首》之五中对诸葛亮满怀激情地作了高度评价和赞颂。杜甫诗云：

诸葛大名垂宇宙，宗臣遗像肃清高。
三分割据纡筹策，万古云霄一羽毛。
伯仲之间见伊吕，指挥若定失萧曹。
运移汉祚终难复，志决身歼军务劳。
……

第三节　新闻、消息、通讯

一、新闻、消息、通讯概述

1. 新闻、消息、通讯的含义

(1) 新闻

新闻是运用宣传手段反映当前社会意识形态和社会各种现象，通过报刊、广播、电视等工具经常大量运用的一种文体。

新闻是消息、通讯、新闻特写、速写等体裁的统称。

(2) 消息

消息是用简要的笔墨对最近发生或发现的并为广大群众所关注事实的报道文体。

(3) 通讯

通讯是一种比较详细和形象地报道客观事物或典型人物的新闻文体。丰富多彩的现实生活，新发现、新发明、新经验、新问题层出不穷，既需要以消息的简略形式加以报道，更需要以通讯的详尽形式及时反映。通讯反映生活具有生动的血肉感，是生活的详细抒写。

1. 新闻的写作要点

(1) 敏于捕捉

新闻工作者要写出好的新闻，就需要具备敏于捕捉蕴藏在现实生活中丰富而有意义的新闻题材的能力。新闻工作者应当敢于追新逐异、标新立异，力避老生常谈的依样画葫芦，力避不能敏锐报道与评述生活的陈词滥调。但对社会生活中的种种“新异”，一般人往往习以为常，熟视无睹。加之生活在前行轨迹中闪现的新光异彩，总是一掠而过，瞬间便逝。这就要求新闻工作者有捕捉新异而摄取新闻的能力。这种能力不是轻易就能具备的，需要新闻工作者有较高的思想理论修养，深入生活，留心各种各样的事情，将新的发现、新的感受、新的分析思考写进“新闻手记”。这样的功夫下得越深，捕捉新闻的能力就越强。

(2) 勤于采访

新闻工作者的实践，主要是指采访实践。采访是一门科学，是一个完整的系统工程，也是一门独特的艺术。采访要顺利进行并获得理想的效果，就要拟写采访提要，找准采访对象，注意采访方式。

(3) 精于构思

有了从采访中获得的真实材料，要撰写出合乎要旨的新闻稿，还要精心构思。

一篇新闻立什么主旨，选取什么材料表现主旨，材料的详略处理与先后安排等，都需要一丝不苟地精心构思。这里的一个“精”字体现了写作主体的构思技巧和质量水平。

(4) 疾于运笔

如果有了材料，又下过一番构思功夫，就需疾于运笔，迅速成篇，交付发表，这样才不致贻误时机。

运笔要“疾”，不仅仅是从时间上要求快，还要快中求好。

运笔之疾的能力，是从艰苦笔耕中获得的，只有勤耕不辍，才能有敏捷的才思，才能“妙笔生花”。

2. 消息的写作要点

(1) 以记叙方法写

记叙就是把事实的前因后果、来龙去脉照实写下来。消息写作主要采用记叙方法，是因为消息的任务在于向人们报告最新事实。叙事的内容包括5个要素：什么人，什么事，什么时间，什么地点，什么结果。

(2) 写好消息导语

导语居于消息之首，是消息的“窗口”。写导语要求“立片言以居要”，用简明的一两句话扼要交代消息的核心内容，先给读者一个总体印象，吸引读者读罢全文。

(3) 叙事分清主次

主体是消息的基础，是消息展开叙述的主要内容。叙事要突出中心，主次分明。因为消息不宜写长，一般是三五百字，所以在叙述事实时，尤其要注意集中笔墨写好事实的核心部分，以防没有主题。

(4) 争分夺秒，事发文成

消息本身就是一种迅速及时反映现实及其变化的新闻文体，因此写作消息无疑就要雷厉风行，争分夺秒，力求做到事发文成。

3. 通讯的写作要点

①通讯的内容之所以翔实具体，生动感人，在于有丰富具体、真实入微的材料，这些材料要靠艰苦深入的调查采访去挖掘搜集。

②面对一大堆调查采访得来的材料，怎样才能把它加工制作成为一篇完整的通讯，哪些材料有用，哪些材料没有用，各种有用的材料之间彼此是一种什么关系，在这些问题没有搞清楚之前，是不能盲目下笔的。要理清这些材料，就要认真分析材料，对材料进行一番“去粗取精，去伪存真，由此及彼，由表及里”的工作，找出众多材料本质的东西，也就是从分析材料中提出明确的主题。

③通讯主要是人物通讯和事件通讯，需要精心剪裁，运用多种表现方法，写好典型材料和扣人心弦的细节，以增强真实感人的力量。

二、新闻报道的写作范例

▲特写式现场短新闻

【范例】

“飞天”凌空

——跳水姑娘吕伟夺魁记

樊云芳　夏浩然

她站在10米高台的前沿，沉静自若，风度优雅，白云在她的头顶飘浮，飞鸟掠过她的身旁。这是达卡多拉游泳场的8000名观众一齐翘首而望、屏声敛息的一刹那。

轻舒双臂，向上高举，只见吕伟轻轻一蹬，就向空中飞去。这一瞬间，她那修长美丽的身体犹如被空气托住了，衬着蓝天白云，酷似敦煌壁画中凌空翔舞的“飞天”。

紧接着，是向前翻一周半，同时伴随着旋风般的空中转体三周，动作疾如流星，又潇洒自如，一秒七的时间对她似乎特别慷慨，让她从容不迫地展示身体优美的线条：从前伸的手指，一直延续到绷直的足尖。

还没等观众从眼花缭乱中反应过来，她已经又展开身体，笔直地像轻盈的箭，“哧”地插进碧波之中，几股白色的气泡拥抱了这位自天而降的仙女，四面飞花悄然不惊。

“妙！妙极了！”站在我们旁边的一名外国记者跳了起来，这时，整个游泳场都沸腾了，如梦初醒的观众用震耳欲聋的掌声和欢呼声，来向他们喜爱的运动员表达澎湃的激情。吕伟精彩的表演，将游泳场的气氛推向了高潮。她的这个动作5136，从裁判手里得到了9.5分。

这位16岁的中国姑娘，赢得了金牌。她的娇小苗条的女伴、17岁的周继红，以接近的分数赢得了银牌。

当一个印度观众了解到这两个姑娘是中国跳水集训队中最年轻的新秀时，惊讶不已。他说：“了不起，你们中国的人才太多了！”

××××年××月××日

▲动态式现场短新闻

【范例】

伊朗大地震现场目击记

新华社德黑兰6月26日电（记者李红旗）　直升机在鲁德巴尔城上空盘旋，

寻找着可以降落的地方。记者们盯着脚下这个被强烈地震荡平了的山城，无不唏嘘。直升机降落了，螺旋桨扇起了地上的尘土。突然，巨石从附近的山上滚滚而下，犹如呼啸而下的虎群。啊，又一次余震。这是6月23日黄昏。

灾难发生在6月21日凌晨零点31分，那是一次强度在7.7级上下的大地震。刹那间，天崩地裂，仅仅20秒的时间，伊朗北部6省约5万人还没有来得及从睡梦中清醒过来就葬身于乱石废墟之中，另有20万人受伤。灾区的大地上，一片哭声。

太阳已经落山，天地间昏沉沉的。这个曾经居住着18500人的山城，几乎所有的房屋都已经倒塌，一根根钢架歪歪斜斜地支着。地上，一条条裂缝张着嘴，弯曲蜿蜒，幸存的6500人栖身在临时搭起的帐篷里，在马灯昏暗的灯光下，或坐或卧，神情呆木。67岁的老汉巴基扬告诉记者："我家24口人，只有6人活下来，都走了，都走了。"他老泪纵横，泣不成声。

地震引起的山崩把这个山城通往里海之滨的公路堵塞了35公里，救灾设备和物资运不进来。军队、卫队和抢险队的人员大都是徒步赶到的，赤手空拳，或用铁锨，在废墟中挖掘着可能的幸存者。一个老人哭着对救援人员说："你们早来一会儿就好了，几个小时前，我还和我的儿媳妇说话的呀。"

盛夏酷暑，瓦砾下散发着人畜尸体的浓烈臭味。救援人员都用白布掩住鼻子。

阿尔布尔士山脉北半侧山清水秀，一些山里村镇如世外桃源，如今村子毁了，连直升机也去不了。一个从山里逃出来的汉子对人说："你别问我死了多少人，应该问我活的有多少。我们村子只有我、我儿子和一个妇女活下来了。我能活下来是个奇迹，石头像大河一样从山上泻下来，把村子给埋了。"

伊朗人民忍悲痛，奋力救援灾区同胞。一个空军军官说，他属下一个直升机驾驶员，刚刚埋葬了他的母亲、妹妹、兄弟和侄子，就归队执行救援任务了。

归途中，记者们中途改乘大轿车返回德黑兰。一路上，交通多次堵塞，重型卡车载着重型抢险器械和救灾物资向灾区疾驶，军人、动员组织和抢险人员的车辆从四面八方汇集到这条南北干线上，车灯在黑夜中汇成了一条巨龙，汽车喇叭声、人们焦急的吆喝声，在黑沉沉的大山里回荡。这是一场战斗，一场人与自然之间的搏斗。

××××年××月××日

▲标题新闻

【范例】

标题新闻

中国电脑成为电脑攻击主要受害国
非洲乞力马扎罗山雪冠面临消失威胁
联合国最新报告棕色污染云困扰亚洲
“神七”获得圆满成功

▲动态新闻

【范例】

首届中国京剧艺术节在津闭幕

本报讯（记者卢盘卿报道）　首届中国京剧艺术节24日在天津闭幕。中共中央政治局委员、国务委员李铁映，全国人大常务委员会副委员长王光英出席了闭幕式。

京剧作为中华民族的瑰宝，具有悠久的历史和广泛的群众基础。首届京剧节有来自不同省（市）区的十几个京剧院团上演了十几部戏，其中既有传统剧目，又有新编历史剧目，还有引人注目的反映现实生活的现代戏，为京剧舞台注入了活力。此次京剧节还开展了丰富多彩的群众京剧活动，许多京剧票友也纷纷登台演唱，中国港台地区及东南亚一些国家的票友也专程赶赴天津助兴。

首届中国京剧艺术节对参赛剧目进行了评选。上海京剧院《曹操与杨修》获陈长庚金奖；湖北京剧团的《徐九经升官记》获陈长庚银奖；天津青年京剧团的新编历史故事剧《岳云》、山东京剧团的现代戏《石龙湾》和江苏京剧院新编历史传奇剧《西施归越》分别获陈长庚铜奖。

李铁映在闭幕式讲话中希望京剧界的艺术家和所有支持京剧事业的同志共同努力，让京剧再创辉煌，永驻舞台。

▲文艺新闻

【范例】

电视剧《小鱼儿与花无缺》还未开拍
谢霆锋“花无缺照”被提前曝光

信报讯（记者郝晓楠）　大型电视连续剧《小鱼儿与花无缺》还未开拍，主演谢霆锋的定装照日前就出现在网上，引起了巨大轰动，这也打乱了该剧的宣传计划，致使投资方把开机发布会的日期提前了。

《小鱼儿与花无缺》改编自古龙的名作《绝代双骄》，这是谢霆锋出演的第一部电视连续剧，在剧中他饰演风流倜傥的花无缺。对于谢霆锋的扮相，各媒体都十分关注，但是碍于剧组的保密工作到位，大家都碰壁而归。而此次，该剧还未开拍，定装照就已经现身网络，使投资方北京东方慈文影视机构十分被动。公司宣传负责人关小姐称，公司已经采取紧急措施，决定将原定于6月20日的开机发布会提前至6月5日。届时，谢霆锋将现身上海滩，一同出现的还将有该剧导演王晶，扮演小鱼儿的张卫健，内地明星袁泉、范冰冰等人。

××××年××月××日

▲科技新闻

【范例】

本地牛羊产下“洋子”　“母子”间本无血缘情

“胚移”技术在草原首试成功

十几代才能完成的家畜改良任务一次即可完成

武彦敏　何淑梅

14头年产奶量仅数百斤的蒙古改良牛各产了一头黑白花牛犊，这是目前世界上最优良的乳牛品种；15只具有澳美利奴细毛羊“高贵”血统的小羊羔在追逐着一群普通的蒙古羊叫“妈咪”。这群奔跑于克什克腾草原上的、刚过“满月”的小生命，是当今国际上最活跃的高新生物技术——胚胎移植术在我区首次脱离实验室，在高寒放牧条件下试验成功的结果。牛羊的移植妊娠率分别为56%和66.7%，达到国际先进水平。

这项技术由内蒙古家禽冷冻精液胚胎移植新技术推广站在草原上试验成功后，即将投入生产。它将大大缩短各种家畜改良的周期，传统方法需杂交十几代以上才能得到的良种，用胚胎移植技术一次即可得到。

正在忙于喂奶的母牛和母羊实则与它们的“儿女”并无血缘关系，它们只是被用来借腹怀胎的母体，发育了被人工植入体内的良种胚胎。15只羔羊真正的父本是世界上最好的细毛羊——纯种澳美利奴羊，母本是德国美利奴羊；14头牛犊的真正“父母”则都是纯种“黑白花”，这个品种的乳牛产奶量一年高达6000公斤左右，国产牛望尘莫及。然而，这种乳牛以及其他优良种畜，其进口价格之高都令人咂舌。

掌握了胚胎移植技术，就可通过一头优良种畜复制出几十个乃至上百个优良后代，相当于自然繁殖的几十倍。承担这项技术实验推广的一位技术人员说："胚胎移植技术的关键在于良种母畜本身并不承担孕育仔畜的任务，但经接受超群排卵和人工授精等人工干预后，可提供大量优质胚胎。我们今后也可直接进口价格较低的种畜胚胎，并将一枚胚胎进一步分割以得到多个种畜，这样就可迅速得到一个种畜群体。"

据说，"胚移"技术的试验基地——赤峰市克什克腾旗已准备"近水楼台先得月"，于今年8月率先将这项高新生物技术运用于牧业生产，计划五年内将本地蒙古羊全部良种化。克旗畜牧局算了一笔账，在草原面积和载畜量不变的前提下，改换"血统"的牲畜将使本旗畜牧业经济效益增加一倍。

▲政治新闻

【范例】

胶州一镇个体饭店被"公家"吃欠10万元

新华社电　10多万元的餐费欠款，已在胶州市北王珠镇的8家饮食个体户的账面上挂了好几年，它们当中有87%是"公家"欠的。

北王珠镇在工商所登记注册的个体饭店共有8家，但没有一家账上不记有镇上一些部门吃喝欠款的，这其中包括镇政府、派出所、银行、工厂、村委会等。那些苦不堪言但又不愿披露姓名的商户说，个体户做买卖不容易，可这种吃了欠、欠了吃的"山"，愈垒愈高，垒到何时才算头？

25岁的农民杨培光开了一家小饭店，从1989年开始有挂账食客，到现在镇上一些部门欠他的饭费有3.1万多元，其中镇政府就欠了6000多元，此外派出所和银行等也有两三千元。可杨培光总觉得公家不会吃了饭不给钱，可屡等不来，只好强装笑颜上门去讨。他对记者说，为了把钱要回来，还要送烟、送酒、请客，去年这些花销有千把元，就好像是我欠他们钱似的。

据了解，这些个体户因大都有大笔款子被欠着，资金周转难，只能从民间借用高利息款。商户刘述高被欠2万元，每年只好外借2万元，仅月息就要支付500元。陈家闸子村农民陈立站的账上被欠了2.5万余元，有时没办法，他去买条"前门"烟还得赊人家的。

××××年××月××日

▲信息新闻

【范例】

大灾之年粮价稳

姚居清

新闻中心记者姚居清报道：记者今天从中国郑州粮食批发市场了解到，今年我国在经历了多年罕见的水灾、旱灾之后，粮食价格稳中有降。

记者今天走访的专家和城乡消费者认为，这是我国政治稳定、经济稳定、社会稳定的表现。

这个市场的主任李经谋告诉记者，一般来说，大灾之年粮价总要上涨。今年粮价稳定，首先是因为我国形势稳定，有较为雄厚的经济实力，对大的自然灾害有较强的抗御能力，在灾害面前能沉着冷静地组织抗灾救灾工作。灾区群众在全国各地的鼎力支持和国际社会的帮助下，不恐慌，不失望，积极开展生产自救活动。今年虽然灾情严重，但从全国来看，仍然是个丰收年，加上近几年粮食连续丰收，各地库存多，农民存粮多。灾害发生后，国家及时给灾区送去大量专项储备粮，稳定了群众生活和情绪。中国郑州粮食批发市场去年十月建立后，通过新闻媒介，每十天向全国发布一次粮食信息。和往年比，粮食价格透明度高，而且这个价格在国内具有权威性。各地粮食经营者和消费者对粮食供求情况了如指掌，避免了盲目购进。

××××年××月××日

▲简讯

【范例】

为促进国民经济信息化建设，推动软件产业和市场发展，由中国软件行业协会等单位组织实施的大型系列丛书——《世界软件总汇》即将出版。

××××年××月××日

▲花絮

【范例】

两个深深的唇印

——艺术节“天天演”花絮

连日来在南京路世纪广场上演的艺术节“天天演”，不仅成为群众观赏艺术表演的盛会，还造就了中外人民情感交流的契机。以下是发生在“天天演”现场的两则花絮。

老太被吻 家住浦东昌里路的一位76岁老太太早上9点多，就兴致勃勃地赶到“天天演”现场。当她看到即将演出的文艺团正在准备的时候，情不自禁地也在一旁翩翩起舞。智利国家民间舞蹈团的一位演员见状，主动上前和老太太一起跳起来……一曲舞罢，演员拥抱着老太太，吻上她的脸，留下了两个深深的唇印。

旦角长裙 十六大代表、山西蒲剧演员任跟心，在演出之余，跑到后台向德国铜管乐团团长彼德学习如何吹铜管。彼德也趁机向任跟心学习如何甩水袖。两人都来不及换下自己的演出服。彼德身穿双排扣的紧身衣，甩着虚拟的“水袖”；任跟心则身穿旦角的长裙，摆弄着铜管。两人一招一式，学得不亦乐乎；一中一洋，让人忍俊不禁。

××××年××月××日

▲经验消息

【范例】

用商业行为拯救亏损企业

深圳出现托管公司

本报讯（记者×××） 完全以一种市场行为、专门接受亏损国有企业的委托管理，并使托管部分的国有资产增值的全国首家专业经营托管业的企业——深圳广发源企业托管有限公司创立。

有资料显示：全国40%国有企业的效益在“零”线以下，大批企业面临困难，效益低下，它们正需一种运营机制的改变，不仅是资金方面，更重要的是一种管理上的突破。委托管理的根本原则就是在不突破现有产权关系的框架中，调整盘活企业内部的存量资产。托管行为能避免当前兼并和破产等引起的较大社会震动，可以有效化解“企业行为政府包揽”的现象。

既体现经济效益又体现社会效益的企业托管是一个全新的行业。企业托管的程序是：在接到企业要求托管的申请后，首先对企业进行诊断分析，然后双方签订托管协议，托管期限一般为3~5年，合同期内若企业资产保值，托管公司收取8%托管保值费，若赢利，则收取40%税后利润。假如出现经营亏损，托管公司将抽取资金予以补偿。托管期内，托管公司除注入部分资金外，更主要靠高水平的管理输入和高素质的市场预测情报输入。在一段时间内，被托管企业将从“保姆”那里得到资金、管理、技术乃至市场信息，而付出的则是全部或部分经营管理权。

广发源企业托管公司由全国最大的地方性商业银行广东省发展银行和广东证券咨询公司等单位组建，注册资金3150万元。

××××年××月××日

▲动态消息

【范例】

我国计划投入1234亿元巨资治理三河、三湖水污染

新华社北京6月9日电（记者　秦杰　邹声文）　我国计划在“十五”期间投入1234亿元巨资，建设1590个水污染防治项目，以改善“三河”“三湖”（指淮河、海河、辽河以及太湖、巢湖、滇池）的严重水污染状况。

××××年中国环境状况公报显示，海河是我国七大水系中污染最严重的水系，近79%的断面为五类及劣五类水质；辽河、淮河水系污染情况也十分严重，五类及劣五类水质分别占68%和60%。太湖、巢湖、滇池三大湖泊氮、磷污染严重，富营养化问题突出。其中太湖五类、劣五类水质之和已占全湖的60%；巢湖五类、劣五类水质各占一半；滇池外海为五类水质，草海全为劣五类水质。

由国家环境保护总局、国家发展和改革委员会等部门及相关省、自治区、直辖市编制的“三河”“三湖”水污染防治计划，目前已经国务院批复实施。防治计划主要包括城市污水处理工程、截污导流工程、农业面源污染治理、流域综合治理、引水工程等。项目资金将主要由地方政府负责筹集，国家适当给予支持。

根据计划设定的目标，到××××年，在淮河干流和主要支流不断流的情况下，淮河干流水质进一步好转，南水北调东线工程水质达标；海河干流及主要支流水质明显改善，饮用水源地控制断面水质达到饮用水标准；辽河全流域水质进一步改善，集中式地表饮用水源地水质达标；太湖水质有所改善，五里湖、梅梁湖水质明显改善；巢湖水质有所改善，主要出入湖河道水质接近或达到地表水三类水质标准；滇池流域基本控制水质恶化的趋势。

为确保计划实施，国家环境保护总局要求有关省、自治区、直辖市积极调整产业结构，大力推行清洁生产，有效控制入河入湖的污染物排放总量，建立污染物排放总量控制指标和环境质量指标完成情况考核制度；建立污水和垃圾处理收费机制，逐步提高污水和垃圾处理收费标准，吸引社会资金投向水污染防治项目。

××××年××月××日

▲述评消息

【范例】

铁路左右逢源公路饥饱不均

郑州铁路局已将春运客流继续升温、进账颇多的喜讯传给了铁道部。春运的前30天，全局已累计发送旅客998.6万人，比去年同期增长了7.26%，累计完成客运收入5.23亿元，比去年同期增长了15.3%。除了中西部大开发政策会给陕西全省1/3的劳务人员创造就业机会，使西安铁路分局向外输送旅客比去年减少一些外，其余5个分局都是上升。难怪郑州铁路局营销处处长曹永久给记者介绍情况时，一脸的轻松愉快。尽管今年旅游专列并不火爆，但铁路今年春运的营销战又打赢了。

民航在我省春运中所占份额较小，而且今年与去年没有太大区别，收入也增长了近百万元。我们来看看公路吧。

全省公路春运前30天内，总的增长幅度是2.5%，即使再有10天，恐怕也难赶上去年春运40天的上涨幅度11.6%。最明显的是南阳和信阳。用他们说得比较多的话说："铁路太厉害了。"

南阳是我省的民工输出的主要地区之一。据省交通厅春运办的孙建立科长介绍，南阳往南往北的公路客运比去年同期下降了近30%。而火车开得却很及时，春运开始至2月16日，南阳、邓州、鲁山站共开行临客52列，其中广州42列、北京10列，送走旅客8.5万人，客票收入788万元。而行情同样好的是南阳的省内短途公路客运，农历初九和十五前后，每天由南阳发往郑州的包车多达二三十辆。

信阳的跨省公路客运也十分不好，东面的息县、潢川等几个县的外出打工者都到京九线乘火车走了。与南阳相同的是，短途客运仍然看好。

给人的感觉是，铁路越来越成熟了，公路除了车更多了外，并无太大变化。"铁老大"将规模化、集约化、半军事化的特点运用得十分到位。郑州铁路局一声令下，23个车站实现了计算机联网售票；又是一声令下，信阳开往广州的民工临客上，免费为乘客提供了一份约10元的餐饮。这些都是公路无法比拟和抗衡的。据说由潢川开出的临客，相同里程相比，与公路票价相差无几，但公路客运显然在各方面的服务措施上不到位，旅客一下都流到了铁路。

小、散、乱一直是制约公路客运大发展的关键，成立客运集团的呼吁有些时日了，但并无多大进展。只有尽快改变整体的车型、车况和组织经营的方式，扬长避短，公路客运才能成长壮大。公路客运在节前还受"天灾"，下雪的影响也不小，看来公路"靠天收"的局限还难以摆脱。

××××年××月××日

▲简明消息

【范例】

《新时期论》与读者见面

本报讯　由山东省委常委、宣传部长陈光林撰写的《新时期论》近日由红旗出版社出版。该书分为九编，计51万字，是作者对我国新时期改革与发展中一系列重大理论和现实问题的探索与思考。该书论述广泛，涉及哲学、政治经济学、科学社会主义、党建、经济、文化等方面。

××××年××月××日

▲人物消息

【范例】

"党义"后代沐党恩

2012年1月20日，农历腊月二十七。"党义"精神的原型——原长春机车厂离休干部李本枫（已故）家，"党义"的儿子李丹鹏和孙女李明玉，从专程赶来的省人大常委会副主任、省总工会主席包秦手中接过1万元慰问金。李丹鹏、李明玉父女两人，在这个严冬里倍感温暖。

包秦代表的不仅仅是工会组织，也代表着党和政府及社会各界对"党义"后代的深切关爱。当听到李明玉已读到大学三年级、每年都得奖学金时，包秦欣慰地鼓励她掌握更多的科学知识，将来回报社会。要向爷爷学习，传承爷爷的精神……

1987年2月9日，原长春机车厂的郭希有师傅（其老伴患有精神病、儿女都有残疾），收到了第一张署名是"党义"的30元的汇款单。

随后的日子里，汇款单不断地"飞"到郭希有手中。到1988年5月，这样的汇款单已有11张，共230元。

"党义"的出现，与1987年春节前夕的一次中层干部会议有关。在那次会议上，机车厂党委书记讲述了老工人郭希有在沉重的家庭负担面前挺直脊梁，30年来没有缺过一天勤的事迹。

当人们最终通过笔迹鉴定得知，"党义"是机车厂人事处处长李本枫时，他说，以"党义"——共产党员的名义，给郭师傅汇款，就是不想让人知道，因为这是一名老党员应该做的。

时光荏苒，"党义"精神传遍大江南北。2005年2月16日，"党义"李本枫走完了70年的人生路程。火化那天一大早，楼前自发聚集了几百名工友和群众为他送行。当儿女整理遗物时，又发现了父亲为“希望工程”、灾区捐款留下的厚厚一沓收据。

2006年，不幸降临到“党义”的儿子李丹鹏身上，他因病丧失劳动能力，他的女儿李明玉开始为学费发愁。省总工会得知这个讯息后，立刻派人前去看望李丹鹏，并为李明玉送去2000元助学金。

从这年开始，省总工会一直惦念着“党义”后代，要“一帮到底”。于是，每年春节前，省总工会都会派人到“党义”家看望。7年来，李明玉从高中到大学，一直得到工会组织“金秋助学资金”的资助。

省、市工会资助“党义”后代，在社会上产生强烈反响。

生前，李本枫没有获得任何荣誉称号和物质奖励，真实的名字更不为社会所知，然而他留下的是一笔巨大的精神财富。长春轨道装备公司（原长春机车厂）及众多好心人，纷纷捐助“党义”后代。人们说，“党义”后代得到救助，是“党义”精神在新时代的温暖传承。

▲综合消息

【范例】

河北采取措施全力保障
婴幼儿奶粉市场供应

新华网石家庄××××年9月19日电（记者董智永、曲澜娟）　河北省委、省政府高度重视问题奶粉下架后的市场供应工作，要求商务部门加强市场监测，指导商家加大合格产品采购力度，确保婴幼儿奶粉市场供应不脱销、不断档。

据河北省商务厅副厅长仲继安介绍，三鹿牌婴幼儿配方奶粉重大食品安全事故发生，尤其是国家公布22家婴幼儿配方奶粉生产企业69批次问题奶粉后，河北省城乡问题婴幼儿奶粉纷纷下架退市。按照省委、省政府的部署要求，省商务厅迅速动员全省商务系统全力投入婴幼儿奶粉的市场保供工作。仲继安强调，省内城乡婴幼儿奶制品市场供应不会出现断档。

河北省在全省城乡选定36家重点生产和流通企业，开展奶制品动态网络监控，把握市场走势，及时掌握奶制品市场最新动向；在全省范围选定184家商场、超市和商业门店，建立婴幼儿奶制品市场情况日报告制度，详细掌握企业每日婴幼儿奶制品市场销量、销售额、需求量、库存、重点品种等动态信息，开展市场供应分析和预测预警。同时，采取有力措施保障市场供应。建立省、市、县三级商务部门领导驻场进店、分包重点商场、超市制度，建立重点婴幼儿奶粉市场保供责任制；重点督促各区市商务局和各类商业流通企业，加强婴幼儿奶粉货源组织，做到婴幼儿奶粉市场供应不脱销、不断档；督促企业建立市场保供企业主要责任人负责制；利用原有奶源渠道，充实采购队伍，派人驻厂盯货源、预付货款等方式，开辟新渠道，寻找新货源，千方百计增加企业婴幼儿奶制品库存，保障市场供应。

▲解释性消息

【范例】

特殊历法绝无凶兆

云南台消息：据《羊城晚报》报道，辞旧迎新之际，有读者来信问：农历今年除夕有“年三十”，为何去年前年都没有？蛇年腊月是大月，这对近期天气气候、农业生产、生活工作和结婚生子有何影响？为此，记者走访了天文学会的有关专家。

农历大月小月如何确定？

农历的每月长度是以“朔望月”为准的。当太阳、月亮和地球依次排成一条直线时，天文学上称为“朔”。朔的时刻所在的当天作为农历每月的第一天（初一）。两“朔”日期间隔30天的为大月，间隔28天的为小月。通常，大月小月交错相间，但大月比小月多。

为何连续出现3个大月？

天文观测表明，朔望月的长度不是一成不变的，它随着太阳月亮地球三者的相对位置变化而变化。当处在“朔”的前后，那么，朔望月的长度就有可能达到极大值——29.83天，比平均值多0.3天。因此，如果农历连续出现3个大月，它就要同时满足以下两个条件：一、头一个大月朔的时刻发生在初一的晚上；二、连续3个朔望月的长度大于89天。今年1月13日，即农历蛇年十二月初一，朔的时刻发生在21点29分，是头一个大月；而4月13号，即农历马年三月初一，朔的时刻发生在凌晨3时21分。这两个“朔”长达89.24天，所以就连续发生3个大月了。

历法与凶吉祸福无关

农历连续出3个大月，是历法编排上少见的特殊现象。它上次发生在农历兔年(1999年）的9月至11月。下次将出现在农历猪年（××××年）的8月至10月。历法是人类社会的产物，不同的国家和民族可以编排和采用不同的历法。因此，历法及其历法的编排是人为现象而不是自然现象。历法如何编排与我们生活中的凶吉祸福无关。农历连续3个大月不吉利和马年不宜结婚生子等是属于迷信的说法，也是没有科学根据的。

××××年××月××日

▲服务性消息

【范例】

买面别净挑白的

小麦粉质检六成不合格，主要原因在于不正常增白

本报讯（记者李思源）　面粉绝不是越白越好。国家质量技术监督局昨天公布的××××年第4季度小麦粉产品质量监督抽查结果表明，抽样合格率仅为40.4%，其中大包装产品抽样合格率27.5%，小包装产品抽样合格率55.8%，而不合格的原因主要来自对小麦粉的不正常增白。

据业内专家介绍，在小麦粉中适量添加改良剂可以氧化小麦粉内叶黄素，达到“增白”效果。但过量添加会破坏小麦粉中的营养成分，而且改良剂中的过氧化苯甲酰的分解产物苯甲酸长期食用对肝脏功能有损害。国外制粉业20世纪早期曾普遍使用小麦粉改良剂，但由于其负面作用，在许多发达国家已被禁止添加。我国GB 2760—1996国家标准中规定每公斤小麦粉中最大允许使用量为0.06克。抽查发现，北京市嘉荣食品有限公司的“晶泉”富强粉、北京绿洲果实食品有限公司的“绿洲果实”饺子粉、内蒙古恒丰食品工业（集团）股份有限公司的“河套雪花粉”等13种产品没有添加过氧化苯甲酰；而部分生产管理、质量意识较差的个体、小型企业为追求面粉的白度甚至相互攀比，有意增加过氧化苯甲酰的使用量，损害了消费者利益。

××××年××月××日

▲预测性消息

【范例】

未来三天全国天气预报

××网××××年10月16日消息　受冷暖空气共同影响，未来三天，新疆北部、西藏那曲地区、青海大部、内蒙古中东部、东北大部的部分地区将有小到中雨（雪）或雨夹雪；西北地区东部、西南地区大部等地将有小到中雨或雷阵雨。新疆

北部、内蒙古大部、东北地区有4～6级偏北或偏南风。

今天早晨，东北地区东南部、华北东部和南部、黄淮、汉水流域、西南地区东部以及我国南方地区将有轻雾或霾，其中，四川盆地、陕西南部、重庆、贵州北部、湖北西部、苏皖南部、浙江北部、山东半岛、辽宁东部、吉林东部等地的部分地区有能见度不足1000米的雾，局部地区能见度小于200米。

具体预报如下：16日8时至17日8时，新疆北部、青海东部、甘肃中南部、宁夏、川西高原北部、内蒙古东北部、黑龙江、吉林东北部部分地区等地有小到中雨（雪）或雨夹雪；陕西西南部、四川中东部、重庆西部、云南南部、福建东部、浙江东南部、海南以及台湾北部等地有小到中雨或雷阵雨。新疆北部有4～6级偏北风，新疆山口地区有7～8级大风；台湾海峡、南海北部海域、琼州海峡将有6～7级大风。

17日8时至18日8时，西藏北部、青海大部、川西高原北部、内蒙古中东部等地有小到中雨（雪）或雨夹雪；西北地区东部、山西西部、河北北部、河南西部、湖北西部、四川中东部、重庆大部、贵州西北部、云南东北部、海南、浙江南部、福建东部以及台湾等地有小到中雨或雷阵雨。内蒙古中东部有4～6级偏北或偏南风。

18日8时至19日8时，新疆北部、西藏那曲地区、青海南部、内蒙古东北部、黑龙江、吉林、川西高原北部等地有小到中雨（雪）或雨夹雪；甘肃西南部、四川中东部、重庆西部、云南东北部、海南、黄淮东南部、江淮东部、江南东部以及台湾等地有小到中雨或雷阵雨。内蒙古东部、东北地区有4～6级偏北风或者偏南风。

▲幽默通讯

【范例】

败了厂长兴头，重来一次

前不久，湘潭某厂产品第一次获部优质产品奖。消息传来，厂长喜不胜喜，决定到时派两部汽车，请一个乐队，买50挂鞭炮，热热闹闹地去火车站迎接领奖归来的工程师。可工程师归厂心切，比原计划提前一天回了厂。全厂职工笑脸相迎，厂长却怒发冲冠：

“说好的明天回，为什么提前一天？”

“提前一天不好？”工程师不解。

“要去车站接你，这是厂里的决定。”

“有必要吗，这么近。”

“有必要，重新来。”见工程师仍有些茫然，厂长又补充一句，“你回车站去。”

工程师无奈，转身回火车站去了。

厂长再召集有关人员登上汽车，在乐曲声和鞭炮声中满脸喜气地开往火车站……

××××年××月××日

▲小通讯

【范例】

温馨留蓝天　爱心在人间

——陈太菊家人向西南航空公司致谢

3月22日下午，因丢失一年血汗钱受到西航乘务员帮助的打工妹陈太菊的两位姐姐陈太凤和陈太翠，从广汉市专程赶到成都双流机场，亲手将书有“温馨留蓝天，爱心在人间”的一面锦旗赠送给西航总经理王如岑，以表示全家人的诚挚谢意。

去年12月30日，在广东中山一童装厂打工一年的陈太菊从珠海机场乘机到成都，过安检时忙乱中不慎将12900元血汗钱丢失了。当她痛不欲生之际，西航乘务员带头为其捐款，从而感动了全机123位旅客纷纷为其解囊相助。当晚23点过，同机旅客古和强、张其君夫妇在回家整理行李时意外发现了陈太菊的钱盒，于是连夜驱车冒着浓雾赶到双流机场，将钱盒交给西航乘务部值班领导。1月1日，西航派人到广汉寻找到陈太菊后及时归还了钱盒。陈太菊得到失款后，感动不已，当场将在飞机上所得的6000元捐款委托给西航的同志，请转捐给“希望工程”。四川省青少年发展基金会接到这笔捐款后，打破常规，速将该款划拨给朱德同志的故乡仪陇县，从而使15名失学儿童得助重返校园。

“这一串串动人的真实故事，就像是导演编的，简直令人不敢相信，然而它实实在在发生在我们自家人的身上。”陈太凤噙着泪水，满怀感慨地握着王如岑的手说，“你们培养了这么好的乘务员，我们全家人永远都会感激。”

作为全国人大代表，3天前才从北京开完人大会议归来的王如岑托着锦旗说：“推进社会主义精神文明建设，是我们共同的大事，刚召开的全国人大会议把它放在了很重要的位置。陈太菊把款转捐给‘希望工程’的举动，做得很好，它对我们继续抓好安全服务工作，也是一种激励。”据悉陈太菊已于3月13日重返广东求职打工去了。

××××年××月××日

▲人物通讯

【范例】

新时期的铁人王启民

王启民办公桌上两块特别的“石头”引起了我们的注意。它们是10多年前从千米地下取出的岩芯。王启民拿起一块岩芯，指点着上面隐约可见的斑点油色对我们说：“研究它们就花费了我们7年时间。”

我们知道，这就是著名的表外储层开发研究。这种表外储层不仅极薄而且油量极少，因而根本无法列入国家矿藏表。过去，开采它们是难以想象的事。而王启民和同伴们采用新技术“敲骨吸髓”，终于把它们弄了出来。

当年，这两块在白垩纪时期形成的岩芯，曾无数次地被王启民拿在手里。夜深人静的时候，他与它对视，仿佛与遥远的远古地质对话。这时，他才觉得自己的生命在汩汩流动，那黑色的石油仿佛就是自己蓬勃的血脉。

……

有一次，他在夜晚从作业队赶往驻地，一个人独自穿行在荒原中。中途，被一块土坷垃绊倒。他双膝跪在地上，严重的风湿病使他久久不能站起来。面对着茫茫的荒原和满天的星星，他难过地流下了眼泪。他在心里告诉自己：“一定要挺住，你还年轻，今后的路还很长，决不能就这样倒下去。”他终于顽强地站起来。

到了1969年，王启民的风湿病已活动到眼睛上，引起眼睛虹膜炎，双眼红肿，每次发作头痛眼也痛，医生催他赶紧治疗，还要好好休息，否则有失明的危险。在领导的再三强迫下，他才离开“火线”，到外地医院疗养了3个月。他的妻子说：“若没那次治疗，也许他早就瘫了。”

一直深爱着他的妻子陈宝玲，看到他的风湿病一直未好，就利用一次出差的机会为他联系了调往北京规划院工作，商调函来了，他大发其火：“要去你一个人去，我的事业在大庆。”妻子也不示弱：“我一个人去算怎么回事，你不去，就离婚。”情急之下，她写了一份离婚申请书，让他签字，他大笔一挥就签了字，妻子只好妥协。

有一个大油田，想请他去当总地质师。他却说：“我不是当官的料，与其当不了一个好官，还不如实实在在为大庆油田解决一两个问题。我没有太多的奢求，只希望能把想做的事情做好、做完。”

××××年××月××日

▲事件通讯

【范例】

景观未遭根本性破坏　震后四川全力恢复安全旅游

成都××××年××月××日电　虽然“5·12”汶川地震灾难发生后，四川旅游遭受重创，但全省的自然景观没有遭到根本性的破坏，大部分旅游线路依然完好。这是在今天上午召开的“魅力四川2008”网络媒体四川行启动仪式上了解到的。

汶川大地震发生后，四川省的旅游业遭受重创，境内外旅游业界和游客对四川旅游的信心受到一定影响。地震对四川省旅游产业造成的损失是巨大的，但也是局部的，全省旅游的基本面并没有改变，可谓“气势犹在”。

从区域上看，震灾造成的直接破坏是局部性的，虽然地震波及面较广，但所造成的巨大直接破坏，主要集中在龙门山脉沿线，省内大多数海内外游客参观较多的优质旅游景区安然无恙。在川精品游线路中，除了极重灾区、重灾区的九环线、三国线、小西环线等，其他地区受震灾波及、影响甚微，绝大多数旅游线路依然完好。而全省的自然景观，同样没有遭到根本性的破坏。

在会上了解到，四川省已全面恢复自贡、攀枝花、泸州、遂宁、内江、乐山、南充、宜宾、广安、达州、眉山、资阳、巴中、雅安、凉山15个市州旅游市场；部分启动恢复成都、德阳、甘孜州、绵阳市、广元、阿坝等旅游市场。在今年下半年，力争非灾区市场恢复超过震前20%，轻灾区力争达到震前水平。

××××年××月××日

▲工作通讯

【范例】

水利部作出五项部署　迅速开展抗震救灾工作

××××年××月××日下午，四川等地发生地震灾害后，水利部领导高度重视，正在国外访问的陈雷部长专门打回电话，明确指示水利部门要迅速行动起来，积极开展抗震救灾与减灾工作，全力保障供水、防洪等水利基础设施安全。水利部副部长鄂竟平立即主持召开会议，研究抗震救灾与防灾工作，作出五项部署：

一是派出工作组迅速赶赴四川灾区，调查了解水利工程受灾情况，指导地方做好有关抗震救灾工作。

二是立即向有关省、自治区、直辖市发出紧急通知，要求各地迅速组织力量，加强地震灾区水利工程的监测和巡查，全面掌握工程受损情况，确保工程险情得到及时发现和及时抢护；加强预警预报，一旦发生险情或出现险情征兆，立即组织人员转移，避免群死群伤，确保人民群众生命财产安全。

三是增加值班力量，加强应急值守，确保信息畅通，及时处理突发事件。

四是加强信息发布管理，要求所属报刊、网站不得擅自发布或转载未经核实的消息，以免带来不必要的恐慌，维护社会稳定。

五是立即对机关办公楼、主要宿舍小区进行巡查，发现隐患及时处置，确保防汛通信指挥系统、办公网络环境以及各有关设备、设施的安全稳定运行。

××××年××月××日

▲概貌通讯

【范例】

温州夜行记

饿了九个多小时，下了火车，我们在夜色笼不住通明灯火的金华，狼吞虎咽了一盘炒年糕，就又匆匆登上了去温州的夜行客车。

许是长久在中西部地区采访的缘故，我们一行欲早睹当今傲视华夏的温州风采的心情格外迫切。

当汽车在浙南大地奔驰后，连日的劳顿使我们昏昏欲睡。然而，在这条通向温州的公路上，夜晚的喧嚣声并不比白天减少多少。在温州人眼里，夜晚似乎比白天有利，既少了经常堵车的烦恼，又可车上休息，白天照常做事。人皆此心，人皆此行，路上喧嚣，黑白也就没有两样了。可这样一来，就苦了我们这些习惯了日出而作、日落而息的人了。

迎面不断的刺眼车灯、鸣笛声，生生让我们欲睡不能。无奈之下，我们便观察起同车的人来。从口音和举止看，这些人中有少量外地商人，更多的则是温州本地的小业主和推销员。他们指戴金戒指、衣着随便，从一开始上车，他们就争先恐后地挤，现在60人的车已座无虚席。他们看来已习惯了这样的旅程，东倒西歪地照睡不误。然而，一对年轻夫妇仍在哄着一个哭闹不停的婴儿。一问得知，丈夫是温州人，妻子是南昌人，在火车上我们就与他们面熟。此刻，年轻的父亲说，他在北京做生意，这次回来是接妻子孩子去同住。他打算先送孩子去温州与奶奶爷爷见上一面，然后乘飞机去北京。婴儿才出生80多天，就要跟随父母辗转南北了，看来也只有温州人才做得出来，这就是温州人的做派。

记得在外国人眼里，温州是中国的“私营经济之都”；而在国人的眼中，它是凭借一支十万人的推销员队伍走南闯北，闯出了今天的地位。事实上，温州并无纵横发达的交通运输网络和丰富资源，而且人均仅有四分耕地；全省六个贫困县中，它就占了四个，然而，世人都惊奇地看到了它那“魔术”般的变迁发展。

我们把目光投向窗外，想探寻一点什么。可夜幕沉沉，又能看见些什么呢？

沿途，但见一家家农户开的店堂彻夜不闭，或旅店，或饭馆，或修车铺，或加油站，数量之多，实为别处少见，一盏盏箱灯、一串串链泡，繁星满天，光亮触目。这时，无论北方还是南方的城镇工人们，只怕早已进入梦乡，而温州人却仍在紧张劳作，不舍昼夜。困了就伏膝打个瞌睡，一有车来即刻振作精神迎上前来。这条公路可以说是我们迄今为止看到的夜里最为繁忙的运输线了，多次出现堵车。在夜里四点左右最严重的一次堵车中，被堵的几百辆大小车辆前后两三公里不见头尾，串串车灯蜿蜒于山道上状若赤龙。人体正常的生物钟好像对这些温州人起不了什么作用，真不知是发展起来的温州造就了他们，还是他们造就了今天的温州。像这样不分昼夜地运转，将来的温州又会是什么样子呢？那些既羡慕温州又认为温州得宠于政策偏爱的人，有没有看到和想到温州人是怎样在超常地劳作的呢？

这晚，我们也看到了温州人的另一面，蒙眬中我们听到一阵喧闹声，真以为是遇上打劫者，随后在夜色中看到十来个农民围着车叫卖甘蔗。不知车上哪位买了一农妇的甘蔗有意少付了一毛钱，于是农妇拦在车前不让走。司机一时火起，站在车厢中叫把钱给她，但车上人没见一个出来承认的。司机只好又动之以情，晓之以义：“他们蛮穷的。一毛钱对你们就像九牛一毛。”可是，说了白说。不久，我们又在另一处遇上纠纷，当车停在一温州人开的小店吃夜宵时，一江西老汉与小店卖柑橘的人争吵起来，说卖橘人搞鬼。我们和车上其他人看了看，三个不大的橘子怎么也不会有一斤，最多也就六七两。但察看秤，挑不出毛病在哪儿。无奈车不能久等，老汉只好认倒霉。

这晚，真是眼不寂寞，路不寂寞，夜不寂寞。

××××年××月××日

▲社会观察通讯

【范例】

减负之后该怎么玩

“每天，第一批上马路的是孩子们，最后离开马路的，还是孩子们……”内蒙古教科所张岩静老师说这话的时候，眼睛里汪着泪。

教育部门有关减负的规定早已开始运行，孩子们的书包确实已经“轻”了，有关减负的座谈会、研讨会接二连三召开……但是，课业负担减下来后，众多教师发现，有些学生减负之后把剩余时间往台球室、游戏厅里泡，或者成群结队地往学校和家庭外面跑，最让家长和教师们担心的是“不知道干什么去了”。家长们认为，还是应该把孩子们盯住管住才让人放心。教师中也有许多颗心悬得难受，他们认为，最好还是把剩余时间利用起来才好，否则，孩子们很可能学坏，放任自流地往坏学，那可快得很。

减负不到两个月，呼和浩特许多教师和家长变了个形式加负了。

这变了的形式，就是补课。一些教师家成了补课场所，孩子们一放学，就成群结队往教师家走。学校减了什么，在这些教师家就补上什么，往往，比以前负担还重。而且，考试的次数比学校还多，考完后还排名次，让没考好的学生脸上无光。知情者透露，更有个别“缺德老师”，重要的东西课堂上不讲，留到家庭补习班再讲，迫使孩子们非得花钱听讲不可。

有个上初中二年级的孩子说：“不补课做什么呀？什么事也没有，多闷呀。”“你为什么不玩呢？”这孩子反问：“玩什么呀？”确实，孩子们玩的选择太少了。玩足球吗？整个城市没有多少足球场地；玩乒乓球吗？球案有，都在娱乐中心之类的地方，是要钱的，很贵，孩子们玩不起……我们的城市玩儿的东西从古至今都是给大人设计的，属于孩子们的东西太少。

我们的城市曾经装备过一些文化、体育、娱乐设施，但是，许多设施早就改了样，比如文化设施，办了歌舞厅饭馆，或者改为商店家具店……没什么可玩儿的，只好自己玩儿，男孩子捉迷藏，骑自行车，女孩子就跳皮筋、跳方方，仅此而已。许多教师、家长发现，孩子们连玩儿也不怎么会了。老一些的教师还记得自己小时候是怎么个玩法，打岗，打嘎拉，胯下拖一根柳条子玩骑马打仗，连自己穿的鞋子都能玩儿出名堂来，翻鞋玩儿，有双刀、单刀、流水、大红门……

呼和浩特教科所所长刘彦认为：玩儿，最能增长孩子们的才干，最能促进孩子们的智力发展。刘彦主张，减负之后的时间应该真正地、彻底地、无条件地归还给孩子，让孩子们有决定自己业余时间的权利。刘彦不主张组织孩子们玩儿，他认为，组织的活动，和孩子们自然结合的活动完全是两回事，远远没有孩子们自然结合的活动那么丰富、复杂、多彩，只要是组织的，在一定程度上就是虚假的，给孩子们一个虚假的环境，是得不到什么启迪的。

减负之后怎么办？要命的是家长。日前，记者和一个五年级小学生对话：“你爱玩吗？”答：“当然了。”“你为什么不玩儿呀？是老师不让吗？”答：“爸爸妈妈不让玩儿，他们比以前管得更紧了。”“怎么个管法？”“天天亲自留作业，再亲自判作业，月底亲自出考试题，再亲自判分。以前可不这样。”

也真是难为这样家长。他们不懂教育，不知道玩儿的重要性，不放心孩子自己安排自己、自己设计自己。总之，不晓得素质教育的重要性。

呼和浩特许多学校已经行动起来了，他们安排孩子们玩，比如呼和浩特第三中学，学生中有什么问题，就开展什么活动，想着要充分发挥孩子们的个性空间。

但愿这只是个过渡，最终过渡到孩子们有能力自己安排自己的业余时间，最终让孩子们玩儿痛快，玩儿好，玩儿他个花样翻新，玩儿出个水平来。

××××年××月××日

第四节 新闻特写

一、新闻特写概述

新闻特写是摄取新闻事实中最富有特征和表现力的片段，通过多种表现手法做具有强烈视觉及情感效果的着力刻画，使其产生立体感，从而更集中、突出地表现新闻事实和主题的一种新闻体裁。其特点是能生动而集中地再现场景与人物。它包括事件特写、场面特写、人物特写、景物特写、工作特写、杂记性特写等。

新闻特写与新闻通讯相比较，新闻特写比新闻通讯的内容容量要相对小些，新闻特写的体裁亦较新闻通讯要单纯些、简省些。新闻通讯写人可以纵横伸展笔墨，具有一定的完整性，写事则写出事件发生与发展的过程。而新闻特写写人往往只取其生活瞬间的片段，不求完整全面；写事也只截取某些横断面，不要求事件在时间和空间的延续上反映事件的全貌。其写作要求如下：

①选准一个“镜头”（包括选准一个片段、一个情节）来写。

②要抓住人物和事物的主要特点。

③要捕捉人物、事件的动态、动势，刻画其生动的形象。

④要善于把人的各种感情恰到好处地表达出来，让情融于事中，使情满而不溢。

⑤要抓取新闻事件最高潮的部分。

⑥在遵守新闻真实性原则的基础上，运用较多的描绘手法，把已逝的情景写得栩栩如生。

二、新闻特写的写作范例

▲人物特写

【范例】

难忘的英格丽·褒曼

她不施脂粉出现在银幕上，美国化妆品马上滞销。她在影片中演修女，进入修道院的女子顿时增加。一个影迷从瑞典把一头羊一路赶到罗马作为礼物送给她。多少封信只写“伦敦英格丽·褒曼收”便送到了她手中。

英格丽是当时最有魅力的女性，但是，她始终保持了她的本色：热衷于舞台，热衷于生活，爱吃冰淇淋和爱在雨中散步，在演员生活中希望扮演每一角色，在人生舞台上也尽量领受生活的情趣。

英格丽曾在斯德哥尔摩、好莱坞、罗马、巴黎和伦敦用五种语言登上舞台、银幕，无往不胜。她拍摄了47部影片，三次获奥斯卡奖，一次获埃米奖。她有子女4人，是位慈爱的母亲。她以狂热的精神献身于工作。“如果不让我表演，我一定活不下去。”她这么说过。当海明威对她说演《战地钟声》里玛丽亚这个角色得要把头发剃掉的时候，她大声回答说：“为了演这个角色，要我把头割掉也行！”她可以通宵达旦地排练，甚至导演早已满意了，她还要求重来一次。话剧《忠贞之妻》在伦敦上演八个月期满的头天晚上，她还同导演讨论她的表演有哪些可以改进之处。

英格丽在成为影坛最璀璨的明星后仍坚持每片试镜头，而且可以为了演一个难度大的角色而放弃主演，甘当配角。她不愿定型，力争演各种性格的人物，如《郎心似铁》中的濒于疯狂的新嫁娘，《东方快车谋杀案》中的沉默含蓄的瑞典女传教士（这两个角色都为她赢得了奥斯卡奖）。

她在23岁那年从瑞典初到好莱坞时，宁愿马上拎起行李回国也不接受公司老板要她“改头换面”整容的命令，从此她以她著名的“本来面目”出现在银幕上。《间奏曲》里孤独的女钢琴教师、《神魂颠倒》里热情的精神病学家、《圣母玛丽亚教堂的钟声》里爱打垒球的修女——一个接一个令人叫绝的角色使她几年之间便饮誉影坛，票房成绩世界第一。50年代她因婚变而星运中落，在五六年后重放光彩，以《真假公主》一片再次获奥斯卡奖。

谁要是当英格丽替身，非失业不可。《忠贞之妻》在美国上演初期她脚部受伤骨折，可是在接下来的六星期里仍坚持上舞台——改成坐在轮椅上演戏。她无论病得多重，总是笑着说：“舞台医生能把我治好的。”的确，幕一升起，她的病似乎霍然而愈。1973年，癌症攫住了英格丽，但它未能摧毁她的意志和毅力。她不顾病痛接受聘请，在一部电视剧中演以色列已故总理果尔达·梅厄。她承认："时间越来越少了，但是，我在癌症面前多争取到一天便是胜利。"电视剧开拍前，她到以色列了解梅厄的生平，拍摄期间她一条胳臂已必须每夜做牵引，拍完最后一个镜头，她两眼含泪，自知从此与她热爱的摄影机告别了。她以此片的演技获得1982年埃米奖。

她于1982年8月29日逝世，终年67岁。英格丽将活在许多电影观众心里——同加里·古柏在西班牙白雪皑皑的山上；同卡里·格兰特在间谍出没的里约热内卢，但是，最生动地浮现在人们脑海中的是《卡萨布兰卡》里的英格丽：靠在钢琴旁喃喃地说"山姆，再弹一遍吧，为了过去"，在雾茫茫的机场上回首告别，眼神凄楚。

××××年××月××日

▲场面特写

【*范例*】

新闻特写：一切为了高考

雨中出警

今天一早，大雨如注。但记者在长春市各考点看到，交通井然有序，安检快速便捷，整个高考平稳顺利进行。在省实验中学考点，整个工农广场周边有5名交警冒着大雨在指挥疏导交通。据了解，由于今天长春市普降暴雨，长春市交警支队临时决定，除机关留守人员外，所有民警均上路执勤，保障高考期间道路顺畅。据了解，全市共出动700余名交警在各个路口维持秩序。每个考点都配备了至少5名警力、2辆警车，随时随地拉着考生开警灯直接应急。

开辟特殊考生通道

一整天的阴雨天气，对于腿脚不便的特殊考生来说，是个不小的考验。长春各考点都为特殊考生开辟了绿色通道，让他们提前入场准备考试。

在长春市第五中学考场，腿部受伤的刘同学下午2点被父亲送到考点。等候在校门口的两名监考老师一人接过轮椅，一人撑伞，将她推入考场。看着女儿顺利进入考场，父亲放下心来。"女儿考前不慎被车撞伤了腿，昨天来考试时，学校就特别关照。今天下雨，怕路上不好走，我们特意提早出门。没想到学校又为她开辟绿色通道，允许她提前入场。校方能为考生想得这么周到，作为家长，我很感动。"

百辆公交车雨中送考生

今天清晨，长春下起了倾盆大雨，但高考免费送考生的公交司机们按时到岗，为考生提供接送服务。

7时20分，记者登上一台160免费服务车，看到驾驶座后摆放着5把雨伞。

司机高师傅说："昨晚看天气预报，预报今天长春有雨，车队就给我们每台车配发了5把雨伞，供忘带雨伞的考生使用。"

8时，记者又赶到54路电车红旗街站点。车队张队长在雨中忙着给考生递矿泉水和车队特意制作的纸鹤。他告诉记者，只要是高考考生，我们都提供免费服务。今天，雨下得挺大，路上积水多，我们也提示司机，尽量将考生送得离考场更近些。

爱心雨伞温暖考生

高考第二天，长春市整个城区从清晨开始普降暴雨。记者在各个考点看到，雨伞、雨棚、毛巾、感冒药等均准备齐全，全社会以各种爱心方式关爱着考生。

在103中学考点，记者看到，学校特意为考生准备了爱心雨伞。在学校四周部分商家也义务支起了遮雨棚，方便陪考家长避雨。据103中学的老师介绍，每个考场都准备了脸盆、香皂和毛巾，淋雨的考生可以先洗把脸，把头发擦干，再来考试。另外，学校还准备了感冒药、伤风胶囊等药品。

考场外的爱心助考

8日，通化下起了阵雨。记者在通化市第一中学、靖宇中学等考点看到，交警熟练地指挥车辆有序通过、120救护车整装待命，众多陪考家长或悠然自得耐心等待、或表情凝重默默祈祷……他们唯一的心愿就是希望考生能考个好成绩。

10时许，记者在通化市第一中学考点看见一辆供电抢修标志的蓝色小解放，车内坐着通化供电公司的工作人员。开车的郑师傅正在大口嚼着面包。"我们这一组共5个人，早上7点就过来了，任务是维护学校附近的配电设备，保证正常供电。"通化江西供电公司配电班一分队吕越说。

▲专题特写

【范例】

杭州二手房卖的赶不上买的

面对杭州新建商品房一路攀升的房价，许多购房者转而将目光投向了二手房。二手房以其价格适中、配套齐全、交通便利等优势获得了众多购房者的青睐。然而回顾××××年杭州二手房市场，由于供求矛盾十分突出，交易受到很大的限制。

据统计，今年杭州市共成交二手房约1500套，相对于市区45万套的二手房存量市场而言，全年成交量占总量的比例只有0.3%。由于可供上市交易的二手房太少，造成供需严重失衡。据杭州房屋置换有限公司统计，从去年至今，到该公司求购二手房的客户已有8300人，而登记出售的却只有2500套左右，供求比为1：3.3。

二手房为何会僧多粥少？最关键的是政策因素。纵观今年杭州市出台的二手房政策，更多的是刺激了二手房需求量的增加，却未有效刺激二手房上市供应量的增加。

今年9月，杭州市对居住不满一年的私房开征综合税，从而限制了这些私房的转让；9月底，对划拨土地上的私房免征土地收益金和级差地租，改缴国有土地有偿使用收入。该政策虽然对划拨土地上私房的上市交易量有一定的促进，但对于杭州整个二手房市场而言，并没有切实解决供需失衡问题。因为在杭州目前的住房存量中，房改房约占80%，私房仅占20%，也就是说，杭州二手房市场的真正兴旺，在于将占有二手房市场比重更大的房改房有效激活。年底，允许外地单位和个人购买杭州市区二手房的政策正式出台后，市场对二手房的需求量进一步得到刺激，加剧了二手房供需失衡的局面。

由于上市交易的房源太少，导致了二手房价格上涨和交易的不活跃。在严重失衡的局部地区，如城东，房价已相当于同一区块新建商品房的80%，令购房者望而却步，抑制了二手房市场的发展。

改善居住条件已成为大多数杭城老百姓当前的迫切愿望，然而对于大多数工薪阶层而言，手里有房但想扩大居住面积的办法之一，就是通过房改房上市交易，以旧换新，以小换大来实现。但是目前烦琐的上市审批手续，漫长的交易过程，抑制了一部分房改房的上市交易。

如何才能改变二手房僧多粥少的局面？业内人士建议，要尽快简化房改房上市审批手续，加快交易办证速度，激活以房改房交易为主体的二手房市场。

××××年××月××日

第五节　新闻评论

一、新闻评论概述

新闻评论，是新闻机构所发表的言论总称。新闻和评论一实一虚，如同鸟之双翼，构成报纸的两大文体。评论要运用正确的观点、方法对现实社会生活的种种事物、现象、问题在评析议论的过程中，透过现象揭示本质，从而分清是非曲直、优劣媸美，以其鲜明的意旨、明确的导向，提高人们的思想认识，指导人们的社会实践。

1. 新闻评论特点

（1）新闻特点

评论这种说理文章，其内容仅限于针对最近发生的事实，眼下存在的社会问题、思想倾向进行评价论理，发表主张意见，从而发挥指导或影响群众思想，促进和推动工作的作用。它像消息、通讯一样，紧跟社会运转的步伐和节奏，有严格的时限，求快求新，而且多是配合着消息、通讯的主要内容选择、确定观点，展开评论。

（2）论理特点

评论文章的主要表达手段、主要内容在于议论说理，同一般说理文章很相近。评论文章运用概念、判断、推理的手段，即议论的手段，把道理直接说出来，文章的内容由论点、论据、论证三要素构成。

（3）灵活特点

①从篇幅上看评论可长可短，以千八百字长短居中的篇幅为多，近年来有日益短小精悍的发展趋势，三五百字、两三百字的微型评论越来越多。

②从内容上看，评论文章涉及的范围，除去很专业的学术问题理论问题外，现实社会生活中的各式各样的问题大至国家前途、世界风云，小至一个人的言谈举止、街谈巷议，它都可以抓住其中的是非曲直进行评论。

③从风格上看，评论以通俗晓畅见长。在这个前提下，根据评论内容的实际情况，它既可以庄重严肃、朴实无华，也可以幽默轻松、活泼生动。

2. 新闻评论种类

（1）社论

社论是代表编辑部就全局性或重大问题发表的指导性评论，是体现“政治家办报”“政治家办台”的旗帜和方向，是影响社会舆论的主要评论。

（2）本台评论员文章

本台评论员文章的规格仅次于社论。它通常不去全面论述重大问题、重大决策，而是选一个重要角度从侧面展开，对决策、问题作深层次分析。

（3）短评

短评的规格低于评论员文章，属于新闻评论中的“轻武器”“短兵器”。往往一针见血地对事件、问题评其一点。

（4）编者按

编者按有文前按语、文中按语、编后。称法有编后小议、编者附记、编辑后记、编者附言等。电台称编者的话、编后话、编辑点评等。

（5）专栏评论

专栏评论是一种形式灵活、个人署名、长短不一，在各种专栏里发表、播出的评论。这种评论理从事出，上谈国政、下议衣食住行，不拘一格。

3. 新闻评论写作要点

（1）论点务必具体单一

评论和多数专栏言论属于跟踪现实生活中发生的具体事件、社会现象的说理小型评论文章，它们不正面接触大政方针、大是大非的问题。

（2）关键要把“理”评出来

短评和专栏言论的论点具体单一，文章也不能写长，但是一定要把道理评出来，这一点和其他评论以及别的说理文章大同小异。如果评论说不出一点道理，无论长短，也无论论点怎样高明，都是不合格的评论。

（3）采用“短平快”的论述节奏

从总体上说，评论的篇幅比较短小，文字量极为有限。因此，评论多采用简洁明快、直截了当的论述节奏。对于评论的事，要用尽可能简明的文字交代出来，而不必添加什么铺垫。因而也不需要绕弯子；评论的意见主张也宜开门见山，鲜明干脆地告诉读者；论证问题更要简明扼要，是非曲直的根据在哪儿，点到为止，而不能像写学术论文那样引经据典、长篇大论。

二、新闻评论的写作范例

▲编辑部评论

【范例】

突出一个“实”字

本报评论员

地处改革开放前沿的广东省中山市，是伟大的革命先行者孙中山先生的故乡。近20年，越是改革开放，越是发展市场经济，中山市越是加强社会主义精神文明建设。他们创建文明城市的一个突出特点是：着眼实处、着手实事、着重实效，从始至终贯穿着求真务实的精神。

精神文明建设同物质文明建设一样，根本目的都是给人民群众谋利益。要使精神文明建设得到人民广泛支持和参与，很重要的一条，就是既要让人民受教育，更要让人民受益。中山市在精神文明建设中特别忌“空”、忌“虚”，牢牢把握“实”、十分突出“实”、非常崇尚“实”。哪里群众意见最大、哪里疾苦呼声最高，哪里热点、难点问题最多，他们就把精神文明建设做到哪里。从住房改善到文明新区，从乘车困难到公交新风，从漫天黄沙到见缝插绿，从取消垃圾箱到建成垃圾屋，从治理脏乱差到扫除黄赌毒……中山市精神文明建设没有一项是“空对空”的表面文章，都是让人民群众称心如意的实事。

创建精神文明需要实，巩固和提高精神文明建设成果更要下实实在在的功夫。怎样做到实呢？中山市特别强调依法治市。从道德感化，到法规、制度约束，再到养成自觉自愿的文明行为，这是一个艰苦、漫长的过程。中山市把法制建设作为精神文明建设的重要组成部分，作为精神文明顺利开展的重要保证。14年前，中山还是一个落后的农业县，由农业县到县级市、再到地级市，行政升级很快；经济发展也很迅速，从告别贫困到步入小康，再到户户富裕，也只是短短的十几年。然而，“洗脚上田易，洗脑进城难”。从小农生产者到现代文明市民的转变，不是可以自然而然完成的。相反，富裕之后，如若精神文明建设和法制建设跟不上，就会引发一系列不文明的“富贵病”，甚至犯罪。中山市十分清醒地认识到这一点，在精神文明建设中，一直坚持法制建设。目前，由他律到自律，遵纪守法，按章办事，正逐渐成为中山人自觉的文明行为。

文明创建重在实，领导干部是关键。中山市的领导为了更迅速、更直接地了解和掌握全市两个文明建设的实际，作出符合实际、符合民心的决策，明确规定一条：市领导不建豪华奢侈、戒备森严的“常委楼”，也同普通百姓一起居住到一个个文明小区，群众有苦有难、有怨有屈都可以直接找到家门。其次，每月15日法定为“市长接待日”，12年风雨无阻，雷打不动。为了方便偏远农村居民，从1989年起，中山市还开通了一条特别绿色通道——免费“市长专邮”，群众多了参政议政的渠道，干部多了密切联系群众的桥梁。如今，在中山市，市民想市长的事，干部尽为民的责，上上下下形成了一种融洽和谐、积极奋进的气氛。有了这样一种良好的政风、市风、民风，还有什么事办不好、办不成？

××××年××月××日

▲思想评论

【范例】

攀历史人之风当刹

高谋洲

据报载：经过若干学者数年悉心探求，“闯王故里终澄清”，李自成不像人所熟知的那样是陕西米脂人，而是陕西横山人氏。据说学者们还找到了李自成住过的破窑洞，它的的确确就在今横山县境内。作为这一重大发现的结果，横山县的有关学会挂牌成立，纪念馆也破土动工。开研讨会、剪彩，一系列的更名命名更在所难免。于是乎，在老“闯王故里”的身旁又出现了一个新“闯王故里”。联想起近年来国内沸沸扬扬的历史名人地望争议，笔者不禁心生疑惑和忧虑。

随着岁月的流逝，历史信息在不断地流失，所以关于历史名人的地望争议本为极平常的事情；中国人相信“地灵人杰”，所以崇敬和纪念与本地有关的历史名人本也无可厚非。但历史得讲究个客观；纪念名人也得有个度。可时下，争不要紧，可以到地方志里找找嘛。地方志里没有就找家谱，家谱里没有就找野史、小说，没有文字记载还可以去采集传说。挖地三尺找名人，说什么也得攀它几门好亲戚。考证要求不高，沾上边就行，不须推敲，不须旁证。实在攀不上英雄人物就等而下之。找起来不容易，找到以后可不能悄无声息，理所当然要为祖宗们树个碑、立个传。

乍听起来，“文化兴县”，“文化搭台经济唱戏”的观念着实不俗。但细细寻思，终还觉得如此“攀龙附凤”弊重利微。笔者认为，时下的名人地望争议至少有如下弊端。其一败坏学术风气。为了替地方争历史名人，一些文史工作者抛弃了学术研究所应具有的客观立场。他们以地方为本位，费尽心思，绞尽脑汁，结果当然难免牵强附会。其二，培植“阿Q”精神。祖先的荣光毕竟是祖先的荣光，整天念念叨叨究竟无补于今日之事业。更何况那事实上还不一定是某地某县的祖先，争他何益？我国的体育记者在巴西采访时发现，有巨大广告效应的球星都是在役球星，故此他得出如下结论：巴西崇拜现实的英雄。巴西足球的辉煌应对国人有所启发。其三，浪费人力财力物力。不说那么一批文史工作者埋首于无谓考证对人力财力物力的消耗，不说举行各种仪式对时间金钱的浪费，单说纪念馆吧，修建时要用地用钱用劳力，修成以后还要人看管，要编制要经费。一个名人，你说是你县人，我说是我县人，所以纪念馆遍地开花。经济上的重复建设影响经济效益，文化上的重复建设影响社会效益。既然“用力多而见功寡”，这不是劳民伤财还能是个啥。鉴于如此情况，笔者呼号：攀历史名人之风当刹。

××××年××月××日

▲答记者问

【范例】

普通人也可帮助航天员打开返回舱舱门

——××××年××月××日访谈×××、×××两位专家

×××：不是很复杂，返回舱上面有一个开舱把手，指示怎么开舱。而且如果在人很少的地方，救援人员又赶不到，当地老百姓发现以后，也可以打开。

主持人：问一下专家，两位有没有看到反推火箭工作的场景？

×××：我们在试验的时候看过，我们把它从飞机上推下来，模拟失重状态。

主持人：里面有人吗？

×××：没有人。

主持人：那场面是不是很壮观？

×××：对。

主持人：在飞机上投下来大概距离高度多少？

×××：最高是8公里到10公里。

主持人：跟返回舱打开伞的高度是差不多的。我们看到国外，比如美国返回舱的着陆是落在海面上的，海面上和陆地上着陆，一般人看肯定陆地比较硬，为什么我们国家不采用在海洋上着陆进行搜救和返回？

×××：这个在海上降落的话，搜救力量要相当强大，就海上的，航空母舰、战船这套系统就需要很强大。

×××：在海上降落就不用反推发动机了。

主持人：直接落在海上，减少它的冲力能减少多少？

×××：只要是斜面切下去就可以减少很多。

主持人：所以最后落入海中的速度也是比较理想的。

×××：在海上，一个是海况比较好的时候，风平浪静，在海上开舱门把航天员吊起来，救出来。还有一个大风大浪，那个时候得把返回舱整个捞上来，那个相当费劲。

主持人：好，我们看到央视相关的信号，返回舱的舱门已经打开了，期待着我们的三位航天员能够安全地走出来，向大家致意。看到相关信息是返回舱正在打开舱门。医保人员正在对航天员进行检查。

×××：飞船返回舱是躺倒姿态，正常情况下是竖着，可能有风吹着降落伞把它拉成躺倒姿态了。

×××：看到返回舱旁边有一个白带子，拉上了警戒线，围了一个圈。

×××：返回舱底部有一个测高度的装置，利用伽马射线，它现在还在发射伽马射线。到后面去可能会被伽马射线影响。当地面人员到了以后，有个设备把伽马设备装上。

主持人：这个时候我们看到我们的宇航员还是在舱门里边，现在只是说看到了返回舱舱门打开了，航天员还没有出来，还在做相关的检查工作。大概需要多长时间？

×××：没有一个具体的，它就规定一个步骤，先做什么后做什么，要把这些步骤完成了。现在不用着急，慢慢来。

……

主持人：时间有点长，快20分钟了，所以有一个网友担心说，怎么这么长时间不出来，这怎么回事？

主持人：返回舱每次在成功返回之后都要拉到实验室做相关的检测，再检查一遍。这个返回舱可能重复使用吗？

×××：基本上不重复使用。

主持人：也就是每次都要建一个新的，留做科研或者教学使用。因为我去过航天城采访杨利伟，看到“神六”“神五”的返回舱在陈列室里陈列了。国产化应该是百分之百吧这样的设备？

×××：全是我们自己生产的。

主持人：这回我们的航天员在9月25日升空到今天，待了三天不到，两天多，将近三天时间，这个在太空遨游的时间算长吗？

×××：按照我们这个，光是飞船单独在空间飞行的话，七天是标准的，在七天回不来的情况下还可以延长一天，所以第一天返回也行，第二天返回也行，第七天也可以，最长是第八天都可以。

主持人：具体什么时候返回是看这次目的什么时候完成？这次上去主要目的就是太空行走？

×××：对。

×××：今天回来的实际上是第46圈，第45圈尾调成制动，过赤道以后就变成了第46圈，所以返回圈是在第46圈。

主持人：这个过程中因为大家很关注“神七”宇航员他们在做什么，好像给我的印象他们没怎么睡觉。

×××：很短。

主持人：如果在太空站工作的话，作息应该跟地球上差不多，睡眠应该也很充足？

×××：对了。

主持人：如果经过这样的，因为休息时间很短，经过这样的过程，现在身体也是比较虚弱的，可以这么讲？

×××：应该是很累了。

主持人：因为我不记得咱们杨利伟他们回来之后，应该是被接到什么地方进行休整，什么时候恢复体力了才会和大家见面，这个是怎么安排的？

×××：回来以后出舱，经过医疗检查以后如果一切正常，没什么问题的话，马上就坐直升机，一个航天员一架，比如说现在三个航天员三架直升机。送到内蒙古机场，然后转换成大飞机往北京运。

主持人：得到前方的消息是可能我们的宇航员要在返回舱里多待一会儿。以前返回舱有过躺倒姿势吗？

×××：这个躺倒姿态返回来，“神五”也是这样。已经第二次看到这样的情况。

主持人：我们得到前方的信息一直说航天员正在进行重力的再适应。在“神五”回来，以及“神六”回来的时候，他们出舱的时间是这么长吗，还是差不多？

×××：没有这么长。这次有出舱的活动，是不是他们增加了相关的检查项目，跟那个不一样。

主持人：时间已经6点15分了，快40分钟了，很多网友等得比较着急，说怎么这么半天不出来，是不是有什么问题，受伤了，还是怎么样？按照我们得到的前方央视的信号应该是没有这样的状况，我们的航天员身体状况是良好的，可能还要多适应一段时间，大家耐心一点等待一下。有朋友说人的身体消耗很大，基本上三天的时间，吃的喝的睡的都不多，是吧？虽然有相当的报道说太空食物怎么丰富，但真正在那上面那么繁重的消耗以及任务，估计也没有什么心情享用大餐。关键睡得很少。

×××：生活规律和地面不太相像。

……

主持人：我们看到宇航员已经出来了，我们听听现场的声音。

我们和两位专家一起共同见证了"神七"的宇航员出舱的这么一个镜头，那么接下来也要请两位专家谈一谈自己的感受，在这个过程中，两位刚才就提到了已经非常常见这么一个场景了，刚才我们又看到了三位航天员他们问答也是很有意思，特别是问到翟志刚，说你太空行走和回到地球，回到祖国，哪种感觉更神奇，他说同样神奇。两位专家什么样的感觉？

×××：我感觉这次任务圆满完成，我们国家的载人航天技术又迈出了新的更高的一步，所以这个成绩、成就是很令人鼓舞的，高兴。

×××：我觉得这次不仅仅是取得了新的突破，作为我们系统的话，我们现在的各个总师都很年轻，他们从"神六""神七"得到了两次实际的考验，所以我觉得这也是我们国家航天发展一个好的结果。

主持人：同样地，我们航空航天的步伐一步步迈到今天，和每一个付出的人，特别是和每一个付出的老一辈的设计者，工作人员的努力的辛苦是绝对分不开的，代表我们新浪的全体网友也对两位专家为航天事业贡献的青春时光表示感谢。景海鹏说他们非常想家，他们很快就会回到我们身边，让我们看看在电视上再次展现他们回到地球以后的非常英姿飒爽的面貌。今天的"神七"返回工作就到这里，谢谢两位专家，谢谢各位网友。

××××年××月××日

▲社论

【范例】

人民日报社论：扬我中国精神　共享奥运荣光

——热烈欢迎中国体育代表团凯旋

首度来到南美洲的奥林匹克盛会，合上了这段传奇的最后一章。此刻，地球的这一边，祖国和人民正张开臂膀，为凯旋的中国体育健儿送上热情的拥抱。你们用汗水和勇气奏响时代强音，用光荣与梦想照亮拼搏之路，在世人瞩目的奥运殿堂中又一次续写荣耀。祖国和人民感谢你们！

“为祖国争光，为民族争气，为人生添彩”。在第三十一届奥林匹克运动会上，中国体育代表团勇夺26枚金牌、18枚银牌、26枚铜牌，在强手如林的竞争中稳居奖牌榜前列，在各路英豪的比拼中彰显了中华体育精神。艰难困苦，玉汝于成。这是勇敢面对挑战，克服重重困难取得的成绩，源自体育健儿认真刻苦的训练、全力以赴的投入；更要归功于祖国和人民的支持，归功于改革开放以来不断提升的综合国力。

拳拳爱国心，殷殷报效情。本届奥运会可以看出，世界体育格局在调整，现代奥林匹克运动改革在提速，中国体育优势项目在经历前所未有的挑战。面对赛场瞬息万变，中国体育代表团上下一心，以饱满的热情将拼搏精神贯穿始终。从感慨“国旗升起这一刻是多么不易”的跳水老将吴敏霞，到“我还要代表中国参加十届奥运会”的骑手华天；从坚信“女排精神一直都在”的可爱姑娘们，到身披国旗仰天长啸的乒乓猛将……赛场上一幕幕动人场景，激起了万里之外无数国人的爱国热情。当五星红旗一次次升起在赛场，雄壮的国歌一遍遍奏响在耳边，顽强拼搏、为国争光的信念，是每一位健儿内心深处的动力源泉；爱国主义、集体主义精神，让13亿中国人感受到超越一切的强大力量。赛场内外，中国健儿昂扬的风貌、自信的笑容，从容的态度，展示着当代中国文明进步的崭新形象，诠释了一个东方古国充满活力的开放气象。

体育是国家形象的缩影、国家实力的体现，在一定程度上折射着国家的发展、社会的进步。今天的中国人，相信“没有什么力量，比感受到祖国的支持更令人鼓舞”“没有什么精神，比为祖国和人民拼搏更加可贵”，也认同“金牌诚可贵，拼搏价更高”“尽力了，你们就是最棒的”；充分理解“更快、更高、更强”的奥林匹克精神，也同样推崇“体育运动为人的和谐发展服务”的奥林匹克信念。里约奥运的中国心态，成为开放、多元、包容的时代写照。人们不仅关注成绩，更关注每一个运动员的成长；不仅为胜利喝彩，更为每一次超越自我的努力点赞。当个性绽放与国家形象奏响雄浑交响，这是时代的馈赠，更孕育着未来中国蓬勃的希望。

奥林匹克运动寄托着人类对建设一个和谐美好世界的追求。“在奥林匹克的世界里，我们人类所推崇的价值观要远远强于分开我们的力量。”中国一向是奥林匹克运动坚定的支持者和践行者，倡导奥林匹克大家庭平等相待、互相支持、共同发展。当前，我国正在筹办2022年冬奥会，坚持绿色办奥、共享办奥、开放办奥、廉洁办奥，确保把北京冬奥会办成一届精彩、非凡、卓越的奥运盛会，我们一定能为奥林匹克运动注入来自东方的神韵。

同享奥运荣光，共创时代辉煌。让我们把爱国信念、奋斗精神贯穿到各行各业的工作中去，为祖国的美好明天，为实现中华民族伟大复兴的中国梦贡献自己的力量！

▲评论员文章

【范例】

把艰苦创业的火炬传下去

延安地区出了一个模范教师王思明。他27年扎根山区，一人办一所小学，靠自己动手，勤工俭学，三迁校址，四修校舍，硬是在一个（十里同村，隔山为邻的）闭塞的小山村里为学校盖起了两层楼，搞起了电化教学。这所学校靠自己动手，勤工俭学，从70年代起对全村儿童实行全部免费教育，入学率、巩固率、毕业率、合格率，都是百分之百。这个典型闪耀着延安革命传统和新时期我国人民艰苦创业精神的光辉。

艰苦创业的精神，是我们党的传统，也是我国教育战线的传统。从革命战争年代各根据地兴办教育以来，一贯如此。当前和今后，我们仍然要以有限的力量，支撑世界上最大规模的教育事业。教育要改革、要发展永远离不开艰苦创业的精神。党和国家确定，本世纪内要在全国范围基本上普及九年义务教育，基本上消灭青壮年文盲。如果坐等一切条件成熟再办，这个战略目标就无法实现。王思明同志接过那所山里小学的时候，要说条件，只有两孔破窑洞，连课本都是他一本一本抄来发给学生的。最困难的时候，村里一位老红军对他讲了当年延安军民响应毛主席的号召（自己动手，丰衣足食）的故事，使他信服这个法宝，靠这个法宝，靠政府和群众的支持，王思明创出了今天的一切。提倡艰苦创业，不是否认办教育必须具备一定条件，而是要发扬主动精神，通过艰苦奋斗来创造这些条件。当前，要贯彻落实全国教育工作会议的精神，实现《中国教育改革和发展纲要》所规定的目标，不仅办学第一线的同志们要学习王思明艰苦创业的精神，从各级党委和政府到教育部门和学校，所有领导岗位上的同志们也要大力发扬这种艰苦创业的精神。这样就能使我国教育事业为实现国家的富强、人民的幸福、文明的昌盛发挥出更大的作用。

王思明同志更可贵的一个方面，就是把艰苦创业的精神贯注到教学和教育的全过程。学生们跟着老师勤工俭学，学会了爱惜劳动果实，爱护学校，学会了互相帮助、自律自立。有人问他的学生为什么要学习，回答是“为了走出黄土地”。再问“为什么要走出黄土地”，回答是“学到更多的知识，回来改变黄土地”。我们在教育第一线工作的教师们，可以说都在艰苦奋斗，都是为办好教育艰苦创业的一员。希望大家学习王思明的经验，把这个法宝也教给自己的学生，把艰苦创业的火炬一代一代传下去。

▲军事评论

【范例】

忘战必危忧国防

国防是国家生存与发展的安全保障。国防忧患意识历来受到人们的重视。古人云："国虽大，忘战必亡；天下虽安，忘战必危。"无数的历史事实雄辩地告诉我们，一个国家倘若没有强烈的国防观念和忧患意识，就会处于十分危险的境地。

"听惯梨园歌舞声，不识旌旗箭与弓。"长期的和平环境容易使人们乐不思危，滋长和平麻痹思想；市场经济意识的不断强化容易使人们的国防意识淡化；物质利益观念的增强容易冲淡人们的国防义务观念；舒适的生活环境容易消磨人们的战斗意志。在和平时期，如果没有国防忧患意识，不能居安思危，毁坏性极强的现代战争一旦爆发，我们将措手不及。

现代国防的一个突出特点就是平时和战时的区别越来越模糊，平时国防的作用甚至重于战时国防。随着高技术的不断发展，现代武器装备技术日益复杂，平时和战时的转换趋向于瞬息万变。平时的国防看不见硝烟，听不见炮声，但其紧张、活跃和激烈程度绝不亚于战时行动。在现代国防时代，不仅军队中拥有信息武器装备，其中许多非杀伤性和软杀伤性信息武器在和平时期也进行着针对敌方的斗争，而且就是在政府机构和民间企业等军队以外的部门中，也大量拥有着计算机等信息技术设备。它们同样可用于争夺信息的获取、使用和控制权。

现代国防的防线已不限于单纯的边、海防，已延伸到一个国家的政治、经济、军事、科技等领域，扩展到信息领域，进入电磁空间，触及太空，渗透到老百姓的寻常生活之中。国防建设既是军队的事，更是全民的责任；需要国家运筹帷幄、完善法制，更需要普通百姓提高认识、积极参与。国防忧患意识的缺失首先表现在人们保守国家、军事秘密的观念十分淡漠。不少人缺乏应有的保密意识，甚至抱有"无密可保"的错误思想，在对外交往、新闻出版、网络交流和秘密载体处理中存在有意无意泄露国家机密和军事机密的问题。

国防忧患意识的缺失还表现在经济建设与国防建设的脱离。在进行经济建设时，对其国防用途考虑不多，对能不能适应未来战争的需要思考较少。其实，国防与人们的生活息息相关，和我们的现代化建设紧密相连。当一幢幢摩天高楼拔地而起时，应当事先考虑它是否兼有可靠的防空设施；当一条条高速公路竣工剪彩时，应该事先考虑它是否可供我们的战机凌空迎敌；当一座座高架立交桥拔地而起时，应该事先考虑它是否能够承受隆隆铁甲的重压。更有甚者，有些地方为了经济建设牺牲国防利益。有些战略要地被开辟成了开发区，却很少有人考虑它是否会危及国家安全。

尽管今天世界进入了经济全球化时代，各国经济和科技水平的竞争愈演愈烈，但战争仍是威胁国家安全的第一杀手，战争是政治的继续这一本质依然丝毫没有改变。如果一个民族在潜伏危机的和平时期失却了忧患意识，将会因看不到战争的危险和敌对集团的挑战而失去自身强盛与发展的动力。我们不能抱有一厢情愿的和平主义情绪，要学会用战争的眼光审视一切，要增强忧患意识，提高国防观念，从思想上筑起抵御侵略、保卫祖国的坚固屏障，把我国的国防建设得坚不可摧。

▲科技评论

【范例】

中国正向太空强国迈进

——外媒热评出舱活动

北京时间27日下午，“神舟七号”载人飞船航天员翟志刚成功实施了中国航天员的首次空间出舱活动。对于这一历史性壮举，外国媒体普遍关注，并予以热评，认为这将提升中国作为太空大国的地位，并称中国在外太空的成就也不仅限于近地领域，中国正在向太空强国大步迈进。

成功完成首次空间出舱活动

法新社、路透社、英国广播公司等媒体纷纷发出多条报道，追踪报道中国宇航员翟志刚的出舱活动。

法新社报道称，追着翟志刚周六（27日）在“神七”轨道舱外活动约15分钟并返舱，中国已成功完成了航天员太空行走这一具有历史意义的活动。

太空行走是“神七”68小时飞行任务中的最关键部分，被视为中国向建造空间站迈出的重要一步。

路透社报道称，在中国的这次科技壮举中，翟志刚27日成为中国首个进行太空行走的人。翟志刚从“神七”轨道舱出舱时说：“身体感觉良好，向全国人民，向全世界人民问候。”

报道还称，中国作为快速发展的亚洲大国，希望在太空探索领域拥有自己的话语权。

提升中国航天大国地位

英国《金融时报》27日报道称，中国“神七”航天员的首次空间出舱活动“将提升中国作为航天大国的地位”。

此次开创性的太空行走是中国国家航天计划迈出的重要一步。9月24日，航天员景海鹏在甘肃省一个航天基地召开电视新闻发布会上表示：“在这次“神舟七号”飞行任务中，我们有信心、有决心、有能力，在太空走出中国人的第一步。”

报道还称，这是中国载人航天工程迄今最具雄心的一次努力。该工程涉及来自

3000多个机构的10余万人，它凸显了中国在开发航天员太空生存所必需的高度可靠和强大的运载火箭及系统方面所取得的成就。对于中国和世界各地的许多人来说，该工程已成为中国更广泛的经济成就和技术影响力的有力象征。

太空行走被视为迈向包括轨道中两艘航天飞船对接和最终在太空站工作等任务的一步。中国在外太空取得的成就也不仅限于近地领域。

中国向太空强国大步迈进

韩国《朝鲜日报》26日发表题为《“神七问天”中国向太空强国大步迈进》的报道称，中国向建设宇宙空间站昂首阔步。2003年10月，中国继俄罗斯和美国之后，成为世界上第三个成功发射载人宇宙飞船（“神舟五号”）的国家，而中国最重视的部分就是“太空行走”。“神舟七号”航天员成功进行太空行走可证明建设可以让宇航员常驻的宇宙空间站将不再遥远。

报道称，“神舟七号”除了要继俄罗斯和美国之后创下第三次太空行走纪录之外，还集聚了迅速发展的中国科学技术成果。航天员人数在2003年发射“神舟五号”时是一人，2005年发射“神舟六号”时是两人，此次增加到三人。飞行时间也从2003年的21小时增加到此次的数天。航天员进行太空行走时穿的舱外航天服“飞天”是由中国自主研制的。

这种发展并非一朝一夕能够实现的。曾担任过空军飞行员的“神舟七号”指令长翟志刚、刘伯明和景海鹏这三名乘坐“神舟七号”的宇航员从1998年开始历经10年时间的集训，进行了彻底的准备。

报道还称，中国自1970年发射第一颗人造地球卫星“东方红一号”后，至今为止已109次向太空发射火箭。中国于1992年制订了载人飞船计划——神舟计划，全面投入太空开发中。成功发射探月卫星“嫦娥一号”的去年，中国将宇航产业指定为新一代动力产业，同时开始在天津建设新一代运载火箭产业化基地。

报道认为，此次发射“神舟七号”，将成为纪念中国成功举办北京奥运会和改革开放30周年的礼炮。

××××年××月××日

▲文教评论

【范例】

“电子游戏”也不可轻视

如今的电子游戏市场犹如一块诱人的蛋糕，令人垂涎。这项产业，在日本20多年前就已成为支柱，在韩国也一度挑起振兴经济的大梁，在美国则已取代百年老店好莱坞而独占娱乐业鳌头。据估计，电子游戏业目前在全球已形成1000亿美元的大市场。在我国，××××多万上网用户中网络游戏用户已过半，庞大的用户群和业务量造就着至少10亿元的电子游戏市场。

值得我们注意的问题是，目前由于适合国情的电子游戏产品不多，电子游戏市场仍是国外产品唱主角；而这些外国游戏宣传“怪力乱神”的不少：或恐怖荒诞，或诲淫诲盗，有的甚至有明显的种族歧视倾向（如战无不胜的白人英雄，不堪一击的有色人种）。个别游戏竟为臭名昭著的战犯及其侵略行径歌功颂德。

在一些人看来，电子游戏不过是一种娱乐，不必大惊小怪。其实不然。据调查，我国30岁以下的网民占70%，24岁以下的网民占53.5%。作为电子游戏的主体消费群，青少年好奇心和吸收力强，鉴别力和承受力弱，加上电子游戏独具参与性、宣泄性和隐秘性，其不良影响不可低估。

电子游戏是一种娱乐，但传播的是一种文化，对青少年有潜移默化的影响。经验表明，文化阵地如果不有意识地用健康、积极、有益的东西去占领，消极、有害、腐朽的东西就会乘虚而入。很多国家对包括电子游戏在内的文化产品实行严格的检查制度，原因就在于人们看到，对文化产品放任自流是有害的。我国不少有识之士提出，倡导健康向上的文化，是文化市场建设的重要前提。对不健康甚至有害的文化垃圾加以清理和整治，是文化管理部门不可推卸的责任。但倡导和治理不是一句空话，必须标本兼治，付诸行动。这里要处理好的一个关键问题就是，要一手抓管理，一手抓建设。我们应完善文化产业政策、法规和市场管理机制，又要支持文化产业发展，增强文化产业整体实力，从而逐步深化文化体制改革，推动文化创新，调动科技文化工作者积极性，多出精品。具体来说，就是既坚持弘扬先进文化的导向性，又要讲究喜闻乐见的形式，提供寓教于乐的游戏精品。这样才能积极而不被动，把发展中国特色社会主义先进文化的主动权牢牢掌握在自己手里。

当然，我们并不一概否定外国电子游戏。相反，还要博采众长，借鉴世界各国一切优秀文化成果。吸收有益文化，改造落后文化，抵制腐朽文化，本是发展先进文化题中应有之义。中华民族数千年的悠久历史和丰富文化底蕴，是发展先进文化得天独厚的优势；突飞猛进的中国IT产业，为我国发展先进文化提供了广阔舞台。面对外来文化，我们要有海纳百川的胸襟，充分发挥我国的资源、人才、技术、市场和政策等综合优势，在不断磨炼、充实、壮大自身中，形成有中国特色的文化产业，不断繁荣社会主义的文化市场，不断满足人民群众日益增长的文化需求。这是我们不可推卸的责任。

××××年××月××日

▲短评

【范例】

伟大的母亲

年逾古稀的张月好，是一个普通的农家妇女。30多年来，她先后把14位儿孙送到部队，常去军营叮咛官兵报效祖国，教育军人家属以国事为重。张月好以自己爱国拥军的模范行动，展示了一位军人母亲的博大胸怀，塑造了一名共产党员的光辉形象。

张月好没有什么豪言壮语，也没有什么惊人之举，她送子参军报国，想的是尽一个母亲的责任；她含辛茹苦，挑起家庭重担，为的是让孩子安心服役；她心系国家，情洒军营，图的是国家富强。这种时时把国家利益放在第一位，自觉为国分忧、国事比山重的高尚情操，为我们提供了一份进行爱国主义教育的生动教材。

登高可望远。张月好同志之所以能够以国事为重，胸怀全局，心系社会主义现代化建设事业，是因为她有着正确的世界观、人生观、价值观。她以自己的实践证明，一个人不论职位高低，也不论能力大小，更不论年老年少，只要牢固地树立了正确的世界观、人生观、价值观，就能够做出有益于国家和人民的业绩来，“人皆可以为尧舜”，张月好值得我们每位同志学习。

××××年××月××日

▲编后语

【范例】

编后语　从遭遇“绿色壁垒”到标准化建设“强身健体”，从单一追求量变到转向质变的跨越，从小农经济的分散经营到农业产业化的龙头经济……加入世贸组织后的中国农业正在进行着以提升国际竞争力为核心的大变革。透过这一历史性的变革，我们清醒地看到，今日中国农业正站在一个巨大的突破点上，并逐步勾勒出21世纪发展的清晰轮廓。透过这一历史性的变革，我们同样感受到作为中国农业战略旗舰的超大现代农业与时俱进的轨迹和中国农业的美好未来！

××××年××月××日

▲专栏言论

【范例】

依法保障教学用地

张荣兴

近日，江苏省八届人大常委会第十八次会议审议通过了《南京市市区中小学幼儿园用地规划和保护规定》，对侵占校园、改变教学用地性质等现象给出了明确的“说法”：凡在中小学、幼儿园现有用地或规划用地范围内兴建住宅、商业用房及其他与教学无关的房屋建筑，或改变教学用地使用性质的，有关部门将予以处罚。

近几年来，随着城市的规模日趋扩大，城市人口急剧增长，学生就学的形势十分严峻，致使学校的规模也不断扩大，学校的教学用地非常紧张。就在这种矛盾日益突出的时候，还有不少人把眼睛瞄向了校园，千方百计占挤学校的教学用地。另一方面，也有些学校为了眼前利益，或出租教学用房，或将操场变成了停车场，教学用地比过去大大减少，已到了非以立法形式保护不可的时候。

城市学校中现有的教学用地，侵占起来容易，一旦改作他用再想还原成教学用地就不是那么简单的事了，因此，防患于未然，尽快地以立法来保障城市学校的教学用地，让我们的子孙后代有一个理想的读书场所，已经刻不容缓。依法保障学校教学用地，南京市已先行一步，我想，其他城市也应及时跟上，不要到了让人们惊呼我们孩子已没有合适地方读书的时候才去重视。

▲编者按

【范例一】

编者按　生态建设是西部大开发的重要内容。中国工程院组织专家经过两年多的考察、研究，完成了《西北地区水资源配置、生态环境建设和可持续发展战略研究》报告。这个报告提出了必须确立人与自然和谐共存的发展方针，必须以水资源的可持续利用来支持经济与社会的可持续发展等思路，以及10项战略对策，对西北地区经济社会可持续发展具有重要的指导意义。本报从今天起刊登对课题组部分成员的专访，介绍报告中的一些重要观点和对策。

【范例二】

编辑点评：“小事”不小

据新华社南宁6月5日电　××市一名工商所长因提前收取个体户门店租金和

管理费，并违反规定购置办公车辆，最近丢了官下了岗。这是××市加大整顿机关作风力度，成立机关作风投诉中心后严肃查处的又一桩“小事”，自5月4日成立以来，该中心已查处类似“小事”65件。

违反规定购置办公车辆，看似小事，实则不小。因为，如果我们的党政官员都不注意这些小事，都在这些小事上犯错误，那么，众多的小事加在一起，就变成了大事，就要酿大祸；就会严重损害国家公务员的形象，损害政府的形象。由此我们说，整顿机关作风，从这类“小事”查起，很有必要。愿××的同志也像××市那样，从“小事”抓起，一抓到底，切实抓出成效来。

××××年××月××日

第六节　广播稿

一、广播稿概述

为广播宣传而写的文字叫作广播稿。其写作要点如下：

1. 广播稿的内容要有针对性，要抓住重点，集中笔墨写清楚一两件事。
2. 广播稿的形式可以灵活多样，不拘一格。
3. 要写得口语化，文字要精练，语言要生动。

二、广播稿的写作范例

▲广播重要会议稿

【范例】

立报国之志，做振兴中华的先锋

全国青联第六届委员会第一次会议和全国学联第二十次代表大会已经胜利闭幕。这是全国青联和学生政治生活中的一件大事，我们对这两个会议的圆满成功表示热烈的祝贺。

这两个会议向当代中国青年鲜明地提出了历史的重任，就是团结爱国，振兴中华。这必将进一步动员、激励全国各族各界青年，在中国共产党的领导下，高举爱国主义旗帜，为振兴中华而团结奋斗。

振兴中华，是新时期赋予青年一代的光荣使命。把我国建设成为现代化的高度文明、高度民主的社会主义强国，是新的历史时期爱国主义的基本内容。每一个爱国青年，不仅要有爱国之情，报国之志，还要有报效国家的实际行动。在各自的工作岗位上，承担起历史的重任，做振兴中华的先锋。

振兴中华，就是继续促进各民族的大团结，努力把全国不同民族、不同职业、不同信仰的青年，以及台湾同胞、港澳同胞和海外侨胞中的青年，紧密地团结在爱国主义的伟大旗帜下，组成最广泛的爱国统一战线，建设我们伟大的祖国，推动祖国统一事业的发展。

振兴中华，就要增强民族自信心和自豪感，发扬艰苦奋斗、英勇拼搏的精神。一切有志青年，要艰苦创业勤奋工作，为四化建设创造第一流成绩。

振兴中华，就要振奋革命精神，刻苦学习，发奋成为四化建设的优秀人才。每个爱国青年，应该有理想、有知识、有献身精神，又要有报效国家的技能。要珍惜美好的青春，集中精力，以实事求是的科学态度，严谨谦逊的治学方法，努力攀登科学文化的高峰。

要树立好儿女志在四方的远大志向和崇高理想，服从祖国的需要，到基层去，到边疆去，到祖国最需要的地方去。用知识和汗水振兴我们祖国乡村、城镇、边疆；振兴九百六十万平方公里的中华大地。我们坚信，只要全国青年同心同德，团结奋斗，振兴中华的历史重任就一定能够实现。

××××年××月××日

▲录音广播

【范例】

我怎么学起医来（节录）

张海迪

我来的时候是春天，春天是播种季节，不是收获的季节。这个时候大概没有我干的活儿。怎么办呢？我就这样等着吗？不久，有一件事情深深地触动了我。这件事也为我开拓了一条最初的为人民服务的路。村子里头有一个小男孩，五六岁，非常可爱。我们刚刚搬到村子里的时候，他总是慌慌张张地为我们搬东西，不是提个小篮，就是提个小花盒。我看他挺可爱，给他起了个名，叫“小不点”。“小不点”常常到我屋里来玩，他见我看书，杵着下巴，站在桌子旁边问：“姐姐，你不出去玩，你闷吗？我推你出去玩吧！”我说：“你长大了再推我出去玩吧。”可是有一天上午，我正在看书的时候，“小不点”的妈妈匆匆忙忙地抱着“小不点”进来了。一进门就慌慌张张地说：“玲玲，你快看看，你这城里来的姑娘懂得多，你看看你兄弟这是咋啦？”我一看，吓了一跳。他翻着白眼，吐着白沫。当时我还是一个不满十五岁的小姑娘，我也不知道是怎么回事，只知道他生了病。我就说：“哎呀，你赶快把他送到医院吧，千万不要耽误！”可是，我们那儿离公社医院绕道走要走十几里路，到县城要走二十多里路。后来，“小不点”走到半路上死了。我当时就非常恨我自己，为什么我不会治病呢？我要是会治病，这个小弟弟不就死不了了吗？这件事激发了我，农村缺医少药，农民看病很不容易，我不能下地干活，学习当一个医生给群众看病不是很好吗？

××××年××月××日

▲广播报道稿

【范例】

从陶宗仪《辍耕录》谈起

我国元末明初有个文学家叫陶宗仪，他写过一本书，叫《辍耕录》。为什么起这么一个怪名呢？原来他在晚年时，一面做着官，一面在地里干活。干活累了到树下休息时也不忘写作，想起什么，见到什么，就立即摘取身边的树叶写在上面，回家后贮存在一种叫盎的瓦器里，这种盎口小腹大，他装满一盎放起来。这样日积月累，十年中竟积下了十几盎。后来他把盎一个个打开，取出平时积累的树叶，一张张重新加以修改整理，一共抄成三十卷，这就是他积叶成章的《辍耕录》。

陶宗仪正是靠着这种锲而不舍、日积月累、孜孜不倦的精神才获得成功的。他的故事应该给我们一个启示：只要我们也能抓紧平常的分分秒秒，注重随时留心这种点滴积累，长久坚持下去，我们也会迎来学习上的丰收。

××××年××月××日

第五章　广告、启事、海报类应用文写作

第一节　广　告

一、广告概述

广告是一种应用性的说明文，是企业事业单位向消费者或服务对象介绍商品、报道服务内容或文娱节目的一种宣传文体。

广告按广告媒介划分，主要有报刊广告、电视广告、印刷品广告、橱窗广告、牌匾广告、灯光广告、音响广告、陈列广告、模型广告、车船广告、路牌广告、活动人体广告等。其写作格式如下：

1. 标题

标题是广告的“眼睛”，必须精心提炼，一定要有吸引力。

2. 正文

正文是提供商品信息细节的部分，一般包括商品的性能、用途、价格、效果、信誉以及使用方法和售后服务手段等。常见的广告形式有：

（1）陈述体。用平直的语言，明白地说出商品的名称、用途、规格、价格等情况。

（2）问答体。利用人们的好奇心和求知欲，用提问的形式来激发顾客的购买欲，生动活泼，具有较强的吸引力。

（3）证书体。将产品获得过什么奖毫无保留地告诉给人们，利用人们对产品质量评比的信任，间接赞誉本产品。

（4）幽默体。运用生动的语言和形象进行商品宣传，比如借助文艺表演的形式，如相声、动画、木偶、漫画等。

二、广告的写作范例

▲招聘广告

【范例】

欢迎您到××市高新技术开发区和高新技术企业大显身手

经人事部全国人才交流中心批准，××市高新技术开发区和高新技术企业面向全国招聘新材料、微电子、机电一体化、生物医学工程、高效节能、高分子、精细化工等专业技术人员，重点招聘技术项目负责人和学科带头人，以调入为主，也可兼职聘用（边远省区和中小学教师除外）。应聘人员一般应具有大学以上学历或中级以上专业技术职称。中级专业技术职称的年龄一般在45岁以下，高级专业技术职称和兼职聘用的不受年龄限制。同时欢迎高等院校、科研单位到我市开发区创建学校、兴办高新技术企业。

应聘者请来人或来函（附本人简历、技术专长及随迁人员情况）与××市人事局人才交流中心联系。

邮政编码：××××××

电话：×××××××

××××年××月××日

▲招生广告

【范例】

×××暑期哲学学院××××年第六期招生

×××暑期哲学学院××××年第六期，将在广东××理工学院（筹）由中国社会科学院哲学研究所、××理工学院（筹）和××大学哲学系联合主办，主题为“社会科学哲学”，现已开始招生。

今年拟招收英文班学员40人，中文班学员20人，凡从事相关科学教学、研究人员以及其他有关人员均可报名参加，英文班学员的讲课、阅读、讨论、考试（撰写论文）均用英语。英文班学员可领到学院提供的英文教材，学员完成学业、考试及格可获结业证书，少数成绩突出者经挑选可获赴××研究访问3～4个月的奖学金。中文班可参加听课，有教师辅导。

学习时间：××××年××月××日至××月××日。

地点：××理工学院（筹）。

英文班学费（包括英文教材费）：每人450元（港、台、澳以及东南亚地区学员650元，欧美日地区学员830元)；中文班学员学费300元。食宿自理。

报名者可向××省××市×××工学院院长办公室×××函索申请表。

邮政编码：511483

电话：(020) 473×××× 473×××× 传真：(020) 473××××

学院将于××月××日前向已交学费的学员发出入学通知书。

××××年××月××日

▲劳务广告

【范例】

××矿务局招工广告

经省计委、省劳动厅〔××××〕人字第××号文件批准，我局招收200名工人。

招收的工人全部下井采煤，工种5年不变。招工对象：凡××地区所属各县市年龄在18岁到25岁的、身体健康的，具有中学毕业文凭以上的待业青年均可报名。

报名办法：①持户口簿、身份证、毕业证、待业证、乡镇介绍信。②交最近1英寸半身脱帽彩色相片两张。③交报名费10元，填写报名登记表。

报名时间：××××年××月××日—××日。

报名地址：××市××街××号。

招收办法：经政审、体检合格后，择优录取。

录用待遇：试用3个月，每月发生活费200元，每天上班8小时。3个月后试用合格，按有关规定发给工资、劳动用品等。

××××年××月××日

▲经营广告

【范例】

日立将世界先进技术
运用到日常生活当中

超大规模集成电路、超大型计算机以及制造发电设备等尖端技术已成为我们生活中的工具。

日立多才多艺。它可以制造使您生活丰富多彩的电视机、电冰箱、洗衣机。而使用这些设备需要使用电，日立可以制造供给电能的发电设备。同时，日立在生产超大规模集成电路等电子产品和石油设备方面也具有卓越的才干。它的产品种类达2万种以上。这些产品涉及从生活到工业等所有领域。哪怕是一台电视机，也使用了超大型计算机等最先进的电子技术，产品质量极为可靠——这就是日立。

日立不单纯是制造出口产品的企业，而且还同外国先进技术合作。例如，日立最近协助建立了日中合作的彩色电视机厂大大加深了与中国朋友们的合作关系。

今后，日立将为友好企业作出自己应尽的努力。

经过近一个世纪的历程，目前日立已经置身于世界舞台，职工总数达8万人以上。仅在日本国内就拥有工厂30多座，为生产更为出色的产品而致力于技术开发的研究所9所，年研究开发费用达2000亿日元以上。

日　立　牌

HITACHI

北京办事处：×××××

电话：×××××××

传真：×××××××

用户传真：×××××××

×××办事处、××办事处、××办事处（略）

自1910年创建以来，日立始终竭尽全力，发挥创新精神，把尖端技术送到我们生活中的各个角落。

××××年××月××日

▲店庆广告

【范例】

店庆一周年　特林作贡献

中美合资北京××××纯净水有限公司于1996年7月26日正式营业，至今已经一年了。一年间，我公司的产品已逐步打入北京市纯净水行业市场。为适应市场发展形势，公司已成立了8家分支机构，初步形成了连锁经营、统一管理的运作模式。这些成绩的取得与您的支持和厚爱是分不开的。值此建店一周年之际，我公司特向广告大新老客户致谢，并诚征合作伙伴。届时我们将为您提供品牌广告支持、培训水店全套管理人员、提供财务结算业务、定制安装水店设备、提供水店经营的全套货源、负责店设备的终身维护保养。

回报社会，奉献健康，共创纯净水事业的美好明天！

××××年××月××日

▲商业广告

【范例】

供进口、合资胶合板水曲板
特供泰柚贴面板

泰柚贴面板木质细腻，木纹飘逸清晰，高贵典雅，糅合了传统与现代的气息，脱俗于一般的装饰板材而成为国内外宫殿、大厦、楼宇及家居装修设计的首选。我厂引进德国精密刨切设备，采用上乘的进口柚木，大量生产泰柚贴面板，板面光洁油润，胶合力强，可与国外产品相媲美，部分产品远销日本、新加坡及欧美地区，是国内大型生产柚木贴面板的生产基地。

本企业可供3～18mm各种规格进口、合资胶合板、水曲板、榉木（银榉、白榉、红榉）等各式贴面板及各款保丽板，并有大量进口柚木（方材、圆材）批发零售，欢迎各界人士垂询。

地址：××省××市××胶合板厂（××市××大道）

电话：×××××　×××××　×××××

传真：×××××

联系人：×××　×××　邮政编码：××××××

××××年××月××日

▲商品广告

【范例】

造中国最好的空调　创一流服务

要造中国最好的空调，需要最先进的技术和设备。××空调器厂是我国家电行业第一个运用CIMS（计算机集成制造系统）的企业，在世界同行中也属罕有。CIMS是中国“863”工程的项目之一，“863”工程的第一个项目，是居当今世界的尖端科技。CIMS从产品开发到销售由两个计算机网络控制和管理，对产品质量有高精度的要求。采用CIMS，确保了××空调的优秀品质。

××冷气专营××空调已五年，数年的安装、调试、维修，培养了一支高质量、技术精良的专业队伍。购××空调，你无须有后顾之忧。经我公司员工共同努力，1966年度获售后服务先进单位称号，并授予奖牌。

买××空调，四凯冷气服务更精良！

××专营店地址：××××一段××号 电话：××××××××
××空调维修中心电话：××××××××

××××年××月××日

▲征婚广告

【范例】

某女，年龄23岁，身高1.62米，身材苗条，俏丽漂亮，文雅大方，大学文化，爱好音乐，现在某地级行政机关任秘书。欲觅24～27岁，身高1.7米以上，英俊洒脱，性格开朗，文化程度相当，在县级以上行政单位工作的男子为伴侣。有意者请来信附近照交××省××市××街25号×××转。邮政编码××××××，勿访。

××××年××月××日

▲寻人广告

【范例】

北京××县××屯村学生刘×，女，19岁，穿淡紫色马海毛上衣，黑裤子，白色布鞋，骑一辆永久牌26自行车，车牌号××××××，于4月23日晚离家出走，至今未归。有知情者请与北京××县××乡×××大队刘××联系，邮政编码：102200。

××××年××月××日

▲产权转让广告

【范例一】

发、发、发找凯瀛技术转让

一、酒糟制复合甘油：利用酒精和化合物制取而成。含量达95%以上，无毒无味，可广泛代替纯甘油。设备费1.5万元，厂房200平方米，月赢利5万元，流资可大可小。转让费5万元，去人建厂，每县市只转让一家。

二、新型复合宝丽板：采用锯末与化工原料混制经特殊处理加工而成。在光泽防潮防火上均优于木质宝丽板。1.22米×2.44米×0.003米复合宝丽板，每张成本23元，售价55元，设备费1000元，厂房30～50平方米，5人日产40张，月赢利3万元。转让费8000元，现场培训。

另有：多彩立体静电植绒等多种实用技术，植绒机器常年提供。对军人、教育界、贫困地区，持证明优惠。欢迎各界朋友前来洽谈。

欢迎各界朋友有新技术、新产品的前来本公司联合开发。

联系地址：××市商场×楼科技市场××号

联系人：杨×× 代××

电话：××××××× ××××××× 邮编：××××××

××凯瀛科技信息公司

【范例二】

产权转让

××省××化学工业公司位于×市西南，地处××黄金水道和×××国道交会处。

该公司建于1991年，按现代企业规划设计建成，占地面积3900平方米，是国家、省定点农药生产企业，获得农业部《农药登记证》和××省化工厅《产品标准号》《生产许可证》。主要产品有：粉锈宁、多效稻瘟灵原药及制剂，年生产原药能力440吨，市场前景好。但由于企业管理不善，负债过高，现已破产，破产资产1260万元。产权转让方式：(1) 拍卖；(2) 合股重组生产。欢迎有意者实地考察、面议。

联系截止时间：××××年×月×日

联系地址：××省××县经济体制改革委员会

联系电话：×××××××××

传真：×××××××

联系人：×××

××××年××月××日

▲艺术节广告

【范例】

经中华人民共和国文化部批准
××省文学艺术界联合会　主办
××年中国××国际民间艺术节

开幕时间：××××年××月××日晚上7：30

参演国家和单位：　奥地利民间艺术团
德国民间舞蹈团　比利时民间艺术团
以色列民间艺术团　希腊民间舞蹈团
朝鲜民间艺术团　印度尼西亚民间艺术团
美国民间舞蹈团　俄罗斯民间艺术团
中国云南民间艺术团　中国上海民间艺术团
中国贵州民间艺术团　中国四川民间艺术团

演出城市：成都　都江堰　江油　内江　资阳　泸州

联合主办单位：××××科学院
××××国际大都会
××××股份有限公司

协办单位：××航空发展总公司　成都××厂
×××酒厂·全新销售公司
××××××有限公司

演出时间：××××年××月××日晚在省体育馆举行开幕式演出，×日晚在省体育馆进行交流演出，×月×日至×日晚在锦城艺术馆进行交流演出。

售票地点：锦城艺术馆、锦江剧场、××省演出公司（团体票）×月×日起预售各场座票，团体票从优。

联系人：×××　电话：×××××××××　×××××××××

××××年××月××日

▲开业广告

【范例】

中国妇女儿童服务中心明天开业

本中心是在中华全国妇女联合会领导下，为全国妇女儿童提供综合性服务的经济实体。

全国各级科、教、文、卫机构和妇女儿童组织，是我们亲密的合作伙伴；广泛的信息、网络和众多的服务对象，是我们的优势；服务妇女、造福儿童是我们的宗旨；为广大妇女儿童提供卫生保健、婚姻、家庭、心理、教育、法律、科技、新产品开发和企业管理的咨询服务和培训，是我们的职责。面向妇女儿童和社会的多功能厅，可为各界提供展销、展评、咨询、服务和娱乐活动的便利条件。我们与国内外客户竭诚合作，发展贸易。凡来此购物的妇女儿童都将享受到令您满意的优惠价格。本中心热情欢迎朋友们光临指导、洽谈业务。

地址：×××××大街82号

××××年××月××日

▲招工广告

【范例】

经省计委、省劳动厅批准，××矿务局、省煤矿基建公司等单位在我市招收800名合同工人。

招收的工人全部到井下采掘第一线，工种10年不变。

招收来源，凡我市城镇待业青年，身体健康，热爱采掘工作，年满18周岁到28周岁的男青年均可报名。

报名办法：我市城镇待业青年凭毕业证、户口本报名，报名时交1英寸近期免冠照片两张。

报名者可报两个志愿，即要选两个单位。

招收办法：经政审、体检合格的人员，按照各单位的招生规定和所报志愿进行录取。

报名地点：市区青年持证到所在地镇劳动服务公司劳动科报名。

报名时间：××××年××月××日至××月××日。

在招收中严禁不正之风和弄虚作假，试用期三个月，不合招收条件的给予清退。

招收单位及名额：

××矿务局×××名

省煤矿基建公司×××名

××××年××月××日

▲橱窗广告

【范例】

××洗衣机橱窗广告

1. 实物（××洗衣机）
2. 产品介绍：

该机具有大波轮、新水流、洗涤量大、洗洁度高、对衣服不缠绕等特点，配有硬币纽扣回收、线屑过滤器等装置。该机噪声低，节水、节电，功能齐全，操作方便，深受消费者厚爱。

▲路牌广告

【范例】

天霸表路牌广告

1. 画面（略）
2. 文字：天霸表——中国计时之宝

▲旅游广告

【范例】

首届××龙庆峡冰灯游览会预售票

位于××市××县的龙庆峡，风景优美，景色宜人，气候独特。几经建设，这里已设有多处风景点，寓意深刻，令人流连忘返。入冬以来，这里别具一格的冰灯，又为龙庆峡平添了几分姿色。机会难得，请君观赏。

展期：××××年××月××日至××××年××月××日

售票地点：××市长途汽车站、××旅游公司旅行社、××旅游商品公司、××中心营业部

交通：各售票点代售旅游车票，办理包车。××乘长途汽车直达龙庆峡，单程票价2.4元。从××乘火车至××转乘长途汽车也可。欢迎自备车辆。

游览券票价：成人15元，学生10元，200人以上团体票优惠。

当地备有食宿。

▲产品介绍广告

【范例】

为您提供小型冰淇淋机

体积小重量轻省动力效益高

××市大华机器厂最近研制出新产品 BGL－5 型小型冰淇淋机，适用于厂矿、机关、学校、宾馆、饭店、食品冷饮店、个体户、专业户。

该机采用进口压缩机组，性能可靠，动力小，有 220V 照明电源即可使用。采用风冷式，不用冷却水，体积小，重量轻，整机 35 千克，移动方便，操作简单，每小时能生产冰淇淋 5 千克，经济效益高，每台售价 1800 元。并为您提供 YLR－1.5T 汽水、啤汽酒、小香槟饮料全套设备，投资少，见效快，三个月可收回全部投资。

产品实行三包，保修半年，代办托运，并免费提供配方，欢迎用户选购。

厂址：××××××

电话：×××××××

××××年××月××日

▲定位型产品广告

【范例】

大众金龟车广告文案

标题：想想小的好处

正文：我们的小车并不标新立异。许多从学院出来的家伙不屑屈身于它；加油站的小伙也不会问它的油箱在哪里；没有人注意它，甚至没人看它一眼。

其实，驾驶过它的人并不这样认为。因为它耗油低，不需防冻剂，能够用一套轮胎跑完 40000 英里（1 英里＝1609.344 米，40000 英里＝64400 公里）的路。

这就是为什么你一旦用上我们的产品就对它爱不释手的原因。

当你挤进一个狭小的停车场时，当你更换你的那笔少量的保险金时，当你支付那一小笔修理账单时，或者当你用你的旧大众换得一辆新大众时，请想想小的好处。

××××年××月××日

▲免费型促销广告

【范例】

上海××有限公司促销广告

标题：买强生护齿牙刷，送爽爽T恤

正文：用强生护齿牙刷，连难刷部位也感觉好干净！1996年8月17日至9月29日集满任何3个强生“护齿”牙刷包装，到指定商店就能免费换取护齿先生爽爽T恤一件。数量有限，换完就没啦！

兑换办法：12：00—20：30，每天每店限换50件，换完即止。

××××年××月××日

▲优惠型促销广告

【范例】

华夏百货公司商业广告

实惠多，夏令商品推介派彩大酬宾

华夏百货公司悉心为你奉上满堂中外名优精品，和款款全新的贴心服务，伴您度过一个舒适浪漫而又倍感实惠的清凉夏日。从××××年××月××日至××月××日特别为您推出：

天天特卖一小时。

每天开门营业头一小时，全场货品（足金首饰、摩托车、特价商品除外）9.5折优惠。

双双实惠派大彩。

购物满30元，即送抽奖券一张，多买多送，有机会求得双日5000元彩金，并可获赠九折购物卡。

××××年××月××日

▲出租广告

【范例】

我单位有100平方米和200平方米库房各一间，准备长期出租给国有或集体单

位。该库房有通风设备，适合存放日用百货、土杂产品及药材干果等。坐落在××路东端，交通方便。附设电话一部。有意租赁者，请来人或来函、来电话联系。

联系人：××× ×××

电话：×××××××

邮政编码：××××××

×××设备厂

××××年××月××日

▲征求信息广告

【范例】

我厂地处东海之滨，和××隔江相望，水陆交通便利。现有3000平方米厂房、63吨以下冲床和车钳刨铣等设备。近年来主要生产汽车油封和高中压阀门产品。现在我厂决定投资20万元左右，欲求开发一两项市场适销的产品，联营或提供技术信息均可。请各界人士来人来函洽谈，采纳后给予酬劳。

电话：×××××××

厂长：×××

厂名：××省××县农机配件厂

▲招商广告

【范例】

经市计委批准，由市工商局直接监督管理；

地处市区的交通枢纽地段，是大型批发市场的最佳位置；

300平方米的交易大厅，装潢高档，功能齐全，配套完善，交易大厅楼上为进场厂家免费提供×间或×套可作为办事处的商住房；

面向全国各类酒厂、其总代理、总经销以及洋酒的国内总代理招商；

规范经营，坚持防假打假的宗旨，维护厂家和消费者的利益；

具备诸多优惠政策，税收享受3年特殊待遇，竭诚欢迎厂家进场或来函咨询。

××市工商局酒类批发市场管理办公室

地址：××市××街××号

电话：×××××××

传真：×××××××

××××年××月××日

▲合作广告

【范例】

中国石油化工总公司××石油化纤公司
向国内外工商界致意

国家二级企业——××石油化纤公司是集炼油、化工、化纤于一体的特大型现代化联合企业。主要产品：化纤单体、化纤原料、塑料原料等。所产“××牌”产品质量优良，赢得市场赞誉。

力求发展和振兴，××二期工程已于19××年×月经国家批准正式立项。主要产品：聚酯20万吨、尼龙66盐5万吨及后加工产品。作为国家“八五”规划重大项目的××二期工程正在实施，欢迎国内外朋友合作。

××石油化纤公司

经营副经理：×××

供销处处长：×××

电话：××××××

传真：××××

邮编：××××××

××××年××月××日

第二节　启事

一、启事概述

启事是公开的简便文告。“启”，是陈述、告诉人的意思，“事”就是事情。“启事”，就是把事情陈述出来、告诉大家的意思。凡是机关团体、企事业单位，或是个人有什么事要提请公众注意，希望大家帮助的时候，就把它写成文字张贴出来或登在报纸杂志上，或让电视台、广播电台播出，这种公开发表的文字，都属“启事”。

启事的种类很多，根据事情的不同内容，可分成好多种类。常见的启事有招聘启事、招生启事、招考启事、开业启事、征文启事、寻物启事、结婚启事、贺婚启事，等等。其写作格式如下：

1. 标题

首行的正中写标题，要用大字醒目地写出，如“招聘启事”“寻人启事”等；

有时在“启事”之前加上“重要”等字样；有时将“启事”两字省去，只写“招聘”“寻人”。

2. 正文

标题下一行空两格开始写正文。正文的内容一般包括目的、意义、原因、要求、特征、待遇、条件等。正文是主体，它决定了启事的效果，因此，这部分要写得具体、明白、详细，连细节也要写得清楚，不能含糊。

3. 署名

落款处要署名，署全名，如果是单位，最好盖上公章。在署名之后，要写上发启事的年月日，并附上联系地址和电话号码等，有时还要把乘车路线写明。

4. 启事的语言

首先要明确、准确，千万不能用模糊、含混、模棱两可或可能产生歧义的语言。还要简练、通俗，要让人一看就知道，就懂得。

二、启事的写作范例

▲招聘启事

【范例】

××律师事务所

招　聘　启　事

××市××律师事务所是一所经政府司法机关批准成立的合作制律师事务所，主要从事房地产、知识产权、金融、证券、商务、劳动等方面的法律业务。因业务发展需要，经××市人才服务中心批准，现诚聘下列人员：

一、专职律师2名。条件：1. 已具有律师资格；2. 大学本科以上学历，掌握一门外语；3. 身体健康；4. 档案存在人才交流中心。

二、文秘1名。条件：1. 女性，年龄在22岁以下；2. 能熟练使用现代办公用品；3. 身体健康；4. 高中以上学历。

我所对专职律师设有灵活的取酬方式，专职律师可以根据自己的能力作出选择。

有意者请将本人简历（附照片）寄至××市××区××大街36号××宾馆619或622房间。

邮编：××××××

电话：××××××××

谢绝来访，来信必复。

××××年××月××日

▲招商启事

【范例】

××商城招商启事

由国家技术监督局中国技术监督情报协会与北京××工贸公司联办的北京××商城，位于××繁华的商业黄金地段——×××大街43号。

××商城，是全国唯一经国家工商行政管理部门批准以“××商城”注册命名，并在整个经营管理过程中贯穿“××进货、××销售、××服务”三位一体的新型商业企业。首批招商将挑选30余家生产金银珠宝、化妆品、真皮制品、羊绒制品、羊毛制品、真丝制品及烟酒食品、家用电器的企业，欢迎联络。

地址之一：×市×××街××号　　邮编：××××××

联络电话：××××××××

联络人：胡××

地址之二：××市××区×××路×号

邮编：××××××　　联络电话：××××××××

联络人：金××

××××年××月××日

▲招领启事

【范例】

本社于3月4日上午拾得皮包一个，内有手表一只，人民币若干元，望失主前来认领。

×××旅社

××××年××月××日

▲结婚启事

【范例】

我俩于××××年××月××日在××饭店结婚，从此共度美好人生。谨此敬告众亲友。

陈××
周××　同敬启

××××年××月××日

▲迁址启事

【范例】

××××××××汽车有限公司于10月15日由原××省博物馆2楼迁往新落成的×××××大厦及××汽车城。

新迁地址：××市一环路南4段18号（××××学院大门西侧）

联系电话：××××××× ×××××××

欢迎各界朋友光临。

××××年××月××日

▲开业启事

【范例一】

××书屋开业启事

本书店装修完毕，定于本月25日上午8时正式开业接待读者。

本书屋规模虽小，但存书丰富，举凡中外文学名著，最新科技图书，理工、文史工具书，大中小学生学习资料等很是齐全。为庆贺开业，3天内所有书籍均按定价的95%优待读者。

欢迎光顾，欢迎指导。

××书屋 启

××××年××月××日

【范例二】

饭店开业启事

本店装修工程已顺利完工，定于×月×日正式开始营业，经营粤菜系列高、中档各类佳肴，精诚服务，童叟无欺。为感谢您的光临，本店在开业两周内实行六折优惠活动，美味又实惠，欢迎品尝！

××饭店

地址：×××路××××号×××大厦往左100米

××××年××月××日

【范例三】

商场开业启事

××市××区××路×××号为×××超市。定于×月×日正式开业，届时有大型抽奖活动，希望各界人士惠顾。

××××××发展有限公司
垂询电话：××××××××
××××年××月××日

▲贺婚启事

【范例】

12月1日是我团支部张为民、王小燕两同志新婚佳期，团支部特组织全支部团员前往祝贺，请大家修饰仪表，每个团小组准备一个节目，于12月1日下午2时在厂门口集合前往。

××厂××车间团支部
××××年××月××日

▲招生启事

【范例】

××电影学院
××××年招生启事

招生专业及人数：
1. 剧作专业：20人（本科、四年）
2. 表演专业：25人（本科、四年）
3. 图片摄影专业：25人（本科、四年）
4. 动画专业：16人（专科、二年）
5. 录音艺术专业：15人（本科、四年）
6. 电影制片管理专业：15人（本科、四年）

以上各专业文理兼收，详见招生简章，购简章4.00元/份，辅导材料6.00元/本，学杂费收费标准见招生简章。

通信地址：××××区×××路4号

××电影学院招生办公室

邮政编码：××××××

电话：××××××××

乘车路线：×××乘××路公共汽车到×××下车

××××年××月××日

▲校庆启事

【范例】

××××一中（原××县立中学、××县第一初级中学、××县高级中学）定于××××年10月1日隆重举行建校××周年庆典，敬请海内外历届学子及曾在本校工作过的教职工互相转告。

为编写校友录和便于联系，希各位校友见此启事后，尽快向学校寄信，写明姓名、性别、毕业时间（高中、初中、班名）、现工作单位、职务（称）、成就、通信地址、电话等情况。

学校热忱欢迎各位校友届时返校同庆。

联系人：×××　××

邮　编：××××××

电　话：×××××××××

××××年××月××日

▲招考启事

【范例】

招考汽车驾驶员启事

为工作需要，我厂拟招考汽车驾驶员3名，条件如下：

1. 有本市户口的年龄在30岁以下的具有高中毕业以上文化程度的男性青年。
2. 身体健康，无酗酒嗜好，双目视力均达1.5。
3. 有两年以上驾车经验。

待遇：录取后即成为我厂正式职工，月工资800元。

报名：持本人户口本、驾驶执照及本人近期免冠照片3张，于××××年××月××日前，来本厂人事科报名。

本厂地址：本市××区××路××号

电话：××××××××

××市×××厂（公章）

××××年××月××日

▲招聘会启事

【范例】

××市定于今年2月24日至25日（农历正月初六、初七日）在××市××镇第二小学（××市政府大院门口东侧）举办集体大型人才招聘会暨199×年大、中专毕业生就业洽谈会，欢迎国内外有志于××建设的各类专业技术人才和大、中专毕业生及科研成果拥有者等到人才市场应聘、择业。

联系电话：×××××××

邮　编：××××××

联系人：×××　×××

××市人才交流服务中心

××××年××月××日

▲征稿启事

【范例】

××电视台卫星节目目前正处于前期试运行，近期将正式播出的××电视台卫星节目是一套崭新的综合性节目体系，每天滚动播放18小时。为了构成一流的节目形象，特面向社会征集以下栏目的片头美术设计：

1.《××新闻》，要求在运动中体现出气势，新颖、庄重、大方，有××特色。

2.《经济广角》，要求新颖活泼，充分体现当代经济生活的丰富多样性。

以上栏目片头时间长度约10秒，设计稿应包括文字创意、图案设计和图案运动变化说明。可提供全部或单片头设计。对投稿单位或个人将赠予纪念品，中选稿件除在节目正式播出的一段时间内注明作者外，还将给予酬谢。来稿请寄××电视台李×收，邮编××××××。

××××年××月××日

▲征联大赛启事

【范例】

为弘扬民族文化传统，丰富群众文化生活，加强文化交流，发扬爱国主义精神，特举办“金雁杯”全国征联大赛，由省文联、××经济日报协办。

征联共计二题：

1. 丙丁炉旺龙泉利

(出句征对)

2. 以“爱我中华”或“富民兴川”为主题，自撰一联。

应征联文必须遵照“健康的思想内容和尽可能完美的艺术形式统一”的原则，符合对联格律。

大赛聘请楹联专家组成评委会，逐联评分，按总分高低评定获奖等级。大赛设一等奖3名、二等奖5名、三等奖10名，分别发给价值1500元、500元、200元的奖品；优秀奖50名，发给奖品或奖金；大赛将为获奖者颁发证书，并在《××经济日报》公布获奖名单。

本次大赛不收参赛费。截稿时间为××××年××月××日（以邮戳为凭）。请应征者将每联以16开稿笺分页誊写清楚，注明姓名、性别、年龄、通信地址及邮编。难词及用典请加注，集句必须注明出处。

来稿请寄××省××市群众艺术馆征联办公室。

××××年××月××日

▲征文启事

【范例一】

关于为黄帝陵征集祭文的启事

黄帝是中华民族的人文始祖，位于××省××县的黄帝陵是中华儿女景仰的圣地。公祭黄帝陵是中华民族传统的祭祀大典，已延续2000余年。为了进一步弘扬中华民族优秀历史文化，振奋民族精神，激励爱国热情，满足海内外炎黄子孙表达崇敬始祖、爱我中华、告慰列祖列宗的崇高感情的需要，搞好一年一度的公祭黄帝陵典礼和整修黄帝陵工程，经××省人民政府同意，决定为黄帝陵征集祭文。

祭文内容要求体现中华文化博大精深、源远流长的历史，富有时代感。文体形式不限，提倡写白话文。

征文时间截止到××××年××月底。对所应征祭文将组织专家进行评审，对其中优秀佳作将给予奖励，并汇编成册正式出版发行；对优秀佳作中的精品将按整修黄帝陵规划勒石刻碑永久保留在黄帝陵碑廊。

征文请寄：××省整修黄帝陵工作办公室

地址：××省××市××路××号

邮编：××××××

电话：×××××××

应征祭文请署撰写人姓名、职业、联系地址、邮编。

欢迎海内外各界人士踊跃参加征文活动。

××清明公祭轩辕黄帝陵筹备工作委员会
黄帝陵基金会
××省整修黄帝陵工作办公室
××××年××月××日

【范例二】

寒假征文启事

为活跃学生的寒假生活，提高写作水平，区委宣传部和“××”文化馆联合举办此次寒假征文活动。

内容：写自己在寒假中的生活见闻，歌颂两个文明建设成就，反映人们的新风貌等。格调要积极，有时代气息。

体裁：小说、诗歌、散文均可，篇幅宜短小。

稿件请开学后交三楼306室“××”文化馆。希望广大同学踊跃投稿。

区委宣传部
“××”文化馆
××××年××月××日

▲追悼会启事

【范例】

×××先生追悼会启事

×××先生曾任公职40余年，为党和人民做了很多有益的工作，××××年退休，不幸于×月×日下午×时逝世。定于×月×日上午8时在××殡仪馆开追悼会，敬请×××先生生前的亲朋好友参加。

×××治丧委员会
××××年××月××日

▲出租启事

【范例】

××××社前门600平方米临街写字间，最近装饰一新，诚招国内外商家、厂家、公司、办事处租赁。

××××社前门临街写字间，地处××南城繁华之地，与××××××鼎足而立。其北，有驰名中外的古文化街××××；其西，有××大商场；在其附近，有著名的休闲场所××工人俱乐部和令国际友人垂青的××剧场。

××××社前门临街写字间，四面临街，交通四通八达，十分便利。

××××社前门写字间，地理环境优越，价格合理，是一切精明有为的企业客商施展经营才华、大显从商身手的理想场所。另外，院内还有200平方米的楼房出租。

有意者，请速与×××同志联系。

电话：×××××××

地址：××市××路××号

××××年××月××日

▲鸣谢启事

【范例】

昨天下午4时左右在西安市火车站乘车室休息时，我突然不适，当时值班的工作人员纷纷伸出援助之手，使我及时得到治疗，很快康复。我深深为他们的热心行为所感动，决心向他们学习。特此鸣谢。

×××
××××年××月××日

第三节　海报

一、海报概述

海报是适用于一定范围的告示。“海报”的“海”有两个含义：一是“做”和“实施”；二是“大”的意思。它可以使用于很多地方，如商品信息、演出、展销、比赛、会议等。它的传播形式常常是用大纸张、大字号醒目地写出内容，张贴于闹市、人多的地方，有的直接刷写在墙壁上，也有的刊登在报纸上。其写作格式如下：

1. 标题

标题对海报来说，是十分重要的，它是海报的主题，是内容的集聚焦点。因此，标题必须醒目、新颖、简洁，能把一瞥之间的人的兴趣和注意力紧紧抓住，要使得人们“一见钟情”，被深深地吸引住，激起要踊跃参加的热情。一般的写法是，上方正中间写出标题，如“海报”“精彩球赛”“新电影《红高粱》”“填补国际空白的科技成就报告会”等。标题的字一定要大而醒目，大到占一张纸的大半都可以。

2. 正文

正文的内容，是极为不同的，差别很大，但概括起来，大约有以下三个方面。

（1）活动性质

活动性质是演出、赛事、会议，还是商品销售等，要明确告诉大家。

（2）情况介绍

活动的具体情况要有简明介绍。如果是球赛：要告知是什么球队，水平如何；如果是演出：要告知有哪些演员、什么剧种、剧目；如果是报告会：要告知报告内容、报告人等情况。

（3）商品销售

货物，价格和质量如何等情况要让群众心中明白，才能更好地吸引群众。

时间、地点、票价。举行活动的时间，一定要写得明白而具体，如“本月6日（星期三）下午5点30分”等，切不可粗线条地写“6日下午”，因为下午的时间有好几个小时，会让大家弄不清楚。地点，也要明确，如“××大学图书馆三楼报告厅”“本市××区××路×××号××商场×楼”，必要时，要写明乘车路线。票价也要明确写出。

3. 结尾

在正文之后，另起一行可用稍大的字书写“莫失良机”“欢迎参加”等作结语。结语后另起一行，稍右写落款。即举办单位的名称，在名称的下一行的右下位置写出书写海报的年、月、日。

二、海报的写作范例

▲电影海报

【范例】

明天晚上7点在本村东广场放映国产彩色喜剧片《迷人的乐队》、国产彩色武打片《鹰爪铁布衫》，欢迎大家前去观看。

××村

××××年××月××日

▲报告会海报

【范例】

访美归来报告会

国际××××奖获得者、我校教授×××先生做心脏移植手术的成就报告。

×××教授是我国心脏外科的著名专家，此次赴美讲学和参加有关学术会一年有余。

欢迎全校师生踊跃参加。

时间：××××年××月××日（星期×）下午2时。

××医科大学科研处

××××年××月××日

▲戏剧海报

【范例】

××县川剧团将来我市演出川剧《鸳鸯楼》《张飞认母》。

时间：7月2日至18日每晚7时30分

票价：1元、2元

地点：××影剧院

××市××组主办

××××年××月××日

▲体育海报

【范例】

本市篮球队—××市篮球队
对抗激烈，扣人心弦
时间：×月×日下午4点
地点：××××年××月××日体育场，请到厂工会买票

×××市体育中心
××××年××月××日

▲讲座海报

【范例】

题目：果树的栽培与管理
主讲人：县农科站技术员卢××
时间：××××月××日下午2点
地点：村会议室

××村学习小组
××××年××月××日

▲电影海报

【范例】

我院今晚7时在本院放映室放映故事片《白蛇传》，欢迎大家观看。

××市京剧院
××××年××月××日

下　　编

民间民事应用文写作

第一章　日用条据、便条、契约类应用文写作

第一节　条据

一、条据概述

条据，是指单位或个人之间，在收到、借到、领到钱物时所写出的凭据，目的是使办事方便、手续清楚。其写作格式如下：

1. 标题

在条据的最高最前处写上条据的名称，字迹要大些。

2. 标明性质、关系

在标题之后，写明“今领到”“今借到”“今收到”等字样。

3. 正文

要写明内容、物件品名、数量、钱款数，数字要用汉字大写。如是借条，要写明归还日期。

4. 结尾

正文后另起一行空两格写“此据”等。

5. 落款

署名，要签名盖章，最后写明年、月、日。

二、条据的写作范例

▲收条

【范例】

今收到×××、×××、×××三人交来建筑资金玖仟柒佰元整。

此据。

××承建集团（盖章）
经手人：×××（签名）
××××年××月××日

▲代收条

【范例】

今代收到×××同志还给陈明同志的叁佰元整和致谢礼物《唐诗》壹本。

代收人：×××（盖章）
××××年××月××日

▲售条

【范例】

今售给××开发公司×××型汽车叁辆、××××型拖拉机贰台，总计××××元整。

此据。

经办人：×××（签名或盖章）
××××年××月××日

▲借条

【范例】

今借到××厂财务处人民币捌仟元整，借期为六个月。

此据。

借款人：×××（签名或盖章）

××××年××月××日

▲欠条

【范例】

今欠××装饰公司装修费玖仟伍佰元整，准时于××××年××月××日付清。

此据。

欠款人：×××（签名或盖章）

××××年××月××日

▲领条

【范例】

今领到××教育局发给学生课本壹佰贰拾套。

××学校

经手人：×××（签名或盖章）

××××年××月××日

第二节　便条

一、便条概述

便条，是指在日常生活中，如果有什么事情需要告诉另一方，或需要委托他人办什么事情，在不进行面谈的情况下书写的一种条据。其写作格式如下：

1. 标题

因为便条是人们在日常生活中经常用的，写不写标题都可以。一般只有写请假条、留言条时使用标题，即在正文上方中间写上“请假条”或“留言条”字样。

2. 称呼

称呼要求在标题下顶格写，后加冒号。

3. 正文

正文从称呼下一行空两格处写起。正文内容要求将所要表达的意思、需要对方办的事情全部写出来。内容写完后，可视具体情况写下“谢谢”“敬礼”“特此拜托”等礼貌性的话语，也可不写。

4. 落款

便条的落款包括署名和日期两项。署名写在正文右下方，署名的方式视写给的对象而定。日期写在署名的下方。

二、便条的写作范例

▲一般便条

【范例】

××小姐：

我单位定于明天上午邀请×××做科学讲座。现托小王带去入场券一张，欢迎你到时来听。

同事：×××

××××年××月××日

▲请假条

【范例】

李厂长：

今天早晨我突然发高烧，经去医院检查系重感冒，无法前来上班，暂请假三天，请予批准。

附医院证明（略）

陈××

××××年××月××日

▲留言条

【范例】

曾先生：

今天上午我来找你，有重要事情商量，巧不相遇，不能久等。明日上午9时再来，请等我。

朱××

××××年××月××日

▲托事条

【范例】

××公司储运处：

你公司需要的办公文具已到货，特托人带来信条告知，请在明天上午8时来我公司第一门市部购买。

此致

敬礼

××办公文具公司

××××年××月××日

▲意见条

【范例】

×××行政处：

我们办公楼的水管坏了两天了，影响到同志们的生活用水，希尽快请工人维修。

陈××

××××年××月××日

▲约会条

【范例】

惠明：

大学几位同学准备本周五（9月11日）晚7时在魏××家聚会，望你能来，并转告×××同学。魏宅在××路××村××号××室，电话×××××××××。

×××

××××年××月××日

第三节　契约

一、契约概述

契约，也称协议，是双方（或数方）当事人依照法律在平等互利、完全自愿的原则下订立的一种有权利义务关系的约束性文书。其内容必须符合我国法律、政策的规定，不得有任何违犯法律的事项。其写作格式如下：

1. 名称

名称视订立的契约类型居中书写，如“买卖契约”“租赁契约”等。

2. 姓名

在名称下面分别写上立契约当事人各方的姓名。

3. 正文

写明立约的原因及目的。

4. 落款

写明本契约的生效时间，有效期限，一式几份，各归谁执有。

5. 附件

写明附件名称和份数，各方当事人或中介人、证人签名盖章及订约时间。

二、契约的写作范例

▲买卖契约

【范例】

立房屋买卖契约人 卖方×××
买方××× 以下简称 甲
乙 两方

经双方协商同意，甲方愿将××乡××村自有房屋（砖柱、夹壁、瓦房）四间，共计建筑面积为58平方米（房屋四邻至界畔为东至滴水，南至×××房屋阶口，西至×××堂屋，北至×××房屋墙壁），全部卖给乙方名下，双方议定售价为壹拾贰万伍仟元整，乙方在付清上述款项后，即由甲方交付全部房产给乙方，并协助乙方去政府部门办理房屋过户手续。为此，特邀请亲邻和生产队长等人为证。

本契约一式两份，买卖双方各执一份为凭。

甲方：×××（签章）
乙方：×××（签章）
证人：×××（签章）
×××（签章）
×××（签章）
××××年××月××日

▲租赁契约

【范例】

立房屋租赁契约人 ×××（以下简称甲方）
×××（以下简称乙方）

甲方将自有的本市××路××号底层朝南的房屋一间，租于乙方使用，特订立租赁契约如下：

1. 此房屋共20平方米，甲方租给乙方居住，租期××年（自××××年×月×日至××××年×月×日），双方协商议定每月租金××元，每月由乙方于上旬以内付清，甲方收到租金时出具收据为凭。乙方不得以任何理由拖欠租金，如乙方超过约定日期一个月内不付清租金，甲方有权立即收回所租房屋。乙方如按规定付清了租金，甲方不得在约定租期内以任何理由提出收回所租房的要求。

2. 甲方将放在此屋中的双人床一张、五斗橱一只、方桌一张、木方凳四只、挂灯一只和房门上的司必灵锁一套，借给乙方使用，并于租期届满时与房屋同时归还给甲方。乙方应负有保护上列各物以及门窗、墙壁的责任，如有损坏，应视其损坏程度，由乙方赔偿。

3. 底屋后屋为厨房，为甲方所有和使用。但为方便乙方的日常生活，甲方同意乙方在此屋内置放煤炉一个和小菜橱一个，乙方可使用此屋中的自来水龙头、水槽、方桌，可在此屋烧饭、做菜和洗涤衣物。双方都要保持此屋的清洁卫生。

4. 乙方在租赁期间，与甲方共用电表和水表。电费照双方所装灯头及使用灯泡的实际数量按比例计算，收音机、电视机、收录机以及其他家用电器按各件规定的瓦数按比例折算各自承担应付的电费。南屋和北屋之间的过道公用灯一只、厨房公用灯一只，由甲乙双方对半负担。水费按双方实有人数计算分摊，儿童和成人都照一人计算。

5. 底层南北屋之间的过道，由甲乙双方共同使用，但不得堆放东西，并须保持过道的清洁。

6. 南屋前面的庭院，乙方可以用来晾晒衣服，夏天也可在此乘凉或吃饭，但应保持庭院整洁，并不得损坏花坛和水泥地面。乙方不得在庭院中增加任何建筑设备。

7. 乙方在租赁期满时，必须如期按原状将房屋归还甲方。如需延长租赁期，乙方必须在期满前三个月通知甲方，经甲方同意后双方另订租约，继续租赁；如果甲方不同意，乙方仍须如期交还房屋，不得借故拖延迁出日期。

8. 本契约一式两份，甲乙双方各执一份。

立租约人：×××（签名或盖章）
立租约人：×××（签名或盖章）
证 明 人：×××（签名或盖章）
××××年××月××日

▲民间借贷契约

【范例】

出借方：____________　住所：____________
借款方：____________　住所：____________
合同签订地：____________________

双方为借款事宜，经协商达成如下协议：

1. 借款数额：出借方于______年______月______日借给借款方________元（金额大写）。

2. 借款期限：自______年______月______日至______年______月______日。

3. 借款利息：双方约定借款利息为______%（注：利息不得超过同期银行贷款利息的两倍）。

4. 违约责任：借款方应当按照约定的期限返还借款本息，借款方未按照约定的期限返还借款本息，出借方可以要求借款人按日加付本息的万分______的违约金。

5. 本协议自出借方提供借款之日起生效。

出借方：______（签名或盖章）　　借款方：______（签名或盖章）

××××年××月××日

▲订货协议

【范例】

订 货 协 议

甲方：______进出口公司

乙方：______贸易有限公司

经甲、乙双方协商同意，达成如下协议，共同遵守。

由甲方负责于今年6月至12月，在____市交付国产钢材4000吨，保证质量并可在工业市场行销，并按下列特定期限，分批交货：8月6日以前，交2000吨；10月20日以前，再交1000吨；至12月31日前，全数4000吨全部交清。

乙方为考虑甲方迅速履行本协议，与甲方达成协议，对上述钢材支付每吨______元之价格，货到立付。

如订立协议的任何一方未履行协议，根据本协议规定并经双方同意：违约一方应向对方赔款______元，作为议定之损失补偿。

本协议自双方签字盖章之日起生效，合同有效期两年。自××××年××月××日至××××年××月××日。

甲　方：____________　　乙　方：____________

代　表：____________　　代　表：____________

电　话：____________　　电　话：____________

签约日期：________年____月____日

签约地点：______________________

▲厂房转让协议

【范例】

甲方（受让方）：______________

乙方（转让方）：______________

甲、乙双方就乙方所有的______工厂的转让事项达成以下协议，供双方共同遵守：

一、盘让标的：乙方所有坐落______市______路______号厂房连同基地，全部生产设备及原料、半成品、制成品，其数量细目暂以乙方________年11月30日库存清册所载名称、数量为准。

二、本件让售价格及计算方法：

1. 厂房房地、生产设备原料、半成品、制成品细目，总折价为______万元整。

2. 上列原料，经盘点如有增减变化数量，则依乙方原料进料成本价格计算；半成品如有超过或不足的，则视加工的程度，在50%以内的，按原料成本价格计算；在50%以下的，依成品市面批发价计算；成品如有超过或不足之数，依成品市面批发价格计算，由双方以现金给付或补足。

3. 生产设备如有短缺、灭失的，得依乙方账面所列设备残值计算，由甲方于尾款中予以扣除。

4. 乙方应收未收款约计______万元，除在本年10月以前的账款由乙方自理外，11月起的账款均以九折计算由甲方承受，至交割后所有发生一切的损失，乙方不负任何责任。乙方并负责通知各厂商，并于甲方收受账款给予一切必要的协助。

三、付款办法：

1. 前条第一项的价格，于本协议成立同时，甲方交付乙方______万元，余款______万元，在原料、成品、厂房房地、生产设备点交清楚同时，一次付清。

2. 前条第四项应收款的价格，甲方应于交收后给付乙方折净数的半数；其余半数由甲方开立一个日期的支票交付乙方。

四、交收日期及地点：双方订定本年12月25日为交收日期。交定于______市______路______号厂房现场为点交地点。

五、特约事项：

1. 交收之日，双方均须派代表两人以上，负责办理。

2. 本件交收以前，所有乙方对外所欠一切债务或其他纠纷，概由乙方负责理清，与甲方无关。

3. 本件交收以前，所有积欠一切税捐及水费、电费、瓦斯、电话费用等概由乙方负担。

4. 厂房房地移转，除土地增值税由乙方负担，其余契税、代书费及其他费用概由甲方负担。

5. 乙方现有雇用的职工，除甲方同意留用外，余均应由乙方负责遣散。

6. 乙方声明本件盘让，已经其公司董事会及股东会依法决议通过，附件的会议记录如有虚伪不实，应由乙方负责。

六、违约处罚：任何一方有违背本协议所列各条件之一者即作违约论，他方有权解除协议。甲方违约，愿将已付款项，任由乙方没收充作违约赔偿；若是乙方违约，应加倍返还所收的款项与甲方，以赔偿甲方。

七、为确保本协议的履行，乙方应另觅保证人两名。保证人对于乙方违约时，加倍返还其所收受款项，应负连带保证责任，并愿抛弃先诉抗办权（保证合同附后）。

八、甲、乙双方在履行本合同过程中发生争议，由双方协商解决；协商不成的，按本合同约定的下列方法之一进行解决：

1. 由________仲裁委员会仲裁；

2. 向________人民法院起诉。

九、本协议一式四份，由甲乙双方及保证人各执一份为凭。

甲　方：____________　　乙　方：____________

代　表：____________　　代　表：____________

电　话：____________　　电　话：____________

签约日期：________年____月____日

签约地点：______________________

▲酒楼转让协议

【范例】

甲方：__________（以下简称甲方）

乙方：__________（以下简称乙方）

甲、乙双方经友好协商，就乙方接收甲方所拥有的位于____市____路____号的大酒楼的有关事宜达成协议如下：

一、乙方同意以____拾____万元整转让甲方的______大酒楼，本协议签订后即付定金____万元整。

二、双方决定于××××年××月__日开始移交。甲方应保证酒楼经营合法、手续齐备。

三、甲方已存的商品其中有仓库的存货（物料及食品）、吧台的存货及出品部、海鲜部的存货，乙方依据清点数量按双方协商的价格，以人民币（现金）支付。

四、乙方按甲方提供的设备及财产清单清点（该清单上的财产归属________公司所有，归乙方使用，而不能流失），清单以外的财产属乙方接收甲方的财产。

五、甲方有义务协助乙方尽快办理营业执照的变更，法定代表人及股东的变更等手续（其变更费用由乙方负责），原法定代表人及原股东的所有股权一并转给乙方或乙方指定的人选（本条规定事项应在两个月内完成，否则视为违约）。

六、甲方须协同乙方办理房屋租用合同的转名手续，该手续办完后，乙方在3日内支付____拾万元押金（因甲方已有____拾万元港币的押金在业主单位），另乙方需备好签租约所需用的房产证。

七、乙方同产权单位签约时如谈及的减租条件成功的话与甲方无关。

八、甲方同意将现有员工留给乙方（除仓管及采购外），但乙方不用的员工需通知甲方留用。

九、双方以移交完毕后的签字日为生效时日，由此时起该酒楼的所有民事及法律责任均由乙方自行负责，由此时起，每月的5日前，乙方需按时支付租金及水电费。没办齐手续前由甲方收代交，以出示票据为证。如现宿舍乙方留用需交每月______元的租费。

十、与________公司签订合约租金，由甲方负责协商解决，争取租金降至______元/月，至少在三年内控制在______元/月以下。否则，乙方不同意转让甲方的________大酒楼，甲方应在7日内退还乙方定金____万元整。

十一、如各种移交手续，包括营业执照、法人、股东变更，与________公司租约变更等手续在2个月内无法办齐，甲方应在7日内将定金____万元整退还给乙方，乙方即移交场地，并清算债权债务，如7日内不退还定金，将承担向乙方双倍返还定金的法律责任，本协议自动解除。

十二、甲、乙双方在履行本合同过程中发生争议，由双方协商解决；协商不成的，按本合同约定的下列方法之一进行解决：

1. 由________仲裁委员会仲裁；

2. 向________人民法院起诉。

十三、本协议一式两份，甲、乙双方各执一份。自签字之日起即时生效，均具有同等法律效力。

甲　方：＿＿＿＿＿＿　　　　乙　方：＿＿＿＿＿＿
代　表：＿＿＿＿＿＿　　　　代　表：＿＿＿＿＿＿
电　话：＿＿＿＿＿＿　　　　电　话：＿＿＿＿＿＿

签约日期：＿＿＿＿年＿＿月＿＿日
签约地点：＿＿＿＿＿＿＿＿＿＿

▲设备租赁协议

【范例】

甲方（出租方）：＿＿＿＿＿＿
乙方（承租方）：＿＿＿＿＿＿

经甲、乙双方协商同意，达成如下协议，共同遵守。

一、甲方根据乙方上级批准的项目和乙方自行选定的设备和技术质量标准，向＿＿＿＿购进以下设备租给乙方使用。

二、甲方根据与生产厂（商）签订的设备订货合同规定，于＿＿年＿季交货。由供货单位直接发运给乙方。乙方直接到供货单位自提自运。乙方收货后应立即向甲方开回设备收据。

三、设备的验收、安装、调试、使用、保养、维修管理等，均由乙方自行负责。设备的质量问题由生产厂负责，并在订货合同中予以说明。

四、设备在租赁期间的所有权属于甲方。乙方收货后，应以甲方名义向当地保险公司投保综合险，保险费由乙方负责。乙方应将投保合同交甲方作为本合同附件。

五、在租赁期内，乙方享有设备的使用权，但不得转让或作为财产抵押，未经甲方同意亦不得在设备上增加或拆除任何部件和迁移安装地点。甲方有权检查设备的使用和完好情况，乙方应提供一切方便。

六、设备租赁期限为＿＿年，租期从供货厂向甲方托收货款时算起，租金总额为＿＿元（包括手续费＿＿%），分＿＿期交付，每期租金＿＿元，由甲方在每期期末按期向乙方托收，如乙方不能按期承付租金，甲方则按逾期租金总额每天加收万分之三的罚金。

七、本协议一经签订不能撤销。如乙方提前交清租金，结束合同，甲方给予退还一部分利息的优惠。

八、本协议期满，甲方同意按____元的优惠价格将设备所有权转让给乙方。

九、乙方上级单位________同意作为乙方的经济担保人，保证乙方切实履行本协议各条款规定，如乙方在合同期内不能承担合同中规定的经济责任时，担保人应向甲方支付乙方余下的各期租金和其他损失。

十、本协议经双方和乙方担保人盖章后生效。本协议正本两份，甲、乙方各执一份，副本__份，乙方担保人和乙方开户银行各一份。

甲　方：____________　　乙　方：____________

代　表：____________　　代　表：____________

电　话：____________　　电　话：____________

签约日期：________年____月____日

签约地点：______________________

▲经销服务协议

【范例】

甲方：____________公司

乙方：____________公司

经甲、乙双方协商同意，现就______设备的销售与服务事宜达成如下协议，共同遵守。

一、甲方同意乙方销售甲方的______设备，并负责所销售产品的售后服务工作。按照乙方的业务范围，以消防工程为主业务。甲方对售出的______设备实行三包服务，乙方按照甲方售后服务准则执行售后服务。

二、乙方与甲方的合同签订，由甲方______公司负责。在市场运行中，乙方与甲方应互通信息，相互支持，执行甲方的项目管理制度。甲乙双方必须签订完整系列产品的合同，保持甲方______设备的系统性和完整性，不得把其他厂家产品配在甲方产品上。合同签订时，应注明工程名称。

三、乙方享受甲方的______设备优惠价。从20____年__月__日起，让利的比例按______公司________年____月的销售价目表为准。乙方对甲方产品要保持、发展相当的市场份额，年基本回款任务____万元。

四、付款方式。乙方对甲方的货款结算方式为：合同经双方签字盖章后，乙方在一周内向甲方支付合同总额的____%～____%（以合同总额大小来确定），甲方按合同要求准备货物，在双方确认发货前乙方将余款一次性结清，甲方不予乙方留有任何形式的质保金。

五、乙方的法定代表人要对甲方所订合同的往来账目负责，及时清理货款。乙方人事和管理分工如有重大变化，应及时通知甲方，以便于双方合作的稳定性和延续性。

六、甲方免费向乙方提供______设备宣传资料。如工程需要，甲方根据工程情况提供产品认证复印件，质量体系复印件。乙方应积极宣传、推广、应用甲方的______设备，维护甲方的信誉和经济、技术权益，保守甲方的商业秘密，热情为用户服务。不得假冒甲方注册商标或仿制甲方______设备，也不得销售假冒伪劣产品，不得损坏甲方的企业形象，否则甲方有权追究法律责任。

七、本协议的有效期为两年。本协议期限届满后，如双方协商一致可续签本协议。

八、合同的终止与违约责任：（略）。

九、争议的解决方式

甲、乙双方在履行本合同过程中发生争议，由双方协商解决；协商不成的，按本合同约定的下列方法之一进行解决：

1. 由________仲裁委员会仲裁；

2. 向________人民法院起诉。

十、此协议一式两份，甲、乙双方各执一份。从双方签字之日起即时生效，均具同等法律效力。

甲　方：____________　　　　乙　方：____________
代　表：____________　　　　代　表：____________
电　话：____________　　　　电　话：____________

签约日期：________年____月____日
签约地点：______________________

▲广告牌租用协议

【范例】

甲方（出租方）：____________
乙方（承租方）：____________

经甲、乙双方协商同意，就租用______广告牌一事，达成如下协议，共同遵守。

一、广告牌要求

甲方将位于____路边的______个广告牌，每个规格为______，面积为______平方米，提供给乙方作为其经营范围的商品宣传之用，有关广告内容的责任全由乙方自负。

二、广告牌租用期限

广告牌租赁期限为1年（从____年____月____日起至____年____月____日止）。乙方交纳广告牌射灯的电费。向工商、税务部门申报安装广告事宜由甲方代办，但因此而发生的费用，则由乙方自行承担。

三、乙方所发布的广告内容必须符合如下要求：

1. 所发布的广告内容必须与____产品相关。

2. 广告内容及画面必须与工商登记内容、画面一致，不能违反国家政令法规。

3. 乙方必须在签订本合同即日起______（____年____月____日前）将广告画安装完毕。若乙方不能按时装上广告画，甲方则有权立即将广告牌收回，另行安排，乙方不得有任何异议。

四、广告画的设计、制作、安装

1. 广告画统一使用喷画形式设计、制作、安装，均由乙方负责，由此发生的费用亦全由乙方自负。

2. 在安装广告画前，乙方必须将要制作的广告画样本交付甲方审核，经甲方书面同意后，方可制作安装。否则，由此造成的一切后果由乙方自负。

五、其他规定

1. 广告发布后，若乙方要求修改广告画的规格、内容、版面等，须以书面形式通知甲方。经甲方同意后，才能重新确定修改，由此造成的设计、制作、安装费用均由乙方自负。

2. 因政府行为、场地拆迁或不可抗力因素从而导致广告终止发布，本协议立即终止，双方不负任何违约责任，甲方已收费用不退还。

3. 在同等的条件下，乙方有优先承租原广告牌位置的权利。

本合同一式两份，甲乙双方各执一份，从双方签字日起即时生效，均具有同等法律效力。

甲　方：____________　　　　乙　方：____________
代　表：____________　　　　代　表：____________
电　话：____________　　　　电　话：____________

签约日期：________年____月____日
签约地点：______________________

▲机器买卖协议

【范例】

甲方（出卖人）：____________

乙方（买受人）：____________

经甲、乙双方协商同意，达成如下协议，共同遵守。

第一条　甲、乙双方约定有关××牌机器的买卖事宜，甲方卖出，乙方买进。

第二条　买卖总金额为________元整。乙方依照下列方式支付款项予甲方。

1. 本日（订约日）先交付定金________元整。

2. 甲方必须在________年________月________日前将××牌的机器安装于乙方总公司所在地的工厂。乙方未支付余款，待交货时一次付清。

第三条　甲方于第二条第2项乙方支付余款同时，应将××牌机器的所有权移转于乙方。

第四条　在甲方尚未将机器交付乙方之前，若有故障、毁损或遗失，应由甲方负责，亦即乙方免除支付价金义务。

第五条　甲方保证××牌机器所具有的性能与说明书相符，并须在第三条交付前先行试机，以证明其性能。

第六条　有关××牌机器的品质、性能，由甲方对乙方保证，并以三年为限，在此期间，若非乙方的过失而发生自然性故障，甲方负有赔偿损失及修理的义务。

第七条　若发生第六条的情形，虽经甲方修复，而机器仍然无法操纵，或其性能降低长达一个月时，乙方可依据下列方式选择其一，向甲方提出要求。

1. 换取同种类机器。其条件为乙方须就已使用该机器的时间长短支付货款，每一年乙方应支付甲方相当于第二条总金额五分之一的款项。

2. 退还机器。但甲方得扣除乙方使用机器所应付如前1之款项，其余金额退还于乙方。有关使用机器的时间，无论乙方是否实际使用，规定从第三条甲方交付机器日始至乙方提出退还机器要求之日止。

第八条　乙方若未能在第二条日期前支付余额以交换机器，则甲方无须催告，本合同视同作废，甲方得将该机器搬回。

有关前述甲方的机器搬运费、安装费以及搬回时所需的一切费用，应由乙方负担。甲方除上述权利外，尚可将定金没收，作为损害赔偿。

第九条　甲方若未能在第二条所列日期前交付机器，乙方得向甲方催告，于10日之内交付机器。在此期限内，甲方若仍然无法交付，则本合同视同作废。甲方退还第二条之定金并给付乙方与定金同额的损失赔偿。

本协议一式三份，甲、乙双方及见证人各执一份为凭。

甲　方：＿＿＿＿＿＿　　乙　方：＿＿＿＿＿＿
代　表：＿＿＿＿＿＿　　代　表：＿＿＿＿＿＿
电　话：＿＿＿＿＿＿　　电　话：＿＿＿＿＿＿

签约日期：＿＿＿＿年＿＿月＿＿日
签约地点：＿＿＿＿＿＿＿＿＿＿

▲家具购销协议

【范例】

甲方（立合同单位）：＿＿＿＿＿＿
乙方（家　具　厂）：＿＿＿＿＿＿
经甲、乙双方协商同意，达成如下协议，共同遵守。

品名及规格	单位	单价	数量	金额								备　注
				十	万	千	百	十	元	角	分	
总金额	（大写）											

一、交货地点：＿＿＿＿＿＿＿＿＿＿＿＿＿＿＿＿＿＿＿＿

二、验收办法：＿＿＿＿＿＿＿＿＿＿＿＿＿＿＿＿＿＿＿＿

三、结算方式：＿＿＿＿＿＿＿＿＿＿＿＿＿＿＿＿＿＿＿＿

四、交货期限：＿＿＿＿年＿＿月＿＿日

五、包装方法及费用负担：＿＿＿＿＿＿＿＿＿＿＿＿＿＿＿＿

六、运输方法及费用负担：＿＿＿＿＿＿＿＿＿＿＿＿＿＿＿＿

____

七、违约责任：____

____

____

八、特约事项：____

____

____

九、本协议正本一式____份，双方各执____份。副本____份，分送________、________各________份。

甲　方：____________　　乙　方：____________

代　表：____________　　代　表：____________

电　话：____________　　电　话：____________

签约日期：________年____月____日

签约地点：______________________

第二章　开张、乔迁志喜类应用文写作

第一节　开张志喜

一、开张志喜类应用文概述

开张志喜类应用文，是各企业工程开工、公司成立、行业开业、店铺开张进行庆贺时而使用的一种文体。

二、开张志喜类应用文写作范例

▲开业贺联

△茶馆开张用联

【范例】

龙井泉多奇味
武夷茶发异香

瓦壶水沸邀请客
茗碗香腾遣睡魔

雀舌未经三月雨
龙芽先点一时春

△酒楼、酒店、餐馆开张用联

【范例】

美酒几杯添气色
佳肴一碗补心身

劝君更进一杯酒
与尔同销万古愁

葡萄美酒夜光杯
欲饮琵琶马上追

△美容美发店开业用联

【范例】

不教白发催人老
更喜春风满面生

就我生春色
为君修美容

淡扫轻描眉峰柳叶
吹风剪雨人面桃花

△化妆品店开业用联

【范例】

香送春风令神爽
粉添花气袭人来

蝶粉迷香栩入梦乡
燕脂润色飘欲神仙

△玩具店开业用联

【范例】

看巧匠无双手段
博儿童整日心欢

变形金刚一天一换
洋布娃娃一日一新

△眼镜店开业用联

【范例】

低视可观云里雾
高观能辨雾中花

远近模糊皆登快境
重光日月幸遇明时

△金银首饰店开业用联

【范例】

知君家吉星高照
来我店喜气将临

四时恒满金银器
一室常凝珠宝光

△古董店开业用联

【范例】

传流夏鼎商彝于千古
罗列秦砖汉瓦于一堂

△花店开业用联

【范例】

独具匠心	花木园林富水平泉	万紫千红工点缀
巧手成春	芭蕉桃李春风秋雨	春桃秋菊费平章

△书店开业用联

【范例】

远求海内珍藏本	书山探宝酬君志	书载中外学术
快读人间未见书	店室览胜醉人心	店藏古今知识

△绘画店开业用联

【范例】

丹青饰山水	大地山川生笔底
金碧绘楼台	九州人物出毫端

△开张志喜横批

【范例】

春风得意　春满乾坤　新春吉庆　春光永驻

顾客至上　服务人民　生财有道　文明经商

装点春色（服装店）　良师益友（书店）　妙手回春（药店）

四季飘香（酒店）　宾至如归（宾馆）　风味芬芳（饮食店）

清心提神（茶馆）　别开生面（理发店）

▲开业贺幛

△洗浴中心开业贺幛

【范例】

×××洗浴中心开张志喜

流　光　溢　彩

×××敬贺

△药店开业贺幛

【范例】

×××药店开业留念

妙　手　回　春

×××敬贺

△洗衣店开业贺幛

【范例】

××仁兄新店开张志喜

开张鸿运

友××敬贺

△理发店开业贺幛

【范例】

××尊表姐新店开张志喜

骏发之敬

表弟××敬贺

▲开业贺电、短信息

△开业贺电、短信息（附礼金者）

【范例】

欣闻新店开张，特奉菲仪，敬申贺礼。
敬具菲仪，借贺开张志喜。

△开业贺电、短信息（不附礼金者）

【范例】

欣闻开业纪念，特电致贺。
祝贺新张志喜，谨祝生意兴隆。

▲开业致辞

【范例一】

在物资集团总公司成立暨开业典礼上的演讲

×××

各位领导、各位来宾、同志们：

在省委、省政府的直接关怀和有关部门的大力支持下，物资集团总公司今天正式成立并开业了。在此我代表物资集团公司董事会和全体员工向前来参加开业典礼的国内贸易部×部长等领导同志和省委、省人大、省政府、省政协的各位领导、省委部门的领导、各位来宾表示热烈的欢迎，并致以崇高的敬意！同时也借此机会向一贯支持物资工作，并在组建集团总公司的过程中给予关怀、支持和帮助的有关单位和领导表示衷心的感谢！

物资集团总公司是适应市场经济发展需要，按照党的十四届五中全会精神和本省关于机构改革的要求，由自治区物贸厅转制组建的。物资集团总公司的组建方案是根据省委、省政府1995年7号、8号文件的精神，根据《企业法》《公司法》的有关规定，参照全国各省市物贸部门的做法，借鉴了工业企业组建企业集团的经验，结合我省物资部门的实际，经过反复论证，广泛征求各方面意见而形成的。物资集团总公司是直属省政府领导的大型一类国有独资企业，行使行业管理职能。集团总公司将以服务我省经济建设为宗旨，以提高经济效益为中心，以市场为导向，开展集团化经营，努力开拓大市场，发展大贸易，搞活大流通，不断壮大实力，争取在本世纪末，把集团总公司建成集流通、生产、金融、科技、信息、服务于一体的，跨部门、跨行业、跨地区、多功能、现代化、外向型的新型物资企业集团。

当前，物资行业正经历着有史以来最困难的时期，省物资厅整体转制为物资集团总公司，并授权经营管理国有资产，这为我们进一步克服困难、谋求发展创造了条件。集团总公司成立后，我们将根据现代企业制度的要求，继续深化企业内部改革，理顺关系，建立科学的管理制度，强化企业内部管理，调整组织结构，合理配置资源，盘活存量资产，提高国有资产运营效益。同时认真行使政府赋予的行业管理职能，搞好行业管理工作，围绕建立社会主义市场经济体制，贯彻执行国家的行业发展规划，培养和发展生产资料市场，组织推广现代流通方式，指导物资企业深化改革，改善管理，提高队伍素质，提高经营管理水平，推动全省物资流通产业发展。

展望未来，任重道远。党的十四届五中全会为我们指明了方向，省八届人大四次会议通过的我省国民经济和社会发展“九五”计划和2010年远景目标的意见，给我们制定了奋斗目标。我们殷切期望各级领导和社会各界朋友继续支持我省物资流通事业的发展，我们将以强烈的责任感和时代感，担当起历史的重任，进一步解放思想，转变观念，以新的思路、新的姿态、新的工作方式和新的工作作风，开拓前进，为经济的发展作出新的贡献！

谢谢大家！

××××年××月××日

【范例二】

在××××医药有限公司开业庆典上的讲话

（××××年××月××日）

总经理　×××

尊敬的各位领导、各位来宾、同志们：

你们好！

首先，我代表××××医药有限公司全体员工对前来参加公司开业典礼的各位领导、各位来宾表示热烈欢迎和衷心的感谢！

××××医药有限公司，是经山东省药品监督管理局批准成立的国有医药商业企业，主要经营中西成药、医疗器械。公司现有干部职工86人，其中大专以上学历22人，初、中级职称50人。公司的业务、财务、仓储等环节全部实现微机管理，有着雄厚的资金和完善的市场营销网络。

公司的成立给我们提供了良好的发展机遇和空间。面对新的开始，公司确立了品牌战略，以“代理名牌创品牌，创立品牌增效益”为宗旨，立志发展成为经营规模大、品种齐全、管理科学、省内乃至全国有良好知名度的医药商业企业。

新千年的到来，给我们带来了新的商机。为使公司在市场的潮流中能够搏风击雨，稳定发展，我们的工作计划是：

一、用好人才，培养人才，分工明确，各负其责，实施合理的竞争机制。建立自己的网站，捕捉市场最新动态，研究对策，提高决策水平和预测能力。

二、科学、合理地塑造企业形象，树立品牌，将其转化为企业无形资产，提高企业知名度。

三、做好工、商合作，实现经营方式规模化、销售市场多元化。医药市场日新月异，医疗单位招标竞标，利润越来越低，竞争越来越激烈。只有加快发展，时刻有危机感，不断增强企业实力，更多地占领市场份额，与商业单位密切合作，才能最大限度地扩大销售，达到品种互补，加快物流，加速资金周转。

四、以巩固优势市场，提升薄弱市场为销售方针，努力建成一支思维灵活、业务精通、热爱公司，能与公司保持高度统一，能拼善搏的智力型队伍。为此，我们要不断提高市场调查、预测以及促销公关能力。策略上因地制宜，灵活机动、突出重点、紧紧围绕市场，以市场为中心，及时调整营销布局，灵活推进。要充分利用好人力、物力、财力，由分散到集中，对不同客户制定不同的营销策略。要经常深入市场走访客户，及时准确地掌握市场动态及客户需要。另一方面，要积极调整思路，加强市场调查，做好客户的开发工作，增加新的销售网点。通过扎实细致的市场调查开发工作，逐步建立起立足省内，辐射全国的销售网络。

五、在分配上，奖罚分明。我们要彻底改变旧的分配观念，拉开分配档次，奖优罚劣，对公司有突出贡献的实行重奖，以激发调动职工工作的积极性和创造性。

市场需要无止境，管理服务无句号。新世纪、新挑战。虽然前进的道路上有困难、有阻力，但是我相信，在公司全体员工的齐心协力下，我们凭着集体的智慧和力量，一定能在困难中前进，能在逆境中发展，××××医药有限公司的明天将会更加辉煌。

事业是光荣的，前途是光明的。我们一定不负众望，奋力拼搏，以扎实努力的工作，更好地服务于沂蒙大众，回报社会，为医药事业的发展作出更大贡献。

最后，我再次代表公司全体员工向关心、支持××××医药有限公司发展的领导和朋友们表示衷心的感谢，祝大家身体健康、工作顺利、全家幸福、万事如意。

谢谢大家！

【范例三】

在创新电脑公司开业庆典上的贺词

×××

各位朋友：

你们好！

改革开放带来累累硕果，十五大东风又吹开朵朵新花。在这万象更新的金秋季节，××创新电脑公司隆重开业了。在此我代表各位来宾和广大用户，向你们表示衷心的祝贺！

你们公司的名字是“创新”，今天我的贺词也要来一个创新。在这里，我不想谈“门盈喜气，店满春风”的老话，也不想说“生意兴隆通四海，财源茂盛达三江”的俗愿，我只想从“创新”的“新”字谈起，那就是——新事、新风、新辉煌。

众所周知，科学技术是第一生产力。正当电脑这一崭新的生产力以惊人的速度进入人类一切领域的时候，你们则站在时代的前列，以股份制的新形式成立了公司，并打出了“为现代文明铺路，让电脑走进千家万户”的旗帜，真可谓“胸怀四化业，志在绘宏图”。你们公司开业可喜可贺，而你们从事的新事业更可喜可贺！

自古以来，没有哪个商家不贪利，没有哪个商人不爱财。然而你们说："我们从事的是文明事业，我们就要有别人没有的新风尚，生财有道，以德为先，以信为本。"并推出了人无我有、人有我新的宗旨："有价的电脑，无价的服务"，"全心全意为用户，献出兄弟姐妹情"。朋友们，你们说，有这样的商家，有这样的新风，咱们还愁买不到称心的电脑吗？他们还愁财源不像长江之水一样滚滚来吗？

创新，创新，有创造才会出新；创新，创新，有开拓才能前进。如今，党的政策已经为你们铺平了道路，朋友们，扬鞭起程吧，此时风光正好，天上太阳正红。各位来宾，让我们祝愿创新公司的事业蓬勃发展，一步一层楼！

谢谢大家。

××××年××月××日

▲贺开张信

【范例】

××友：

昨接来信，得知您在××市商业街的靓丽服装店，即日准备开张，真是可喜可贺。您向来对时尚多有研究，加上在外闯荡多年，干这一行定当大有作为。正当您开业之时，本应亲自前往祝贺，恰巧所在单位近期正处转折时期，竟不得脱身，非常抱歉！特寄上礼物一份为贺，望您赏收。

敬祝生意兴隆！

×××敬贺

××××年××月××日

第二节　建屋、乔迁志喜

一、建屋、乔迁志喜类应用文概述

建屋、乔迁志喜类应用文，是人们在建屋、喜迁新居时，为了渲染喜庆气氛而使用的文体。建屋、乔迁志喜类应用文多为对联。

二、建屋、乔迁志喜类应用文写作范例

▲建屋、乔迁贺联

△春季乔迁贺联

【范例】

春风堂上新来燕
香雨庭前初种花

新屋落成逢新岁
春风送暖发春华

里有仁风春日永
家余德泽福星明

△夏季乔迁贺联

【范例】

日永华堂祥光射
云连夏屋气象新

夏屋新迁莺出谷
华堂焕彩凤栖梧

谦让之间其风好
吉祥所止与日长

△秋季乔迁贺联

【范例】

莺迁乔木松树流韵
月洗高秋桂花生香

菊开五福宅
霜染一叶秋

瑞献桐阶凤凰来集
香飘桂苑蟾兔争明

△冬季乔迁贺联

【范例】

院内梅红戏飞雪
门前柳绿舞春风

门对青山江山吐秀
屋临绿水栋宇增辉

岁寒三友增添新色
春风满堂集聚德光

▲祝贺新居乔迁喜幛

△竖式新居乔迁喜幛

【范例】

××哥哥乔迁志喜

凤振高冈

弟弟××敬贺

△横式新居乔迁喜幛

【范例】

××哥哥新居志喜

华　堂　集　瑞

弟弟××敬贺

▲新居贺电、短信息

△新居贺电、短信息（附礼金者）

【范例】

欣闻新屋落成，特奉菲仪，敬电申贺。
顷闻乔迁新居，特奉菲仪，敬电贺喜。

△新居贺电、短信息（不附礼金者）

【范例】

欣闻乔迁，敬电申贺。
新屋落成，恭贺乔迁之喜。

▲贺新居镜屏

△竖式贺新居镜屏

【范例】

××表兄商城
落成志喜
表弟××敬贺
××××年×月×日

△横式贺新居镜屏

【范例】

××哥哥： 新　居　志　喜 弟弟××敬贺

▲庆建新居、乔迁贺信

△贺建造新居信

【范例】

××表姐：

得悉表姐营建安宅，不日告成，美轮美奂。然远隔千里，难以同席相庆。特寄上礼物一份为贺。

敬祝华堂集瑞！

妹妹××谨上

××××年××月××日

△贺乔迁信

【范例】

××姐姐：

得悉姐姐莺迁大厦，燕集华堂，美轮美奂。然远隔千里，难以同席相庆。特寄上礼物一份为贺。

敬祝生意兴隆！

妹妹××谨上

××××年××月××日

▲庆贺新居祝词

△通用祝词

【范例】

风和日丽　美轮美奂　瑞气云集　五福临门

△乔迁祝词

【范例】

乔迁志喜　室迁运通　迁居大吉　乔迁嘉庆

第三章　民事婚姻、家庭类应用文写作

第一节　婚姻应用文

一、婚姻应用文概述

婚姻应用文，是指刊登在报纸、杂志上的一些力求准确表达自己心愿、字数短小而精练的一种类似告白性质的文章，也包括婚姻登记文件、结婚证、夫妻关系、证明信等。

二、婚姻应用文的写作范例

▲征婚告白

【范例】

×先生，36岁，1.80米，大学本科，未婚，曾自费留学日本三年，去年归国。现在一家科研单位工作。经济实力雄厚，有住房，爱好音乐。愿找一位30岁以内，1.65米以上，大学学历，品貌俱佳，善解人意，会治家理财的小姐为伴。信寄×××，来函必复。

××××年××月××日

▲婚姻登记函件

【范例】

结婚专用介绍信

××区（县）民政局：

兹介绍我厂×××同志和×××同志前来你处办理结婚登记手续，请接洽为荷！

×××厂（公章）

××××年××月××日

▲结婚登记申请书

【范例】

结婚申请书

我俩自愿结为夫妻，符合《中华人民共和国婚姻法》关于结婚的规定，请准予结婚登记，并发给结婚证。

申请人 ×××
×××（签名盖章）

××××年××月××日

▲婚礼仪式

【范例】

**×××
××× 同志结婚仪式**

1. 婚礼开始
2. 鸣炮奏乐（或鼓掌）
3. 向父母鞠躬
4. 新郎新娘互致鞠躬礼
5. 介绍人讲话
6. 家长讲话
7. 来宾讲话（或致贺词）
8. 新郎新娘讲话
9. 婚礼结束

▲婚礼致辞

【范例】

1. 告文

公元××××年×月×日承命嗣孙××谨以牲酒之仪，敬告于本宗×氏历代考妣之神前曰：天地太保合太元，人间二美，星会桥边×××、×××夫妇团圆，合卺大吉，齐拜祖先华堂吉庆，笑语喧哗，浪漫情侣，天配良缘，互敬互爱，好合百年，互勉互助，建设家园，同心同德，四化领先，吾祖在上，谅亦欢焉。伏希吾祖，佑启后贤，百世其昌，瓜瓞绵绵，谨告。

2. 证婚人箴词

今天是×××先生和×××女士结婚的喜日，我作为证婚人由衷地感到高兴。新郎新娘都是我公司的青年骨干，两人的感情非常深厚。我相信，今后他们一定能够恩恩爱爱携手共同创造美好的生活。让我们共祝他们幸福美满。

3. 女宾代表讲话

今天来参加×××先生和×××女士的婚礼，非常荣幸。因为我对×××女士十分佩服，现在和×××先生结为夫妻更是锦上添花。我衷心地祝愿你们互敬互爱，白头偕老，永远是一对好夫妻。

4. 贺亲友新婚

×××好友：

今天上午收到你们寄来的喜帖，知道你们终于结婚了。我衷心地对你们的婚事表示祝贺！

俗话说，好事多磨。上次我去杭州出差，算起来也有三年了吧，我见到你们，就说你们有缘，一定能结成好夫妻。谁知你们却非要读完夜大拿下学位才考虑结婚。当时我还真为你们担心。现在我明白了，这三年你们不仅寒窗苦读，学到了知识，而且在互相帮助中增进了解，加深了感情。今天你们的结合情更深意更浓。

接到你的喜帖，我真恨不得立即飞到你们那儿去参加你们的婚礼，为你们祝福！但现在工厂里的任务很紧，不好请假，我无法分身。请你们谅解。但我会在这里热烈地远远地为你们祝福，愿你们心心相印，白头偕老，并祝愿你们早日抱上小宝宝。

随信寄去相册一本，一份薄礼略表心意！

再次祝你们新婚快乐！

友：×××

××××年××月××日

▲离婚证

【范例】

字第　　号

______（39周岁）和______（36周岁）

××申请离婚，经审查符合《中华人民共和国婚姻法》关于双方自愿离婚的规定，准予登记，发给此证。

子女安排	由女方抚养
财产处理	已分割
其他协议	无
结婚日期	×字第××号 ××××年×月×日
持证人：	×××（男）

▲离婚登记申请书

【范例】

我俩自愿离婚，并遵照《中华人民共和国婚姻法》关于双方自愿离婚的规定，对有关问题已作出妥善处理，请准予登记，发给《离婚证》。

姓　名	×××		×××
性　别	男		女
民　族	汉		汉
出生日期			
籍　贯			
现在住址			
工作单位			
文化程度			
职业			
居民身份证编号			
结婚证字号、日期			
离婚原因	子女安排	财产处理	其他协议
感情破裂	由女方抚养	已分割	无

双方申请人签字或盖章、按指印

××××年××月××日

▲夫妻关系证明书

【范例】

字第　号

根据婚姻登记档案记载，______和______已于______年____月____日在______（县、市、区）____（乡、镇、街道办事处）依法登记结婚（结婚证____字第____号）。因原《结婚证》丢失，特出具此证。

本证明书与原《结婚证》具有同等法律效力。

出证机关：（盖章）
出证日期：

<table>
<tr><td colspan="4">一方或双方半身免冠照片
（加盖婚姻登记专用章钢印）</td></tr>
<tr><td rowspan="2">持
证
人</td><td>姓名
出生日期</td><td>（男、女）
____年____月____日</td><td rowspan="2"></td></tr>
<tr><td>工作单位或
现在住址</td><td></td></tr>
</table>

第二节　生子添丁应用文

一、添丁类应用文概述

贺添丁类应用文，是指待到婴儿满月、满百日、满周岁时，进行祝贺、邀请宾朋用的一种书信文体。

二、添丁类应用文写作范例

▲庆贺添丁封包

△庆贺满月

【范例】

外甥女
满月志喜
小舅贺

△庆贺周岁

旧时婴儿生来周年，叫“试周”，俗语叫“对对”，意即对年，也有叫对周的。

【范例】

贺令郎
对周志喜
××贺

▲贺添丁对联

△贺生子联

【范例】

德门喜庆添一子
英物啼祥乐四邻

一朵芙蓉凝玉露
三秋桃实映流霞

川媚山辉蓝玉朗
天高月满蚌珠肥

净地月明生秀草
芳阶风暖长兰芽

△贺生女联

【范例】

双喜临福地
千金耀华门

喜结心中伴侣
欣生掌上明珠

绿竹生新笋
红梅发嫩枝

△贺生双胞胎联

【范例】

两美同生祥开达适
一孪竞秀誉迈郊邻

门前玉树开双苑
堂上银灯绽二星

△贺生孙、生曾孙联

【范例】

凤毛夸济美
燕翼善贻谋

一门绕五福
四代庆同堂

分杯河饼倍重庆
拄杖桑榆乐再孙

△不同季节用联

【范例】

[春生子]
日暖兰阶花吐秀
雷惊竹院笋抽芽

[夏生子]
子种莲房池有新苗
梦延瓜瓞日见长绵

[秋生子]
月朗天高桂宫结子
地灵人杰崧岳生甲

△庆周岁用联

【范例】

万里鹏程先初步
一生大业待开局

新开周岁蹒跚步
初启此生浩荡云

△庆百日用联

【范例】

转瞬新婴迎百日
展眉老幼庆天伦

新家百日添英物
福院三更哄俊娃

▲添丁贺诗

△贺生女诗

【范例】

擎出明珠朗，门拥喜气浓。
画楼巢翡翠，碧水映芙蓉。

△贺生子诗

【范例】

遥瞻佳气报添丁，弧矢新悬座客盈。
已识箕裘绵世德，先从汤饼试啼声。

△贺生孙诗

【范例】

瑶章雒诵庆添孙，兰室香生九畹根。
积德由来终善报，他时腾云跃龙门。

▲庆祝添丁贺幛、贺匾

△生子贺幛、贺匾

【范例】

玉燕投怀　　熊梦征祥　　德门生辉　　芝兰新茁

△生女贺幛、贺匾

【范例】

世界增辉　　掌上明珠　　福至红楼　　绿凤新雏　　幽兰吐蕊

△生双胞胎贺幛、贺匾

【范例】

八士征祥　　花萼相辉　　珠璧联辉　　棠棣联辉

△生孙贺幛、贺匾

【范例】

饴座欢腾　　乐享含饴　　绳其祖武　　梓舍承欢　　孙枝茁秀

▲添丁贺电、短信息

△添丁贺电、短信息（附礼金者）

【范例】

[庆生子]
顷闻毓麟之喜，特电申贺。并附菲仪，聊佐汤饼。

[庆生女]
明珠入掌，特电驰贺。并附菲仪，聊佐汤饼。
[贺友子满月]
瑞气充闾，喜临弥月。聊具薄仪，少旌芹意。

△添丁贺电、短信息（不附礼金者）

【范例】

恭贺弄璋之喜，并祝母子健康。
麟儿天赐，欣幸同深，特电申贺。

▲贺添丁祝词

△生男孩祝词

【范例】

新月霁空　　祝子成龙　　继业有人　　家国新秀

△生女孩祝词

【范例】

应运天使　　凤雏新鸣　　合浦得珠　　掌上明珠
蓝田得玉　　婺女仙葩　　瑶池使者

△生双胞胎祝词

【范例】

龙凤呈祥　　双虎同临　　兰桂齐芳

△得孙子祝词

【范例】

桂子兰孙　　麟雏龙种　　族繁脉旺　　子孙昌盛　　宝贵永继

▲贺添丁信

△贺生子信

【范例】

××先生：

近日，得知先生有弄璋喜庆，不胜欢欣，遥相恭贺。现珍便寄上薄礼一份，以供汤饼之需，望您笑纳。

恭祝

吉祥安乐　合家欢庆！

××谨上

××××年××月××日

△贺生女信

【范例】

××弟：

灯辉月灿，节届元宵，欣闻足下添千金喜庆。知兄今后的人生又多了一份乐事。现珍便寄上帽饰及衣物数种，聊为汤饼之需，望您笑纳！

恭祝

吉祥安乐！

哥哥××谨启

××××年××月××日

第三节　家庭协议书

一、家庭协议书概述

家庭协议书是家庭成员或亲友、朋友、同事之间就某一问题或某些事项经过交换意见、共同协商、细致谈判达成共识后，由有关各方共同签署的具有法律效力的记录性应用文。其写作格式如下：

1. 标题

居中写明“×××协议书”字样。

2. 开头语

写明协议双方的姓名，双方接触的简要情况，所达成协议的事项名称，双方的一致态度。

3. 正文

分条款叙写协议的有关约定事项，并在最后两条分别注明协议的生效时间、协议书的份数。

4. 结尾

写明协议双方的姓名，违约的处理办法，见证人姓名，并分别签字盖章。如有必要还应写明双方的联系地址、邮政编码、电话等。

二、家庭协议书的写作范例

▲财产分割协议

【范例】

财产分割协议

立约人：

张××，男，58岁，汉族，北京市××区人，退休工人，现住北京市东城区××胡同××号（系下列立约人之父）。

张××，男，30岁，汉族，籍贯、住地同上，系张××之子。

张××，女，26岁，汉族，干部，家住北京市××区××小区××号。

见证人：赵××，男，52岁，北京市人，现住北京市东城区××胡同××号（与立约人张××系邻居）。

立约人张××共有一男一女，二子女均已结婚，现三人均表示愿意分家析产，改变过去共同生活的状态，各立门户。经协商，达成如下分产契约，并由邻居赵××做见证人。

（一）张××随其长子张××一起生活。

（二）现住平房3间，归长子张××所有，长女张××随其丈夫另住。

（三）家具及家用电器。熊猫彩电、组合音响、海尔冰箱归其长子张××，录像机、摄像机各一台，归其长女张××。

（四）存款8万元，由其长女张××分得4万元，长子张××分得4万元。其长子张××负担其父张××日常生活费用。

（五）张××如遇重病或其他意外，费用由其长子张××和长女张××共同负担。

（六）以上所列各项，立约人完全同意，并有见证人作证。

立约人：张××
张××
张××
见证人：赵××
××××年××月××日

▲收养协议

【范例】

送养人：卢×文，男，××省××县，1945年出生，教师，住××市××路×号，被收养人生父。

李×英，女，××省××县，1947年出生，教师，住址同上，被收养人生母。

收养人：李×明，男，××省××县，1940年出生，职员，住××市××路×号。

陈×芳，女，××省××县，1939年出生，医生，住××市××路×号。

收养人李×明是送养人李×英的胞兄。李×明同陈×芳结婚后，一直无生育。而卢×文、李×英又是多子女户，有三男一女。经协议，卢、李夫妇愿将他们的幼子卢×辉过继给李、陈夫妇为养子，被收养人也表示愿意。一致协议如下：

一、被收养人卢×辉于本协议签订之时起，即为李×明、陈×芳的养子；

二、卢×辉改名为李×辉；

三、卢×辉以父母呼其养父母；

四、今后，上列三方应共同遵守法律所规定的收养关系的权利和义务。

李×明、陈×芳对卢×辉承担父母对子女的抚养责任。

卢×辉今后应对李×明、陈×芳尽子女对父母的赡养责任。

卢×辉应听从养父母的教育，努力学习，养成良好品德。

立收养协议人：
卢×文（签名盖章）
……
证明人：
邱××（签名盖章）
胡××（签名盖章）
××××年××月××日

▲赡养协议

【范例】

赡养人：张聪×，男，52 岁，××制氧机厂工人；
张明×，男，49 岁，××公司干部；
张伶×，女，46 岁，××中学教师；
张俐×，男，43 岁，××商店营业员。

被赡养人：刘××，女，70 岁，无业，赡养人之生母。

被赡养人：刘××，年老多病，无经济收入，独自生活困难很大。为了使被赡养人安度晚年，经其子女张聪×、张明×、张伶×、张俐×协商意见一致，特订立本协议如下：

一、自××××年××月××日起，赡养人轮流接被赡养人回家共同生活，全面负责照顾被赡养人的生活，并负担其同生活期间被赡养人的全部费用开支。被赡养人的生活水平不得低于任何一位家庭成员。赡养轮换期为每半年一轮换，赡养次序依次为张聪×—张明×—张伶×—张俐×。

二、未轮到接被赡养人共同生活的赡养人至少每月亲自或委派家庭其他成员探望被赡养人 1 次。被赡养人患病住院或遇到重大事件时，由共同生活的赡养人通知其他赡养人，共同轮流护理或商讨处理办法。共同生活期间，如被赡养人因特殊原因，费用开支大幅度增加，可由其他非共同生活的赡养人予以补助。

三、被赡养人现居的住房以及拥有的现金、财物任由本人处置，赡养人不得干预。

四、本协议不尽之处，可随时补充修改，但须经各赡养人一致同意。

五、本协议一式五份，赡养人、被赡养人各执一份。

赡养人：张聪×（章）
张明×（章）
张伶×（章）
张俐×（章）
被赡养人：刘××（章）
××××年××月××日

▲离婚财产处理协议

【范例】

××区民政科：

余××（男）与赖××（女）自19××年结婚以来，长期感情不和，双方经协调决定离婚。现就家庭财产分割的有关事宜达成如下协议：

1. 夫妻关系存续期间财产包括，彩电一台，冰箱一台，音响一台，存款5000元，以及家庭日常用具若干。由于女方抚养孩子，家里的财物余××只取自己的衣物、书籍，其他均归赖××所有。

2. 余××、赖××婚前财产仍归各自所有，双方对各自所有物并无争议。

3. 余××、赖××现住房，系男方单位所有。赖××待离婚申请批准后自动搬出。

以上协议是在××厂（男方单位）工会主持下，本着平等、自愿原则进行的，希望民政机关予以认可。

男方：余××
女方：赖××
证明人：陈××
（××厂工会主席）
××××年××月××日

第四节　申请书

一、申请书概述

申请书是个人、单位、组织，向上级组织、机关、团体、领导提出要求实现和满足自己的希望、要求的一种文体。其具体写作格式如下：

1. 标题

在申请书第一行正中写申请书的名称，一般只写“申请书”三字就可以了，有的则写出内容的主旨，如“入党申请”“申请调换工种”等。标题的字体可略大于正文，也可和正文一样。

2. 称呼

称呼也叫“抬头”，就是在标题下空一行顶格处写出接受申请书的组织、机关、团体、单位、领导的名称。称呼后用冒号。

3. 正文

正文是申请书的主体，在称呼下一行空两格处起写。正文部分要写明申请的事情和理由。如果内容和理由较多，特别是申请的事情有多件的情况下，每一件事都要分段写，以使眉目清楚，不致混合错漏。

4. 结尾

结尾部分往往是表示礼节或恳切的愿望，如“此致敬礼”“恳请批准”“不胜感谢”等。

5. 署名和日期

在结尾下一行的靠右写上申请人姓名或单位名称。如是单位，要盖公章；如是个人，可盖私章，也可不盖。在署名后面写上写申请书的年月日。

二、申请书的写作范例

▲入团申请书

【范例】

入团申请书

××团支部：

通过学习，我认识到中国共产主义青年团是我国先进青年的群众性组织，是党的助手。她在党的领导下，用马列主义、毛泽东思想团结和教育广大青年，带领青年向着共产主义的目标前进。我迫切要求参加共青团，以便在团的教育和帮助下，为建设有中国特色的社会主义作出贡献。请考虑我的要求。

此致

申请人　×××

××××年××月××日

▲入党申请书

【范例】

入党申请书

敬爱的党支部：

我郑重地提出申请，要求加入中国共产党。

加入中国共产党是我在学生时代就向往的，记得我在加入共青团时，就曾宣誓要为共产主义事业奋斗终生。现在，我已进入中年，曾几次拿起笔，想向党表明心愿，可在这严肃的时刻，总觉得我与党的要求相差甚远，常常因没有勇气而搁笔。

这几年来，经过党的教育，英雄模范人物的激励，我经过了思想磨炼，更加坚定了为共产主义远大理想奋斗终生的信念。我热爱中国共产党，对她坚信不疑。

中国共产党是中国工人阶级的先锋队，是中国各族人民利益的忠实代表，是中国社会主义事业的领导核心，党的最终目的是实现共产主义的社会制度。

中国共产党是伟大、光荣、正确的党，曾带领中国人民战胜了各种艰难险阻，从1921年建党以来，取得了一个又一个的胜利。没有共产党就没有新中国，没有共产党就没有我们当今的建设成就。党的十一届三中全会确定了我党在新时期的改革开放的政策，并且取得了丰硕成果。尽管我们党也受到一些挫折，党内还存在不正之风，但这不是主流，是在前进道路上的问题。事实证明，党能够依靠本身的力量，克服困难，改正错误，更加生气勃勃地前进。

我深深地认识到，我们只有团结在党的周围，在党的各项方针政策的指引下，进行社会主义现代化建设，才能使我们国家早日进入世界先进国家的行列。我们个人的命运与党的命运息息相关，没有党的领导，建设社会主义将是一句空话，更何况个人的前途命运。

近几年来，我在本职工作方面取得了一些成绩，思想方面也有了较快进步，这些都与党对我的关心、教育分不开。我的身上还存在缺点，还有待于不断学习不断磨炼。我衷心希望得到党组织的帮助和培养。虽然我现在还不是一个共产党员，但是，我决心用共产党员的标准严格要求自己，积极向组织靠拢，在组织的教育和帮助下，发扬成绩，克服缺点，不断进步，争取早日从思想上入党。当前，党和国家的各项改革事业正在蓬勃发展，能够在此时向党递交申请书，我感到光荣和自豪。不论组织何时发展我入党，我都将永远为党的事业而不懈努力。

请党考验我。

申请人：×××

××××年××月××日

▲入团志愿书

【范例】

入团志愿书

我志愿加入中国共产主义青年团，做一名光荣的青年团员，为祖国的四化建设贡献自己的一份力量。

青年团是中国共产党领导的先进青年的群众组织，是广大青年在实践中学习共产主义的学校，是党的助手和后备军。她诞生于祖国危亡、战乱纷纭的1922年，她吸引和组织千百万中华优秀儿女加入革命洪流，为了中国人民的解放事业前仆后继，英勇牺牲，迎来了中华人民共和国的成立。在社会主义革命和建设时期，她更是发挥了高度的模范带头作用。许许多多无产阶级革命家、青年楷模、战斗英雄、劳动模范在她的指导下，为祖国、为人民作出了极大贡献，并为她增添了光荣。所以，做一名团员是光荣的，是我生平的夙愿。

我是在一个优越环境中顺利成长的青年人，在家庭和老师的熏陶下，对祖国、对党、对团从小怀有感情。在中学时对团就感情深厚，进大学后，希望自己成为一名团员的要求越发强烈。大学阶段是我人生观逐渐建立的时期。面对以经济建设为中心，坚持四项基本原则，坚持改革开放，建设富强、民主、文明的现代化国家的现实，我觉得自己肩负历史重任，应当努力学习本领，做合格人才，为团争光，绝不会做出有愧于青年团员这一光荣称号的事。

我志愿加入青年团，在团的教育下，改正缺点，发扬优点，树立正确的人生观；坚决拥护中国共产党的领导，遵守团的章程，执行团的决议，履行团员义务，严守团的纪律，对团忠诚，积极工作，吃苦在前，享受在后，为共产主义事业而奋斗。

×××

××××年××月××日

▲入党志愿书

【范例】

入党志愿书

我志愿加入中国共产党。是党抚育和培养我健康成长，是党的许多英烈在我幼小的心灵里留下了美好的印象；是党把我们全家从敌人的屠刀下解放。是党在我最困难的时候，为我拨开云雾指明方向——把一个学徒工用人民助学金提高到大学毕业生的水平之上；是党的正确路线为我们全家的冤假错案昭雪平反，家人中有6人加入了共青团、4人加入了共产党，恢复了我们做人的尊严和为社会主义事业贡献力量的无上的光荣，让我们在改革开放的时代，甩开膀子为共产主义的理想直前勇往——党就是我的希望，党的理想就是我的理想，党的困难就是我的困难，我应当时刻为党分忧解愁勇当闯将，我的一切永远应该属于伟大的中国共产党！

我志愿加入中国共产党。我认为中国共产党是中国工人阶级的先锋队，是中国各族人民利益的忠实代表，是中国社会主义事业的领导核心。党的最终目标是实现共产主义的社会制度。中国共产党领导全国各族革命人民为共产主义理想流血牺牲、艰苦奋斗，推翻了压在中国人民头上的“三座大山”，建立了人民民主专政的中华人民共和国，又领导全国各族人民为建设社会主义而进行着艰苦卓绝的斗争。党的数十年的历史，证明了中国共产党是唯一能够领导中国各族人民走向共产主义最高理想的伟大、光荣、正确的党。因此，我更加坚定了要成为一个中国共产党的好党员的革命信念，并为自己能成为伟大党的一员，与党共渡难关而终生荣幸。

我志愿加入中国共产党。自从1980年6月调入西北大学以来，中文系各级党组织和广大党员同志认真耐心严肃诚恳地指出我的缺点，肯定成绩，创造条件，提供机会，帮助我不断前进。对照党员的“八条”标准，我还存在许多不足之处：由于多年来在错误路线和冤假错案的压抑下，使我在政治上产生了自卑感，但从专业和别的一些方面产生了强烈的优越感和过分的自尊心和自信心。自认为初中只上了1年多，又当过工人，又上过3个大学，考过研究生，十几岁就开始发表作品，是个“天才”；久而久之，在待人接物之中，自觉不自觉地就流露出了自我吹嘘、自负和骄傲情绪；特别是在受委屈和误会时，只图自己痛快，不计客观效果，由着倔强、直率的性子说过头话，伤了一些同志的感情，造成了一些不良后果和误解，事后后悔也来不及！有鉴于此，我决心按照党章的要求，向党员同志的模范行动看齐，把端正党风的号召落实在自己的行动上，狠下功夫克服缺点，改正错误，努力进步，争取在今后的几十年中为党多作贡献，发誓一辈子拥护党的纲领，遵守党的章程，履行党员义务，执行党的决定，严守党的纪律，保守党的秘密，对党忠诚，积极工作，为共产主义奋斗终生，随时准备为党为人民牺牲一切，永不叛党。

×××
××××年××月××日

▲建房申请书

【范例】

××规划局：

我厂拟建职工食堂1000平方米，已经××部〔××××〕×发×字×第×××号文批示，同意在本年完成设计并要求在四季度施工，年前完成基础部分。该项工程已委托××市设计院设计。食堂位置在本厂厂内（附地形图二张），请审查，并请批示红线图。

××市××××厂
（盖公章）
××××年××月××日

▲拆迁申请书

【范例】

申请人：某房地产开发公司，住所：某市某区某大街×××号。法定代表人：×××，职务：×××。

申请人因需要拆除经有关部门批准的建设用地范围的房屋及其附属物，特向房屋拆迁主管部门提出拆迁申请。

请求事项：

请主管部门批准申请人的拆迁计划和拆迁方案，并发给申请人房屋拆迁许可证。

事实和理由：

申请人经有关主管部门批准，在本市某区大街一带进行危旧房改造建设，需要拆迁该地区的房屋及其附属物。依据我国拆迁管理法律法规的规定，申请人已经依法制订了拆迁该地区范围的房屋及其附属物的拆迁计划和拆迁方案，并已经准备了拆迁安置和补偿用房，现依法提出拆迁申请，请主管部门批准申请人所提出的拆迁计划和拆迁方案，并依法发给申请人房屋拆迁许可证。

此致

某市房地产管理局

申请人：某市房地产开发公司

××××年××月××日

附：1. 建设项目批准文件（略）

2. 建设用地规划许可证（略）

3. 国有土地使用权批准文件（略）

4. 拆迁计划（略）

5. 拆迁方案（略）

6. 办理存款业务的金融机构出具的拆迁补偿安置资金证明（略）

▲申请补办身份证

【范例】

居委会领导请转呈××公安派出所：

我系××公司××外工作人员，在×月×日上班乘公共汽车途中，不幸随身携带的皮包被窃，事后检查发现丢失现金200元，身份证及工作证均被窃。为避免遭受意外损失，我在翌日即请××公安周报刊登遗失启事。今向贵所申请补办身份证。我因经常外出工作，无证较为不便。望请早日给予补办为谢。

家庭地址：××街××号。原身份证号码为“××××……”

申请人：×××

××××年××月××日

▲入学申请书

【范例】

尊敬的校领导：

你们好！

我是我校××级会计二班的学生夏秋叶。我在去年的一次体育课上，由于不慎摔了一跤，造成了左腿骨折。经过一年的治疗和调养，现已基本痊愈，为了不耽误下学期的课程学习，现特提出申请，请求复学。

去年住院以后，由于不能上课，就向学校提出了休学申请。当时我的辅导张老师跑前跑后，所有的休学手续都是他给办的，因此有些具体复学的手续我还不太清楚。上周，我曾给张老师打电话，但办公室的老师告诉我张老师已经调往别的单位了。我也不好再麻烦张老师。我开始休学的时间是6月7日，再有20天正好就是整一年。由于进入6月，学校临近期末，各方面工作较多较忙，又快放暑假了，因此为了能在学校放假前将所有的入学手续办妥，我就向学校教务处的赵老师作了咨询。赵老师给了我很多帮助，我已填好了有关表格。

在家休养这一年中，我从未放弃过自己的课本学习。出院不久，我就让家人把我所有的专业书籍从学校拿了回来，每天给自己制订了具体的学习计划。专业外语，向他们求教。这一年来，我还读了不少提高个人修养方面的书，读了一些中外名著。因此，一年来我虽未在校，但并未停止学习。

因此，我希望领导考虑能否让我重新跟原班学习。我知道这种提法有些过分，但我请学校找有关的老师对我进行一次考试，再作决定。若我各方面知识确实不让人满意，我将无怨无悔，重新学起。

此致

衷心的谢意！

学生：×××

××××年××月××日

▲转学申请书

【范例】

××大学学生科：

我是本校××系××××年进校的二年级学生。最近，我父母因工作要调至南方××市工作。我是家里的独生女儿，自小得了小儿麻痹症，腿脚行动有些不便，加上从上学期起又得了风湿性关节炎，一个人独立生活有所困难，需要得到父母的关照。这样，留我一人在北方极为不利，不方便，因此，请求学校将我的学籍转到我父母现在工作的××市××大学。特此申请，恳请批准。

此致

深切的谢意！

申请人：×××

××××年××月××日

▲出国留学申请书

【范例】

英国伦敦

××大学

校长先生：

您好！

我是中国××大学中文系01级毕业生。毕业后，通过考试，做了国内××大学的硕士研究生，专攻欧美近代文学。

三年来，我在完成学业的基础上，在导师的指导下，发表了不少论文，得到了国内专家的好评。但我总觉得自己还年轻，功底还欠牢靠，还需继续深造。我将打算向我的导师讲述后，他非常支持我，并建议我去贵校读博士研究生，研究美学。他说，你校办学历史悠久，学者云集，人才济济，有几个还是他的师友，在学术界享有盛名。我也读过他们中不少人的著作，对他们博大精深的学识非常钦佩，很想当面聆听他们的教诲。为此，我特向贵校提出入学申请书，请贵校接受我的入学申请书，研究考虑我入学的问题。如果同意我入学，请尽快发来入学通知书，如果想从各方面了解我，只要来信，我会尽我所能，答复你们的一切问题。

请接受我衷心的谢意！

学生　×××

××××年××月××日

▲出国定居申请书

【范例】

加拿大驻华大使馆

大使先生：

您好！

我叫×××，女，汉族，现年58岁。大学文化程度。原××市×中学退休教师，现在孀居在家。家住××省××市××路××号。

我家原有三口人，即我丈夫、儿子和我自己。我丈夫于三年前病故；儿子二十年前定居贵国温哥华市××大街××号，现已结婚生子。目前我体弱多病，单独一人，生活难以维持，儿孙远在海外，举家难以团圆，为了我老有所依，能在晚年享受天伦之乐，征得儿孙们的同意，我想通过你并向贵国提出定居申请，请接受我的申请，并联系发给我定居许可证。

此致

衷心的谢意！

申请人：×××

××××年××月××日

第五节　遗嘱

一、遗嘱概述

遗嘱，是立遗嘱人按法律规定对死后财产进行处理的承诺。遗嘱分自书遗嘱和代书遗嘱两种。立遗嘱人可以按照自己的意愿，将自己的财产全部或一部分指定由法定继承人或其他人继承。这种法律行为属于单方法律行为，无须经他人同意，自遗嘱人死亡时起，遗嘱即开始生效。

遗嘱的写作格式如下：

1. 标题

居正中写上“遗嘱”二字即可。

2. 正文

要写清立遗嘱人姓名、性别、年龄、籍贯、家庭住址，立遗嘱原因，立遗嘱内容，其中的遗产遗嘱要写清楚遗产名称、数量、继承人。要注意遗产遗嘱必须是遗产所有者，立遗嘱时不得侵犯他人权利。

3. 结尾

结尾部分要写清主遗嘱人、证明人，如有律师代书时，要注明代书人姓名，最后署上立遗嘱日期。立遗嘱人和证明人、代书人都要签字盖章或按手印。

二、遗嘱的写作范例

▲遗嘱

【范例】

遗　嘱

立遗嘱人：赵××，男，72岁，××省××县人，住××市大新街××号。

我年已72岁，患糖尿病多年，近来更觉体弱身虚，深恐有一天突然与世辞别，家属发生继承遗产纠纷，故邀内弟张××，外甥李××为证，并委托××市××律师事务所律师惠××代书遗嘱，留我家属，各自恪守，毋生争执。

我在原籍××省××县××乡××村，有三间瓦房及家具等，在××市有存折一张，内存壹万元。我身无债务，与他人也无财物纠纷。现立遗嘱如下：

1. 我后妻杨××，现年70岁，无亲生子女，切望我子和女负责赡养。杨××同我结婚十余年，平日对我照顾、关切备至，我在病中，更是体贴入微，使我得到慰藉。我在本市有两室一斤住房（65平方米）及家中财产，并愿从银行存款中拨出伍仟元，由她一并继承。杨××百年之后，其遗产生前如未依法自行处理者，我子我女可按份平均予以继承。

2. 我大儿赵××在原籍务农，我在原籍所有的财产全部由他继承。

3. 我小女赵××是下岗职工，生活有困难，我愿将存款拨出伍仟元，由她继承。

4. 在上遗嘱共六份（经校对内容相同，文字无异）。

立遗嘱人：赵××（签名盖章）

证 明 人：张××（签名盖章）

代书人：××市××律师事务所律师　惠××

××××年××月××日

▲自书遗嘱

【范例】

林××遗嘱

立遗嘱人：林××，男，××岁，××省××县人，住××县××街×号。

我今年××岁，且患有高血压症，身体随时可能发生意外，故立此遗嘱，表明我对自己所有的财产在我去世之后的处理意愿。

我和我的后妻陈×现共有以下财产：

一、原籍××省×县××乡××村有瓦房四间，共83平方米；家具共有15件，其中双人床两张，大立柜两个，方桌两张，木凳八个。

二、有××县银行定期存款单一张，存有6000元。

为了在我死后，在财产分割上不发生纠纷，现对我的后妻陈×各自的财产加以明确，并对我自有的财产提出如下的处理意见。

一、后妻陈×现年××岁，无亲生子女，丧失劳动力。我们结婚20年，她对我关怀备至。对我和她共有的财产应先行明确她所有的部分。计房屋靠东的两间43平方米，房内家具包括双人床一张，大立柜一个，木凳四个、方桌一张，归陈×所有，存款中的3000元为陈×的财产。

二、我自有的财产在我死后按如下方式予以分割和继承：

1. 靠西的两间房共40平方米，房内家具计有大立柜一个，方桌一张，木凳四个，由长子林××继承。

2. 存款3000元，分给：陈×1000元；长子因承担了赡养后母的责任，分给1500元；长女林××已在外成家，丈夫有固定收入，经济不太困难，分给500元。

3. 本遗嘱一式四份，经公证机关公证后，分别由后妻陈×，子林××，女林××各执存一份。

立遗嘱人：林××（签名盖章）

证明人：王××（签名盖章）

甘××（签名盖章）

刘××（签名盖章）

××××年××月××日

▲代书遗嘱

【范例】

王××遗嘱

立遗嘱人王××，男，××岁，××省××县人，住本市××街××巷×号。

我无子女，无近亲，近期肝硬化的病情转重，我的生活全靠邻居刘××照料。长期以来我与刘××情谊甚笃，对于他的悉心照顾我十分感激。我决定，在我去世以后，将我全部个人财产，计旧床一张，方桌一个，木凳两个，黑白电视机一台，双铃马蹄钟一个，上海牌手表一块，零星家具若干，都无偿地赠与刘××所有。我的后事，也烦刘××料理。特立此遗嘱为证。

立遗嘱人：王××

证明人：李××（签名盖章）

许××（签名盖章）

代书人：律师贾××（签名盖章）

××××年××月××日

第六节　赠与

一、赠与概述

赠与是公私财产的所有权人将所属财产全部或一部分赠与他人的一种民事行为，记载这种民事行为的文体称为赠与书。赠与行为有两种：一是无条件赠与；二是有条件赠与。无论是哪种赠与行为，其赠与书的写作格式与要求如下：

1. 标题

居正中写“赠与书”二字，如属有条件赠与，可在“赠与书”前面附加“有条件”三字。

2. 正文

正文中要写清5个问题：

①赠与人姓名、性别、年龄、籍贯、住址、身份证号。如属单位赠与，要写清单位全称。

②受赠人姓名、性别、年龄、籍贯、住址、身份证号。

③赠与财产名称、数量、质量、颜色、特点等。

④赠与财产所有权转移生效时间。

⑤如属有条件赠与，应写清条件内容，并注明达到赠与条件时赠与生效。

3. 结尾

结尾部分要写清赠与人、受赠人、见证人姓名，并由本人签字盖章或按手印。最后写上赠与书签字日期。如需公证，应在结尾处写明。

二、赠与书的写作范例

▲赠与书

【范例】

赠与人：郑××，男，62岁，汉族，××省××县人，住××县××乡××村××组。

受赠人：郑××，男，34岁，汉族，籍贯住址同上。

赠与人郑××没有儿女，长期以来得到郑××的关心和照料。现郑××愿将自己六间瓦房中东边的两间赠与郑××，特立此赠与书，以资证明，并约村委员会主任郑××作证人。

赠与人：郑××（签名）
受赠人：郑××（签名）
见证人：郑××（签名）
××××年××月××日

▲赡养赠与书

【范例】

遗赠人：康××，男，××岁，××省××县人，住××县××乡××生产队，农民。

赡养人：刘××，男，××岁，××省××县人，住×××县××乡××生产队，农民。

康××因年老，患气管炎、肺气肿等病，身体衰弱。有一子，任边防部队某地连长，已在边疆安家。我家中无人照料，长期以来依靠内侄刘××照顾。经双方邀约，愿意订立遗赠赡养协议，并请村长向××，村调解委员会主任李××代书，双方承诺履行以下协议：

一、康××愿将自己的瓦房三间、猪圈一个，建筑面积为117平方米，以及房屋中的一切家具杂物（计有大床一张、小床两张，大小方桌各一个，大小立柜各一个、木凳六个、水桶一挑、小家具若干件）全部赠给刘××。刘××在康××去世后即受领上述全部财产。

二、刘××保证继续悉心照顾康××，让老人安度晚年，至康××去世之前供给生活水平保持全村平均水平以上。康××的饮食起居一切照顾由刘××承担。康××去世后由刘××负责送终安葬。

三、本协议自签订之日起生效。

本协议一式三份，刘××、康××各执一份，村长向××保存一份。

立赡养赠与书人：康××（签名盖章）
刘××（签名盖章）
证明人：向××（签名盖章）
李××（签名盖章）
××××年××月××日

第四章　婚庆、寿庆、丧葬类应用文写作

第一节　婚庆应用文

一、婚庆应用文概述

婚庆应用文，是对新婚者表示祝贺的一种文字表达方式。

写作婚庆应用文时，要求文字新颖，尽量表现出与众不同的特点。

二、婚庆应用文的写作范例

▲婚嫁请帖（柬）

△男女当事人联名请亲友

【范例】

××友：

我俩订于5月1日上午10时在我厂工会俱乐部礼堂举行结婚典礼，并备喜宴招待。恭候光临

刘大林
徐筱莉　鞠躬

席设：××××大酒店　　　时间：中午12时入席

地址：×××大街××号前走100米

△双方家长联名请证婚人

【范例】

谨订于六月二十八日上午十时为

长男宇人
次女珍珍

成婚届期恭请

惠临福证

黄世清
包曼琳
夏宏
牛洁心
鞠躬

恕邀

地点：本市南城区光华路六号
丽山大饭店金龙厅

△亲送柬封

【范例】

1. 邀请证婚人

敬请

柳校长 敬尧 福证

杜式甫
武中惠
谨上

2. 邀请长辈

恭呈

刘老师 天维 夫人

范景泉
白素香
谨上

敬呈

吴先生
锦山
夫人

刘觉民
丁小丽
谨上

▲结婚公告

【范例】

王达宏
李玉珊 **结婚公告**

长子王达宏
次女李玉姗 将于××××年××月××日在南宁南方大酒店结为百年之好。特此公告。

王同文
李希民 同敬启

××××年××月××日

高海波
马艳梅 **结婚公告**

我俩定于××××年××月××日在上海国际饭店结婚。从此风雨同舟，携手共度人生的美好岁月。谨此敬告各位亲朋好友。

××××年××月××日

▲婚嫁联

△贺新婚通用联

【范例】

美满姻缘　志同道合　百年好合　同心永结
革命家庭　花好月圆　五世其昌　白头偕老

△贺新婚大门用联

【范例】

红莲并蒂开　一世良缘同地久
彩凤双飞乐　百年佳偶共天长

天喜地喜催得红梅放　映日红莲开并蒂
主欢宾欢迎将新人来　同心伴侣喜双飞

△贺新婚头门用联

【范例】

扫净庭阶迎客驾　头上青霄鸾比翼　拴马不教宾客返
携来笙管接鸳舆　门中珠履客谈心　碰杯漫听凤凰鸣

△贺新婚厨房门用联

【范例】

厨内飘出香味　客有隆情来庆贺　门外移来皆玉步
房中来了佳人　厨无美味实怀惭　厨中捧出尽金瓜

△贺新婚重门用联

【范例】

父喜子喜重重喜　喜溢重门迎凤侣　六礼周全喜迎凤侣
友欢戚欢个个欢　光增陋室送宾车　双亲欢笑喜看儿婚

△贺新婚侧门用联

【范例】

淑女迎门蓬门添异彩
嘉宾到户革户倍生辉

宜把欢情联左右
愧将薄席款西东

杯杯喜酒盛款佳客
声声花炮喜庆新婚

鞠躬致迓嘉宾到
侧耳遥闻彩凤啼

△贺新婚中堂用联

【范例】

合欢偕伴侣
新喜结亲家

子媳早相知同德同心密室
岳翁原旧友有情有义明堂

△贺新婚洞房用联

【范例】

洞内桃花开半夜
房中贵子结五更

玉楼光辉花并蒂
金屋春暖月成圆

△贺新婚父母房用联

【范例】

事父母以尽竭其力
做儿媳理应报深恩

冬温夏清侍父母
侍菜好酒献翁姑

△贺新婚宴厅用联

【范例】

三杯淡酒酬宾客
一席粗肴宴懿亲

客溢蓬门家有幸
席陈淡酒主怀惭

陋室摆筵酬厚意
嘉宾上座叙欢情

△贺新婚后门用联

【范例】

后话慢谈留客住　　后槽关马留佳客
复邀相聚叙亲情　　门第惭蜗宴上宾

△贺新婚祖台用联

【范例】

光前振起家声远　　祖功宗德流芳远　　燕翼贻谋承后裔
裕后遗留世泽长　　子孝孙贤世泽长　　凤毛齐美耀前人

△贺新婚用横批

【范例】

喜结良缘　同心同德　珠联璧合　凤翔鸾鸣
心心相印　龙凤呈祥　玉树琼枝　福缘鸳鸯
情深似海　百年好合　互敬互爱　情真意切
幸福美满　莺歌燕舞　花好月圆　永结同心
情投意合

△贺工界新郎、新娘新婚联

【范例】

上联：良治良弓　箕裘克绍　男女平权　分工合作　合作制成新作品
下联：宜家宜室　琴瑟新调　室家和乐　迪吉凝休　勤工斯见好功夫

△贺学界新郎、新娘新婚联

【范例】

上联：碧纱待月春调瑟　盟书早订三生石　河鸠声里饶诗意
下联：红袖添香夜读书　彩笔新开五色花　花笔窗前好画眉

△贺农界新郎、新娘新婚联

【范例】

上联：久勤耕作农圃　四境谐良风俗美　牛郎勤耕承家业
下联：新有室家子孙　百年庆佳偶天成　织女好种伴夫君

△贺商界新郎、新娘新婚联

【范例】

上联：入户三星辉增天市　商界有名精货殖　起家勤俭添中馈
下联：盈门百辆喜溢华堂　吴门偕隐似神仙　宜室贤能配合欢

△贺军界新郎、新娘新婚联

【范例】

上联：止武投戈，万千维福　睹面霞光胜宝盖　结成伉俪同心日
下联：合欢晋酒，九十其仪　画眉春色上征衫　正是英雄得志时

△贺政界新郎、新娘新婚联

【范例】

上联：且欣绣幕联双璧　堂上鸣琴留政绩　治平原自齐家始
下联：但愿春风传万家　房中鼓瑟缔良缘　志业从知报国多

△嫁女用联

【范例】

上联：淑女吹箫宜跨凤　必敬当年垂曲礼　宝马迎来天上客
下联：新郎弄笛应乘龙　于归此日赋周南　香车送出月中人

△娶媳用联

【范例】

上联：弹琴咏风宜其家室　三星在户百辆盈门　一索得男占娶妇
下联：承欢待膳贻厥子孙　琴瑟在御凤凰于飞　大邦有子咏宜家

△男到女家用联

【范例】

上联：出于两愿男嫁女　可喜可贺可提倡　婿是儿儿是婿两全其美
下联：只生一个女或男　利国利民利双方　媳是女女是媳亲上加亲

△复婚用联

【范例】

上联：花满酒满生活美满　喜日花开梅并蒂　不忘一天伉俪情
下联：月圆镜圆夫妻团圆　良宵家庆月双圆　常念百日夫妻恩

△再婚用联

【范例】

上联：百世凤凰重卜吉　玉梅再探香遍逸　传芳新酒酌
下联：千年瓜瓞更开祥　锦瑟调和韵更清　调绮旧诚心

△贺春日新郎、新娘新婚联

【范例】

上联：日丽华堂莺歌燕语　云拥妆台和风正暖　花烛辉联元夜月
下联：春融绣幕凤舞鸾翔　花临宝扇旭日初长　凤箫吹彻玉堂春

△贺夏日新郎、新娘新婚联

【范例】

上联：弹素月琴奏熏风曲　才子凌云诗咏雪　合欢花灿双辉烛
下联：饮饯春酒题消夏词　榴花映日剑摇风　竞艳榴开百子图

△贺秋日新郎、新娘新婚联

【范例】

上联：绣幕风清凤箫吹处　彩凤和鸣梧桐荫茂　秋色淑华吉祥祉祉
下联：金轮月满鸾镜圆时　关雎雅化萍藻仪修　威仪微美乐意陶陶

△贺冬日新郎、新娘新婚联

【范例】

上联：律应黄钟谐凤卜　雪案联吟诗有味梅　花芳讯先春试
下联：春回紫帐协熊占　冬窗伴读笔生香柳　絮吟怀小雪初

△按月份新郎、新娘贺婚联

【范例】

1. 正月贺新郎、新娘婚联
上联：一代良缘九天丽日　伉俪并鸿光竞美　花灿银灯鸾对舞
下联：八方贵客七色彩虹　生活与岁序更新　春归画栋燕双栖

2. 二月贺新郎、新娘婚联
上联：红杏枝头春意满　柳暗花明春正半　杏脸争夸今日艳
下联：彩门楼下玉箫清　珠联璧合影成双　梅花不是入时妆

3. 三月贺新郎、新娘婚联
上联：十里好花迎淑女　车辆喜乘芳草路　柳色映眉妆镜晓
下联：一庭芳草长宜男　琴瑟欣鼓杏花天　桃花照面洞房春

4. 四月贺新郎、新娘婚联
上联：池上绿荷挥彩笔　美满姻缘天作合　杨柳荫浓莺渡曲
下联：天边朗月偃新眉　清明时节月初天　芰荷花好燕于飞

5. 五月贺新郎、新娘婚联
上联：青鸾镜里花如锦　月满槐斤人意好　凤管音谐金缕曲
下联：黄鹤楼头笛正吹　江深划阁客衣单　蝶衣粉溅石榴裙

6. 六月贺新郎、新娘婚联
上联：双飞黄鹂鸣翠柳　一岁光阴今过半　已向蓝桥收白璧
下联：并蒂红莲映碧波　百年伉俪喜成双　还于绣幕引红绳

7. 七月贺新郎、新娘婚联

上联：才子佳人，世间两美　燕子还疑钗是玉　路入桃源花灿烂

下联：牛郎织女，天上双星　仙郎应悟鹊为桥　桥横银汉水涟漪

8. 八月贺新郎、新娘婚联

上联：云楼欲上攀丹桂　兰室夜深入旖旎　豆蔻清香传合卺

下联：月殿先登晤素娥　桂林香满月团圆　芙蓉丽色映新妆

9. 九月贺新郎、新娘婚联

上联：诗题红叶同心句　送酒刚逢开径后　堂上琴瑟看并蒂

下联：酒饮黄花合卺杯　调羹时值授衣时　天边鸿雁听和鸣

10. 十月贺新郎、新娘婚联

上联：花放芙蓉春尚小　同心盟证三生石　池生秋月竹叶秀

下联：酒斟琥珀夜初长　连理枝开十月花　帘映芙蓉笑声喧

11. 十一月贺新郎、新娘婚联

上联：霜染竹叶葳青缕　偕年佳偶同心结　雪案初吟才女絮

下联：露滴梅花点黛眉　凌雪梅花并蒂开　玉盆新供水仙花

12. 十二月贺新郎、新娘婚联

上联：紫鸾对舞菱花镜　皓月描来双影雁　堆金菊映黄金屋

下联：海燕双栖玳瑁梁　寒霜映出并头梅　缀玉梅添白玉妆

▲婚嫁致辞

△证婚人贺词

【范例】

拥抱美好的明天

尊敬的各位新娘、新郎和全体嘉宾：

今天，县委宣传部在这里为6对佳人举行集体婚礼，在此，让我代表县政协向你们表示祝贺！

今夜的月亮格外圆，圆了新娘新郎的幸福梦，圆了他们的心，圆了他们的情！

今夜的星星格外亮，亮出了牛郎织女的天姿国色，亮出了吴刚嫦娥的国色天香！

今夜的风轻轻地吹，吹来了一阵阵香，吹来了一阵阵歌，吹醉了一对对情侣，吹开了一扇扇恋人的情怀！

今夜的酒，美美地品，品乐了一对对鸳鸯鸟，品笑了一朵朵并蒂莲，品红了新郎的脸，品醉了新娘的心。

看，那貌若天仙的新娘们，个个豪情满怀，有的像西施，正酝酿着祖国团圆的大计；有的像穆桂英，正立下报效祖国的壮志；有的像韩素英，正准备着全力支持丈夫工作；有的像李素丽，正考虑着如何全心全意地为人民服务！

啊，那新郎们在窃窃私语，他们说：我爱妻子，我爱家庭，我爱祖国。他们说：今夜是新郎，明天是模范丈夫！

新娘、新郎们脸为何这般地红？因为他们都有一颗红亮的心，这红亮的心是对父母的孝心，对事业的诚心，对祖国的忠心！

新娘、新郎们手挽着手、肩并着肩、心贴着心、情连着情。他们在心底里发出了一个共同声音：互敬互爱、互帮互学、比翼双飞！

新娘、新郎们在一次次地拥抱着，拥抱起夫妻美好的明天！拥抱起祖国美好的未来！

谢谢！

××××年××月××日

△介绍人致辞

【范例】

新郎、新娘、证婚人、主婚人、各位来宾：

我是××先生和××小姐的介绍人。参加他们的新婚典礼，心里感到非常荣幸。他们两人郎才女貌，天作之合。祝福他们：爱情永驻，永远幸福！

××××年××月××日

△来宾致辞

【范例】

在朋友结婚庆典上的致辞

×××

各位嘉宾，各位朋友：

今天，我们欢聚在这里，共同庆祝李小姐、高先生的结婚典礼，感到无比的荣幸和由衷的喜悦。我谨代表今天到场的所有嘉宾共祝新郎新娘新婚愉快、幸福美满！

李小姐和高先生初识于美丽的大学校园。他们一位稳重有加、气质高雅；一位风姿绰约，端庄娴美。在紧张的学习之中，是共同的爱好和志趣使他们走到了一起，正所谓一个有意，一个有情，沐浴在阳光下，漫步在校园中，他们一同携手踏上了爱之方舟，一起徜徉在爱河里。在爱的旅程中，李小姐和高先生你追我赶，配合默契，终于在这样一个美丽的季节，这样一个美好的日子，到达爱的彼岸，安全登陆并胜利会师了。我们怎能不被他们动人的爱情故事深深地陶醉，为这样一对才子佳人的结合而由衷地喝彩呢！在此我还要说明一下，关于故事的详情朋友们可参看李小姐和高先生的新作《浪漫之旅——我们的爱情小故事》一书，一会儿新郎新娘将作详细介绍。

李小姐、高先生，从今天起，你们就拥有了自己的天地。在爱的小巢里，尽情享受生命所赋予你们的幸福的权利和生活所带来的美好。希望你们在共同的生活中，互相帮助，共同进步。真正做到恩恩爱爱、甜甜蜜蜜、双剑合璧、笑傲江湖！在这里，我还有一副对联送给你们。

上联是：同学又同心，才子佳人喜结良缘

下联是：同志又同德，事业家庭两全其美

横批是：同心同德

朋友们，让我们举起杯，为李小姐、高先生同心同德、喜结良缘，为新郎新娘的幸福干杯！

△主婚人致辞

【范例】

证婚人、介绍人、各位来宾、各位亲戚：

今天是小儿××与××小姐举行婚礼。对××女士介绍，以及亲友的光临庆贺，致以深深的谢意！如有招待不周之处，还请各位见谅。祝各位如意！

粗肴薄酒，请各位开怀畅饮。

××××年××月××日

△新郎致辞

【范例】

各位亲友：

我承××女士介绍，今天与××小姐举行婚礼，并承××先生证婚，劳驾各位亲友光临，感到非常荣幸。

如有招待不周的地方，敬请各位原谅。敬祝各位健康！

××××年××月××日

▲贺喜广告

【范例】

（1）天长地久，花好月圆

——贺×××与×××喜结良缘

友×××敬贺

××××年××月××日

（2）×××先生
×××女士 结婚志喜

永偕伉俪　久缔良缘

×××　×××
×××　××× 同贺

××××年××月××日

（3）贺小女××与××新婚

双双乐乐小两口　甜甜蜜蜜到白头

父母同贺

××××年××月××日

▲贺喜电报

△致新郎新娘

【范例】

敬祝新婚快乐幸福永远

欣逢吉日良辰谨祝佳偶天成

喜闻你俩燕尔新婚特电驰贺

恭贺新婚谨祝幸福白头偕老

△致新郎家长

【范例】

欣闻令郎嘉礼琴瑟好合珠璧联辉谨电祝贺

△致新娘家长

【范例】

令爱于归快获乘龙曷胜欣贺

▲贺喜题词

【范例】

花好月圆　鸳鸯比翼　革命伴侣　琴瑟和谐　永浴爱河　永偕伉俪
天成佳偶　龙凤呈祥　金玉良缘　乾坤交泰　珠联璧合　百年好合

▲婚嫁贺幛

△贺订婚

【范例】

缔结良缘　缘定三生　文定吉祥　姻缘相配
白首成约　善缔鸳鸯　盟结良缘　许订终身

△贺嫁女

【范例】

淑女于归　百吉御之　凤卜归昌　祥呈凤律
适择佳婿　妙选东床　乘龙快婿　蒂结同心

△贺人续娶

【范例】

××仁兄续弦之喜

琴弹新谱

愚友弟×××贺

△贺人纳赘

【范例】

××表叔引凤之喜

巩固兰根

表侄×××敬贺

△贺妹夫娶儿媳

【范例】

金辉妹夫为次男新婚之喜

锦堂双璧合
玉树万枝荣

内兄王仁彪偕家弟仁豹侄义刚率 男王义志
婿李　勇 同贺

△贺姐夫娶孙媳

【范例】

贾府晋升姐丈为太翁之喜

玉宇欣看金鹤舞
画堂喜听彩鸾鸣

内弟高熙偕家 兄和
弟颐 侄乾仁婿亲坤 同贺

△由当事人具名的生日帖

【范例】

丰文友：

我热烈盼望的18岁生日将于11月12日来临，衷心希望与朋友们共度这幸福时刻。谨订于是日下午6时在我家举行晚餐聚会。恭候
光临

友心四敬请
××××年××月××日

地址：本市××区××村××幢×单元×号

▲婚嫁贺信

△庆贺订婚

【范例】

××先生：

欣闻你和××小姐于昨日订婚，我感到非常高兴。请你接受我最美好的祝愿：恭喜你们！

特此恭贺嘉事吉礼！

××谨上

××××年××月××日

△庆贺新婚

【范例】

××姐：

欣闻你将于10月20日在家举行婚礼，我向你们表示衷心的祝贺！因所在单位近期正处转折时期，单位不准请假，无法参加你们的婚礼，非常抱歉！特寄上礼物一份，以表心意，请笑纳。

特此祝贺新婚愉快！

××妹

××××年××月××日

△祝贺友人婚嫁

【范例】

××先生：

接到你的喜帖，我又惊又喜。理当前往你处祝贺，一睹新人玉貌，但因相隔太远，时间来不及。特寄一份贺函，望笑纳。专此驰贺

燕喜！

友××谨上

××××年××月××日

△祝贺晚辈婚嫁

【范例】

亲爱的××先生：

接到你的婚礼请柬，我非常高兴。从你出生时起，你阿姨和我是最宠爱你的。现在，你长大了，而且还找到了自己的如意新娘！深深祝你们新婚快乐！

××谨启

××××年××月××日

▲婚嫁贺电、短信息

△婚嫁贺电、短信息（附礼金者）

【范例】

同心喜结，幸福永远，敬奉菲仪，借申祝贺。

令郎吉席之喜，特电申贺，敬奉薄仪，敬乞笑纳。

△婚嫁贺电、短信息（不附礼金者）

【范例】

欣逢吉日良辰，谨祝佳偶天成。

新婚吉期，喜气盈庭，特电申贺。

敬祝新婚快乐，幸福永远。

▲贺婚镜屏

△贺朋友结婚

【范例】

××　××结婚大喜
红叶自题诗
蓝田亲镶玉
××贺

△贺同学结婚

【范例】

××硕弟结婚志喜
贺　令郎结婚志喜
硕兄××同贺

△贺岳父娶儿媳

【范例】

×府尊岳父×新翁暨

令郎结婚志喜

花好月圆

愚子婿××鞠躬

▲婚礼程序

【范例】

现代社会提倡文明结婚，婚礼程序向无定制，仅引较为通行一例供参考：

1. 司仪就位
2. 来宾入席
3. 证婚人入席（向外立）
4. 主婚人入席（分左右向外立）
5. 介绍人入席（分左右东西向立）
6. 新郎新娘入席（分左右向内立）
7. 行结婚礼（新郎新娘相对三鞠躬）
8. 证婚人为新郎新娘交换饰物
9. 证婚人宣读证书并致辞
10. 证婚人为新郎新娘颁发结婚证书

11. 来宾代表致祝词
12. 主婚代表致谢词
13. 主婚人退席
14. 新郎新娘谢证婚人（一鞠躬）
15. 新郎新娘谢来宾（一鞠躬）
16. 新郎新娘退席

第二节　寿庆应用文

一、寿庆应用文概述

寿庆应用文包括寿诞请柬、寿联等。寿诞请柬亦称寿帖，按传统习惯每值寿诞，本人不便邀请他人为自己拜寿，一般由子女为老年的长者拜寿，或父母为年幼子女祈寿，当然近年也有为自己操办寿礼者，但多限于青年人。

寿联是对联的一种，只是内容与祝寿有关，用语要符合寿者的身份，一般书于红纸及挂轴上或刻于木制、竹制楹联上，书法有所讲究。

二、寿庆应用文的写作范例

▲寿庆启事

△多人具名为师长做寿

【范例】

庆祝王××先生八十寿辰启事

××××年××月××日，欣逢恩师王××教授八十大寿，谨定于是日上午10时在本校教师大会议室签名祝寿，敬请王先生亲朋好友、学生届时参加。

××× ×××
××× ×××
×××等20人发起

地点：××师院
联系电话：×××××××
联系人：曾××

××××年××月××日

△子女为父母做寿

【范例】

庆祝家父陈××先生七十寿辰
启　事

××××年××月××日为家严陈××先生七十寿辰，谨定于是日上午十二时在本市公园路18号备簿筵祝寿。敬请亲朋好友出席。

子陈××启

地点：公园路陈氏公寓
电话：×××××××

××××年××月××日

▲寿诞柬帖

【范例】

×月×日为小儿庆庆庆贺满月之喜
敬请光临
谨此恭候
×××
×××拜请

▲寿联

△男女寿通用联

【范例】

同心同德搞四化　　前寿五旬又周花甲
有福有寿乐百年　　待过十年再祝古稀

福临寿星门第
春到劳动人家

天上太阳光照山河万里
人间高寿喜看兰桂盈庭

六十花甲尊上寿
三代儿孙乐满堂

志大年高一身干劲
童颜鹤发满面春风

心地光明宜福寿
精神爽朗自健康

白发朱颜宜登上寿
丰衣足食乐享晚年

从古稀有尊上寿
自今伊始乐遐龄

勤俭持家齐颂勤俭
健康长寿永远健康

△男寿用联

【范例】

燕桂谢兰年经半甲
桑弧蓬矢志在四方

上寿期颐庄椿不老
君子福履洪范斯陈

松岭云岁月
鹤语寄春秋

春酒盈樽春风满面
南山比峻南极腾辉

天上星辰应做伴
人间岁月不知年

甲子重新如山如阜
春秋不老大德大年

足衣足食晚景好
勤耕勤种老来红

霄汉鹏程腾九万
锦堂鹤翅展三千

人世不满翁今满
世上难逢公竟逢

三祝筵开歌大寿
九如诗颂乐嘉宾

△女寿用联

【范例】

筵开延龄酒
簪添益寿花

柏寿松枝延年无极
朱颜华发长乐未央

开筵依北极　　　贞良温柔宜家寿福
祝寿颂南山　　　仁爱笃厚壮寿保年

天护慈萱人不老　　　辉腾宝婺三千丈
云弥寿树岁长春　　　香发琪花十万枝

麻姑酒满杯中绿　　　感谢厚礼祝母寿
王母桃熟天上红　　　聊备薄酒迎贵宾

△双寿用联

【范例】

绕膝承欢图开家庆　　　堂上椿萱夸并茂
齐寿乐至福备人间　　　壶中日月庆双辉

南极辉腾彩云瑞霭　　　比翼共乘丹凤下
西池宴会降雪香芬　　　重轮齐涌月蟾来

△横批

【范例】

年丰人寿　　星辉南极　　蟠桃献颂　　柏翠松青
寿比南山　　寿德同辉　　甲升重荣　　寿如彭祖

▲祝寿贺幛

△男寿幛语

【范例】

古稀遐福（七十）　　　杖期添福（八十）

福庆九如（九十）　　　荣颐衍庆（百岁）

△女寿贺幛用语

【范例】

春晖永驻　　瑶池春水　　少若芝兰　　金萱不老

萱花挺秀　　天姥峰高　　国光人瑞　　慈竹长春

△双寿幛语

【范例】

弧悦齐辉　　华堂偕老

△男女通用幛语

【范例】

福寿双全　　海福山寿

寿享遐龄　　福寿康宁

寿域宏开　　福寿并臻

△分龄男寿贺幛用语

【范例】

1. 五十岁

福禄艾之　　学到知非

2. 六十岁

甲篆重周　　花开甲子

3. 七十岁

古稀人瑞　　德寿古稀

4. 八十岁

筹添八百　　富贵寿考

5. 九十岁

九天日丽　　天保九如

6. 百岁

百年人瑞　　荣登上寿

△分龄女寿贺幛用语

【范例】

1. 五十岁

百龄半度

2. 六十岁

甲子重开

△夫妻双寿贺幛用语

【范例】

福寿双全　　天上双星　　松柏同春　　双星齐辉

双星同耀　　日月同辉　　齐龄仙偶　　笙箫合奏

▲祝寿诗

△六十花甲寿通用诗

【范例】

初周花甲貌如童，海上仙人羡此翁。
西望函关占紫气，东迎蓬海醉春风。
无疆福泽壶天隐，有道声名月旦中。
见说蟠桃花又发，年年尝映寿杯红。

花甲初周鬓未花，清泉白石足徜徉。
忘机自觉儿童狎，屏迹能合日月长。
绮席新传青鸟使，斑衣喜荐紫霞觞。
伫看令子蜚英早，凤羽高骞沐宠光。

△七十古稀寿通用诗

【范例】

名驻丹台第一班，庭闱拟向凤池攀。
香劳海北神仙友，佳隐淮南大小山。
宝鼎琼枝光灼灼，云珑瑶佩响珊珊。
春来酿得长生酒，争献稀龄驻玉颜。
东阁梅舒占早枝，欣开华祝正当时。
琳琅久识云霄彦，矍铄今看冰雪姿。
衍庆箕畴先五福，稀龄四酌醉千卮。
知君早结菩提果，妙契人间百禄宜。

△八十眉寿通用诗

【范例】

淮海秋高德耀光，太翁八十鬓初霜。
承家世守青箱学，教子堪登白玉堂。
綦组满庭仪淑训，笙歌盈耳献鸿章。
耆英矍铄光京洛，会拟揄褒锡止方。

梅碧天青雁影遐，丹枫黄菊傲霜华。
宫前琼树仙人种，座上瑶星大耄家。
太乙峰头船似藕，东方盘内枣如瓜。
娱亲跨得扬州鹤，不羡河阳县里花。

△九十寿通用诗

【范例】

新瞻黄海庆耆英，千顷洋洋纪令名。
花甲久周今又半，天干已届十旬更。
紫薇清署孙鸣玉，白发斑衣子效婴。
木美丹成凌海峤，九如歌雅赋恒升。

△百寿通用诗

【范例】

南极腾光映光徽，高尝人瑞丽春晖。
七朝耆老沧田易，六代儿孙宝树霏。
济济宾筵歌箫竹，洋洋仙乐奉金徽。
百龄遐祉尘寰异，满座青云五色飞。

▲祝寿题词

△常用祝寿题词

【范例】

祝男寿

南极星辉　椿庭日永　灵椿永茂　南山献颂
河山长寿　天赐遐龄　耆英望重　如日之升

祝女寿

王母长生　萱庭集庆　蟠桃献颂　北堂萱茂
星辉宝婺　慈竹风和　婺宿腾辉　璇阁长春

祝夫妇双寿

福缘双星　椿萱并茂　桃开连理　鸿案齐眉
寿域同登　双星并辉　松柏同春　华堂偕老

△寿轴书写款式

【范例】

陈公外祖父大人九旬志庆

寿

奉慈命外孙女汪思多拜

▲祝寿电报

【范例】

祝　寿　电　报

电　文

恭贺九十大寿敬祝与日月齐光
恭逢华诞遥祝长寿
电贺六十大寿遥祝健康长寿
喜闻七十华诞敬祝生辰快乐
遥祝夫君四十生日快乐
电贺好友二十五岁生辰快乐

电贺爱妻三十岁生辰快乐
恭贺八十大寿敬祝与天同寿

▲祝寿广告

【范例】

欣逢母亲××岁寿辰，祝愿您健康长寿，幸福永驻。

儿子××
女儿××　敬贺

▲贺寿封包

△生日通用语

【范例】

寿仪　　千秋之敬　　高寿之敬

△男生日用语

【范例】

南极寿星　　设矢佳辰

△女生日用语

【范例】

祝敬　　婺焕中天

△双寿用语

【范例】

日月齐辉　　双星同辉　　双寿之喜

▲祝寿信

【范例】

××兄：

在您七十寿辰之际，备薄礼一份，借致庆贺。顺祝身体健康！

×××

××××年××月××日

▲祝贺生日

△祝贺老师生日

【范例】

您的知识如同春风，您的教诲如同雨露，使我破土而出，茁壮成长。亲爱的老师，请接受我衷心的祝福，祝您健康长寿，万事如意。

带着敬意，怀着感激，献上我虔诚的祝福……敬爱的老师，生日快乐。

老师，今天是您的生日，您用炽热的爱心点燃我们的生命之光，您用辛勤的汗水浇培我们的理想之花，祝您生日快乐！

但愿我最虔诚的祝福，带给您无比的欣慰。谨祝老师生日快乐，工作顺利。

今天我终于能够飞翔，是老师辛勤指导我练就一双奋飞的翅膀。在您生日之际，请接受我对您的衷心祝福。

学生：×××

××××年××月××日

△祝贺朋友生日

【范例】

兴旺友：

祝你40岁生日快乐！一帆风顺，前程似锦。

友：××贺

××××年××月××日

△祝贺女友生日

【范例】

分别已久，相见亦难。让这小小的卡片带去我赤诚的心，捎去我永恒的爱。

你是一艘小船，我愿以爱情的热风鼓起它的风帆，偕你一起驶向幸福的港湾。

我无法为你送上一朵玫瑰，但可以用贺卡捎去我深深的思念。心上人，生日快乐。

我愿采摘一片秋天的红叶，在烛下赠给我亲爱的人儿，愿你像金红的秋叶，火红的烛光，红得火热！

春天，有梦一般的花；春天，有花一般的梦。春天到了，生日到了。愿你的梦，像美丽的花；愿你心中的花，像美丽的梦！

摘一颗星，采一朵云，装入思念的信封里，献给你——在这一年中最美好的一天。

支支灿烂的烛光，岁岁生日的幸福，幸运的你，明天会更好。

爱你的×××

××××年××月××日

△祝贺母亲生日

【范例】

欣逢母亲大人60岁寿辰，祝愿您健康长寿，幸福无量。

儿：××

女：××

敬贺

××××年××月××日

△祝贺父亲生日

【范例】

爸爸：您是我心中品格和事业的偶像，您永远是坚强的化身、无畏的象征。值此生日之际，祝您青春不老、万事如意！

爸爸：有了您无私的养育，才能使我由蹒跚学步走上了成功之路。我要把最辉煌的成就，作为一份最珍贵的生日礼物奉献给您——我亲爱的爸爸。

爸爸：您额上的皱纹记载着您的坎坷，您的坚贞。您的一生就是一首瑰丽、动人的诗篇。可惜言辞的贫乏，远不能表达久藏我心中的深爱。只有默默地祈祷，深深地期盼您：平安健康，直到永远。

父亲：健康、幸福、成功，我愿以人间最美好的祈盼，为您的生日祝福。

儿子：×××
敬贺
××××年××月××日

△祝贺祖母生日

【范例】

我看见片片雪花，飞进您的小屋，我便偷偷站在窗前，将我的祝福融进雪花，让它们驮着我沉沉的爱和深深的谢意飘到您的手中：奶奶，生日快乐！

奶奶一生，养儿带孙，任劳任怨，默默无闻。您的生日，我送礼品。祝您健康，永不生病。

祝祖母像高山的松柏，四季常青，祝祖母像光辉灿烂的太阳，永不落土。

祖母八十寿辰，阖家欢聚庆贺，衷心祝福祖母，祝您生日快乐！

孙：×××
敬贺
××××年××月××日

△祝贺祖父生日

【范例】

乐观是健康的秘诀，幸福是长寿的保障。愿爷爷生日愉快，如青松不凋，东水长流。

是您抚育了我，给了我坚韧的筋骨，强健的体魄；是您培育了我，给了我纯净的心灵，美好的理想……我由衷地感谢您，我敬爱的祖父：愿您松鹤延年，寿比南山。

爷爷，从书桌上抬起头，看看我的贺卡上读读我的祝福好吗？生日快乐！您能从瓦蓝的天空中找到那朵最白的云，那是我的祝福。

孙：×××
敬贺
××××年××月××日

△祝贺妻子生日

【范例】

特别的爱献给特别的你——祝爱妻小琼30岁生日快乐，心想事成。

夫：××
××××年××月××日

△祝贺小妹生日

【范例】

××小妹：
愿你16岁的花季更加美丽。

姐：××贺
××××年××月××日

第三节 丧葬应用文

一、丧葬应用文概述

丧葬应用文是一种表示哀悼的文字体裁。丧葬应用文有多种形式：如讣告、悼词、表帖、谢帖、行状、诔词、哀词、祭文、祭幛、挽联、挽幛等。目前使用较多的有讣告、悼词、挽联。讣告、悼词的写作格式大体相同。居中写标题“讣告”“悼词”二字，也有在“讣告”“悼词”二字前面加上逝者姓名的。正文主题叙述逝者生平事迹和对逝者的悼念哀思之情。结尾部分提出向逝者学习的内容和要求。最后用“×××永垂不朽、×××安息吧”作结语。

二、丧葬应用文的写作范例

▲讣告

△一般讣告

【范例】

×××先生讣告

中国作协××省分会理事、××市文联主席×××先生因病医治无效，于一九××年×月×日上午十一时在××医院逝世，享年六十八岁。

×××先生生前曾任地委办公室秘书、办公室主任、地委统战部部长、地文联副主席等职务。出版小说五部，为党和人民做了许多有益的工作。×××同志的逝世，是我党的一个损失。

为了表示对×××同志的哀悼，特定于×月×日上午八时在××公墓礼堂举行追悼会，有赠送花圈、挽联和吊唁者，请按时前往。

×××治丧委员会
××××年××月××日

▲悼词

△宣读体悼词

【范例】

悼　词

今天，我们怀着十分沉痛的心情，悼念我们的好经理刘××同志！

刘××同志系中国共产党党员，××公司经理，因病多方治疗无效，于××××年4月6日下午8时30分在县人民医院不幸逝世，终年54岁。

刘××同志19××年5月参加革命，19××年7月参加中国共产党，历任百货公司营业员、采购员、会计、财务股副股长、百货公司经理等职。在长期的革命工作中，她大公无私，热爱集体，工作积极，勤勤恳恳，认真负责，任劳任怨，作风平易近人，谦虚谨慎，是党的好干部。她三十多年如一日地忠于党和人民的事业，为党的财贸事业做了大量的工作，作出了一定的贡献！

现在，刘××同志与世长辞了，使我们党失去了一个好党员，使我们财贸战线失去了一个好干部，我们感到无限悲痛！

我们沉痛地悼念刘××同志，我们要化悲痛为力量，学习她勇往直前的革命精神和大公无私的高贵品质，在党的领导下，为建设我们伟大的祖国，为实现四个现代化而努力奋斗！

刘××同志安息吧！

××百货公司全体职工

××××年××月××日

▲丧帖

【范例】

本市南城区和平街三条胡同六号

胡之康先生台启

丧居：

讣

电话：

▲丧葬谢帖

【范例】

启事

先父刘路林同志不幸于××××年×月×日逝世，承蒙各位领导和同志莅临吊唁，殊荣存感，谨此致谢。

×××
×××鞠躬

▲行状

【范例】

王瑶先生生平

我国著名的文学史家、教育家，第二、六、七届全国政协委员，中国民主同盟中央委员，中国作家协会理事，中国现代文学研究会会长，北京大学教授王瑶先生，因患肺炎并发呼吸窘迫综合征，医治无效，于一九八九年十二月十三日晚八时四十分逝世于上海华东医院，终年七十五岁。

王瑶先生是山西平遥人，一九一四年五月七日出生。一九三四年至一九三七年求学于清华大学中文系。一九四四年至一九四六年为昆明清华研究院中国文学研究生，师从朱自清先生，攻读中古文学。一九四六年毕业后至今，先后在清华大学中文系、北京大学中文系担任中国古典文学、现代文学的研究与教学工作。

王瑶先生是我国著名的文学史家，对中国古典文学与现代文学有很高的造诣。他的《中古文学史论》是中古文学研究中的开拓性著作，在国内外产生了广泛的影响。王瑶先生是中国现代文学史学科奠基者之一，他的文学理论与方法影响与启迪了几代学者。他的《中国新文学史稿》是最早的具有完备系统的现代文学史专著之一，建立了现代文学史研究与教学的基本格局，并被译为日文，享有很高的国际声誉。王瑶先生在中国现代文学与中外文学关系研究等领域，也取得了世人瞩目的成就。

王瑶先生一生学习鲁迅，研究鲁迅，弘扬鲁迅精神，是鲁迅研究界最有影响的专家之一。他的《鲁迅作品论集》被认为是鲁迅研究的重大收获。他写于九十年代的《论鲁迅作品与中国古典文学的历史联系》、六十年代的《秦〈野草〉》及八十年代的《〈故事新编〉散论》，都是显示时代研究水平的力作。

王瑶先生是我国大学中文系“现代文学史”与“鲁迅研究”课程的开创者之一，并长期担任硕士研究生与博士研究生指导教师，他为中国现代文学研究培养了大批骨干力量。作为一位杰出的教育家，王瑶先生对学生严格要求，循循善诱，身教重于言教，他的严谨而又富有创新精神的学风，在现代文学学术界具有深远的影响。

王瑶先生作为中国现代文学研究会会长及《中国现代文学研究丛刊》主编，充分发挥了他的研究工作组织者的巨大作用。他主编《中国大百科全书·现代文学卷》付出了极大的心血。他一贯提倡学术民主，强调老、中、青研究人员的团结合作，重视扶植新生力量，为现代文学研究的学术发展和队伍建设，作出了不可磨灭的贡献。今年十一月王瑶先生抱病参加了在苏州举行的现代文学研究会理事会，为现代文学研究事业的发展，奉献了最后的力量。

王瑶先生一生光明磊落，追求进步。早在中学时期就积极参加抗日救亡活动。大学期间参加“一二·九”运动，一九三六年曾主编《清华周刊》。一九四四年加入中国民主同盟，从事爱国民主文化活动。解放后王瑶先生拥护党，拥护社会主义，积极参加政协和民盟的各项活动，关心国事，虽年事已高，仍不辞劳苦到祖国各地观察，实事求是，坦诚直言，热情执着，为社会主义精神文明建设作出了自己的努力。

王瑶先生的逝世，是我国学术界与教育界无可弥补的损失，但先生的精神和业绩将永远激励我们前进。

安息吧，王瑶先生！

××××年××月××日

▲诔词

【范例】

吴　汉　诔

〔东汉〕杜　笃

笃以为尧隆稷契，舜嘉皋陶，伊尹佐殷，吕尚翼周，若此五臣，功无与畴。今汉吴公，追而六之，乃作诔曰：

朝失鲠臣，国丧牙爪。天子愍悼，中宫咨嗟。四方残暴，公不征兹；征兹海内，公共攸平；泯泯群黎，赖公以宁。勋业既崇，持盈守虚；功成即退，挹而损诸。死而不朽，名勒丹书；功著金石，与日月俱。

▲哀词

【范例】

哀二良文

〔唐〕白居易

丞相陇西公出镇于汴洲，军司马、御史大夫陆长源实左右之三军，而军用宁。司空南阳公作藩于徐州，军副使、祠部员外郎郑通诚实先后之先（集作三）年，而民用康。暨十五年春，陇西薨，浃辰而师乱，大夫以直道及祸。十六年夏，南阳薨，翌日而难作，员外以危行受害。惜乎！大夫，人之望也；员外，国之良也。咸克洁于身，俭于家勤，于邦又申之以言行、文学、智谋、政事，故其历任要官。参剧务，如刀刃发硎，割而无滞；如钟磬在悬，动而有声。识者以为异。时登天子股肱耳目之任，必能经德秉哲，绍复陇西、南阳之事业，以藩辅王家。呜呼，善人宜将钟奕叶之庆而不免及身之祸，天乎，报施之肤何其昧欤。昔诗人有黄鸟文章，以哀三良不得其所，今斯文亦以“哀二良”命其篇。云：

伊大化之无形兮，浩浩而茫茫。中有祸牙兮，若机之张梁之乱兮。陆受其毒徐之难兮，郑罹其殃。惟善人兮，邦之纪纲。邦之瘁兮，而人先亡。谓天之恶不民兮，胡为生此忠良？谓天之爱下民兮，胡为生此豺狼？我欲阶冥冥问苍苍，苍苍不可问兮，俾我心之尽伤悲。夫而今而后，吾知：夫天难忱而命靡常。

▲祭文

△祭亡友

【范例】

祭米元晦文

〔宋〕陆游

某有捐百身起九原之心，有倾长河注东海之泪。路修齿耄，神往形留。公殁不亡，神其来飨。

译文

我宁愿自己死一百次，只要能将你从死亡的黑暗里拉回。我的泪水一直抑制不住地在流，因为你竟匆匆地先我而去。路途是如此遥远，我又是如此衰老，虽不能执手相送，梦魂却仍影随在你的身旁。唯愿你死而有知，能接受我心香一瓣。

△祭亡妻

【范例】

哭吾妻游丙莲

吴玉章

我哭丙莲，我哭你是时代的牺牲品。我们结婚有五十年，我离开你就有四十四年。我为了要打倒帝国主义的压迫、专制政治的压迫、社会生活的压迫，在一九〇三年正月，离开家庭到日本，随即参加革命。家中小儿女啼饥号寒，专赖你苦撑苦挣。虽然无米无盐，还要煮水烹茶，使炊烟不断，以免玷辱家门。由于你的克勤克俭，使儿女得以长成，家庭免于贫困。满以为革命功成，将和你家园团聚，乐享太平。料不到四十年来，中国的革命前途虽然走上光明，却迂回曲折，还有一段艰苦的路程。你既未能享受旧时代的幸福，又未能享受新时代的光荣。今别我而长逝，成了时代的牺牲品，能不令人伤心。

我哭丙莲，我哭你为我养育了一个好女儿，受到人人尊敬。她中年丧了丈夫，受人欺凌，艰苦奋斗，不愧贤能。终能克服重重灾难，使六个儿女得以长成。更可贵的是她帮助你操持家务，常在你左右，使你这伶仃孤苦之人得到安慰，使我这天涯海角之人得到安心。现在使你形影相依的女儿，失掉了慈爱的母亲。

我哭丙莲，我哭你为我养育了一个好儿子，学会了水电工程。他十七岁离开你，二十年在外，使你时刻忧心，他秉承了我们勤苦耿介的天性和为人服务的精神。他有磨而不磷、涅而不缁的操守，不贪污腐化而为社会的罪人。十八岁赴法国留学，毕业后就在法国水电工厂服务八年，苏联国家计划局服务四年，都得到了好评。他为祖国的神圣抗日战争归来，因日寇封锁，机器不能输进，就谋自力更生。他自己设计、以本国器材建成了长寿的水电工程。国营事业的获利，常是这工厂占第一名。他忙于为国家人民的事业，未能早侍奉你病弱之身，使你得享遐龄，这不能不使他抱终天之恨。

我本是一个革命的家庭。我二哥因为倒袁世凯的二次革命失败，悲愤自缢而牺牲。我大哥因为革命而牺牲。这种种不幸，犹赖你能安慰寡嫂、团结侄辈，使家庭和顺、生齿繁荣。你待人忠厚、做事谨慎，使亲友称誉，得到人人的欢心。你不愧为贤妻良母的典型。

今年六月，我闻你重病，本想率儿媳及孙儿女辈回家一省，使家人得一团圆，以安慰你多年渴望之心，却因我为公务羁身，环境所迫，不能如愿而行。只得命陵儿买药归来，寻医治病。后闻病势经过平稳，方以为安心调养，必能获得安宁。不幸噩耗传来，你竟舍我而长逝，能不痛心。

亲爱的丙莲，我们永别了！我不敢哭，我不能哭，我不愿哭。因为我中华民族的优秀的儿女牺牲得太多了！哭不能了事，哭无益于事，还因为我们虽然战胜了日寇、法西斯蒂，而今天我们受新的帝国主义和新的法西斯蒂的压迫更甚。国权丧失，外货充斥，工商倒闭，民不聊生。而内战烽火遍地，满目疮痍，我何敢以儿女私情，松懈我救国救民的神圣责任。我只有以不屈不挠、再接再厉之精神，团结我千百万优秀的革命儿女，打倒新的帝国主义、新的法西斯蒂，建成一个独立、自由、民主、统一和繁荣的新中国。丙莲！安息吧！最后的胜利，一定属于广大的人民。

吴玉章　哀悼

××××年××月××日

△悼亡女

【范例】

悼小女黛儿

萧军

郁郁凉凉漠漠心！　那堪重听唤儿名，
一番追忆一怆神！　触物惊心死若生。
强将泪眼迎宾客；　日下床前空苦心。
怕对青灯检故吟！　拒吃汤药罔呼灵。
十七年华成泡影，　昙花谢去十七载，
千千世界本埃尘。　泡影徒余忆五更。
终天此恨应难补，　最是难忘相对时，
尽有花开不是春。　几番泪眼默无声。

××××年××月××日

▲常用祭幛题词

【范例】

老年男丧：老成凋谢　大雅云亡　南极星沉　斗山安仰
中年男丧：人琴俱杳　德业长昭　道范长存　音容宛在
老年妇丧：女宗安仰　慈竹风凄　母仪足式　宝婺星沉
中年女丧：彤管流芳　懿范犹存　淑德永昭　芳徽难再
挽师长：　梁木其颓　立雪伤神　高山安仰　教泽永怀

▲致哀语

【范例】

惊悉某某作古，家失柱石，不胜哀痛。
尊某仙逝，深致哀悼，祈望节哀珍重。
良友云逝，伤感自多，望善自珍重。
近闻某某逝世，甚哀悼之。
惊承讣告，悲悼不已，专函致哀，并慰哀衷。
死者已矣，生者恳请多多保重。
闻悉令堂逝去，大出意外，望节哀释念。
尊翁逝去，深致哀悼，尚望节哀顺变。
惊悉尊夫人不幸逝世，不胜哀悼。
某某仙逝，实足哀伤，有志者入泉，思之黯然。
接某某长逝之耗，凡在相好，无不同深惋惜。
近闻某某逝去，甚哀悼之。足下遇此大故感必甚，恳请宽辟哀情，善自珍重。

▲挽联

△挽男联

【范例】

三更月冷鹃犹泣　　白马素车愁入梦
万里云空鹤自飞　　青天碧海怅招魂

流水夕阳千古恨　　桃花流水杳然去
凄风苦雨百年愁　　明月清风何处寻

老泪不多哭知己　　素车有客奔元伯
苍天无故泣斯人　　绝调无人继广陵

△挽女联

【范例】

绮阁风寒伤鹤唳　　西地驾杳归金母
兰阶月冷泣鹃啼　　南国光沉仰婺星

宝瑟无声玄柱绝
瑶台有月镜奁空

母仪可则辉彤管
婺宿沉芒寂肃帏

青鸟传来王母归时环佩冷
玉箫声断秦娥去后凤楼空

女星沉宝婺
仙鹤返瑶池

△挽长辈联

【范例】

音容宛在
笑貌长存

酒敬晨昏怎教儿一滴一泪
香焚朝夕谁说母如生如存

美德比称典范
遗训常昭子孙

勤劳本质儿孙永记
革命家风世代不忘

有子读书父不死
为人信用鬼亦英

△挽英模烈士联

【范例】

化悲痛为力量
继遗志写春秋

江河大地存忠骨
哀泪悲思悼英魂

人民英雄奋斗一生留业绩
革命传统激励万代展宏图

斗争精神人人敬
革命传统代代传

捐躯献身浩气长留寰宇
舍生取义英灵含笑苍穹

▲挽幛

△挽祖父母

【范例】

慈训长昭谨守燕谋毋或失
深恩未报情陈乌哺永难忘

无病而终，想是生平修到
含饴未报，忧从何日能忘

祖母仙游千载去
诸孙泪洒几时干

△挽岳父母

【范例】

爱女爱婿，迥异寻常，回思义薄云天，未报涓埃无限恨
秋雨秋风，几多感慨，忽报波寒泰水，更增半子一番愁

泰岳无云滋玉润
东床有泪滴冰清

半子荷深恩玉镜台前承色笑
一朝悲恒化璇闺堂上失慈晖

△挽　父

【范例】

深恩未报惭为子；隐憾难消忝作人。

亲厌尘纷寿终正寝归蓬岛；儿慈手泽眼流双泪滴麻衣。

△挽　母

【范例】

杜宇伤春泣残雪泪悲花老；慈乌失母啼破哀声夜光寒。

一饭尚铭恩，况曾襁抱提携，只少十月怀胎；千金难报德，即论人情物理，也当泣血三年。

△挽丈夫

【范例】

君去矣万事独任艰难，能无追念前徽，深为吾痛；儿勖哉尔父既归泉壤，尚希各自努力，克振家声。

并蒂莲已萎，对秋而寒衾，不禁啼鹃添泪血；思夫梦未熟，处孤灯冷室，那堪落叶搅心情。

每思田园共笑语；难禁空房悲泪流。

无禄才郎长夜不醒蝴蝶梦；伤心少妇深宵悲听子规啼。

△挽妻子

【范例】

最怜儿女无知犹自枕畔娇啼问阿母重归何日；但愿苍穹有眼补此人间缺憾许良缘再结来生。

含悲忍言哉，看举室长号，汝何可死？长叹今已矣，为一肩重任，我且偷生。

自问尚有爱情，又谁知圆月易亏，好花不寿；年来本多恨事，更何堪青衫泪湿，红粉香消。

△挽兄弟

【范例】

平生忽忽，未能尽手足欢，到此伤心无一语；后顾茫茫，盖以增骨肉痛，不堪忍死任千钧。

惊噩梦遥来，糊口四方，问兄疾不知何日；得羽书归去，抚棺一恸，数我辈尚有几人。

能不悲哉，雁渡衡阳，刚被东风摧折翼；最难堪者，埙吹伯氏，竟和细雨叶离声。

△挽妹

【范例】

阿兄到此复何言，难忘辛苦持家相依长嫂；我父生前最怜汝，倘其追随泉路休诋孤儿。

人羡陆家姑万事补缝能爱弟；我仪张玄妹一时荣秀不留春。

△挽姊

【范例】

外受父训，内事母仪，至性秉温柔，他日定能光女族；朝事诗书，夕勤针线，童年耐劳苦，此生何遽谢尘缘。

忆当年抱向篱边，旦夕相依，到耳书声容我听；痛今日弥留床上，幽明竟隔，燃须粥进愧人多。

△挽嫂

【范例】

溯曩时裘敝归来，贤嫂为炊忘我贱；恨此际柩扶伤悼，阿哥杖期哭妻忘。

家事赖支持，应知长嫂为娘，一室不生轹釜怨；仙游伤仓猝，忍听阿兄悼妇，数声莫慰鼓盆悲。

家事莫咨王禹玉；衣冠空整马文渊。

△挽师

【范例】

一世风流赢来桃李遍华夏；几番磨炼铸就丹心颂舜尧。

真不幸满园芳苗伤化雨；最难堪一门桃李哭春风。

品德崇高多能博学昔时为师誉盈乡里；谦虚谨慎时箴言今日永别泪染红桃。

△挽友

【范例】

人生到此，天道宁论，泪眼看山河，死后定知有余痛；既伤逝者，行自念也，横流起沧海，哭君不独为朋私。

与君俱在少年时，把酒论文频聚首；一别竟成千古恨，联床共语更何人?

少别十年，强夜雨春灯，客邸逢君惊老大；旧游一个，弱晨星秋叶，天涯知己更凋零。

无缘话永诀，知音来时泪泣血；有期解相思，苍鸟啼处梦传神。

▲祭幛

△挽女祭幛

【范例】

懿范长存　懿范常昭　淑德长昭
母仪足式　彤管留芳　女宗共仰
母仪千古　慈足风寒　慈云西逝
琼楼月缺　共仰女宗　懿范长留

△挽男祭幛

【范例】

福寿全归	大德不灭	大雅云亡
福全德备	清白传家	哲人其萎
南极星坠	与世长辞	齿德兼优
德望常昭	长才未尽	忠厚可亲
玉楼应召	德隆望重	天不假年
无不悲哀	吾将安仰	音容宛在

△男女通用祭幛

【范例】

德高望重	德音长流	流芳千古
贤德贯世	功德无量	遗范长存
寄托哀思	死得其所	悲泪如泉
气壮山河	沉痛哀悼	重如泰山
急奔南海	如生如存	鞠躬尽瘁

△通用文辞

【范例】

鹤驾难回，终隔云山家万里；猿肠易断，那堪风雨月三更。

频年善训长聆，何以报也！一旦讣音忽至，能勿悲乎！

残月冷空山，辟谷已随黄石去；寒云低野渡，柬刍空帐素车来。

青灯黄卷十年心，回首旧游，明月好寻蝴蝶梦；白发红颜三代泪，怆怀此别，残魂应发杜鹃啼。

第五章　春联、对联类应用文写作

第一节　各行业春联

一、春联概述

写春联、贴春联，是象征吉祥、表达人们向往美好生活的民间风俗。

二、春联的写作范例

▲民间通用春联

【范例】

艳阳高照春回大地
春色满园福到人间

爆竹声声辞旧岁
梅花点点迎新春

处处春光美好
家家气象更新

高天冬去万物复苏
大地春回百花齐放

天增岁月人增寿
春满人间福满门

春回大地千峰秀
日暖神州万木荣

▲农村春节用联

【范例】

人勤三春早
地肥五谷丰

大地春光美好
农村气象更新

劳动门第春天常在
勤俭人家吉庆有余

山清水秀风光美好
人寿年丰喜事甚多

勤饲养六畜兴旺
多积肥五谷丰登

▲机关单位用联

【范例】

福泽百姓方为好　　开发财源为民致富
绿遍九州始是春　　唯才是举替国进贤

▲军烈属用联

【范例】

喜报英雄门第　　军属门上光荣匾　　保家卫国全民有责
春到光荣人家　　战士胸前英雄花　　当兵服役满院增光

▲交通运输用联

【范例】

缩千里为咫尺　　远近逍遥过
联两地为一家　　进退道还通

▲邮局用联

【范例】

千里春风劳驿使　　消息借流通报道梅花无恙
三秋芳讯寄邮人　　平安劳传报莫教竹素相思

▲工矿企业用联

【范例】

企业自主干群意气风发　　技术革新别开生面
质量优先生产捷报频传　　潜力挖掘各显神通

▲商业用联

【范例】

生意兴隆通四海　　三春草木如人意
财源茂盛达三江　　万里河流似利源

▲学校用联

【范例】

尊师爱生品德高尚
勤学苦练品学兼优

为人师表诲而不倦
替国树才教必有方

兢兢业业育桃李
勤勤恳恳做园丁

学海无涯勤可渡
书山万仞志能攀

▲医院用联

【范例】

提高医疗服务质量
增进人民身体健康

注意卫生延益寿
讲究科学祛病灾

▲银行用联

【范例】

储蓄不嫌存钱少
节省经常积累多

开源能引千泓水
节流可聚万盘金

▲侨乡用联

【范例】

春妆祖国春不老
喜看侨乡喜气多

祖国风光燕舞莺歌
侨乡面貌日新月异

▲渔业捕捞用联

【范例】

渔歌晓迎太阳出
风帆暮载锦鳞归

乘东风踏平万里浪
扬海螺威震九重天

点点轻舟腾巨浪
阵阵渔歌卷春风

▲写春联用横批

【范例】

辞旧迎新	春满人间	春色满园	春回大地
万象更新	三阳开泰	普天同庆	财源广进
民强国富	风和日丽	吉庆有余	和睦生财

▲春条

△大门内春条

【范例】

门迎五福　户纳千祥　瑞气盈门

△大门外春条

【范例】

出门见喜　出门大利　招财进宝　出入平安

△厅堂内春条

【范例】

万事如意	四季平安	八方来财	风调雨顺
国泰民安	风和日丽	心想事成	福寿双全
吉星高照	天宝呈祥	年年有余	招财进宝

▲春节吉祥用语

【范例】

新年愉快	新年快乐	恭贺新禧
恭贺新春	恭喜发财	春节好
过年好	新年吉祥	新年好运

第二节　庆贺升学、毕业、参军对联

一、庆贺升学、毕业、参军对联概述

无论是升学、毕业，还是参军，在民间看来都是有所作为的开始，是有出息的事情，值得庆贺。写对联就是比较好的一种庆贺方式。

二、庆贺升学、毕业、参军对联写作范例

▲庆贺升学用联

【范例】

智慧源于勤奋
天才出自平凡

青春有志须勤奋
学业启门报苦辛

振兴中华时有凌云志
报效祖国常怀赤子心

苦经学海不知苦
勤上书山自恪勤

一年之计在于春
千里征程在于志

▲庆贺毕业用联

【范例】

骥足历程看异日
龙门发轫在今朝

有志竟成，咸推硕智
乘时致用，不愧通才

▲庆贺参军用联

【范例】

鼎力请缨凭胆略
精忠报国写春秋

军徽头上戴保家卫国
气概胆中升强国兴家

英雄门第三春早
军属人家一品红

▲庆贺升学、毕业、参军封包

△恭贺升学封包

【范例】

恭贺

鹏程万里

××敬贺

△恭贺毕业封包

【范例】

恭贺

登云之敬

××敬贺

△恭贺参军封包

【范例】

恭贺

征衣之敬

××敬贺

▲学业祝词用语

【范例】

好好学习　天天向上　德才兼备　品学兼优　才华横溢　名列前茅